党内法规制度解释

问题研究

廖秀健　雷浩伟 | 著

人民日报出版社
北京

图书在版编目（CIP）数据

党内法规制度解释问题研究 / 廖秀健，雷浩伟著．—北京：人民日报出版社，2021.1

ISBN 978-7-5115-6235-7

Ⅰ.①党… Ⅱ.①廖… ②雷… Ⅲ.①中国共产党—党的纪律—研究 Ⅳ.①D262.13

中国版本图书馆 CIP 数据核字（2019）第 244096 号

书　　名：党内法规制度解释问题研究
DANGNEI FAGUI ZHIDU JIESHI WENTI YANJIU

著　　者：廖秀健　雷浩伟

出 版 人：刘华新

责任编辑：蒋菊平　李　安

封面设计：中联学林

出版发行：人民日报出版社

社　　址：北京金台西路 2 号

邮政编码：100733

发行热线：（010）65369509　65363527　65369846　65369828

邮购热线：（010）65369530　65363527

编辑热线：（010）65369528

网　　址：www.peopledailypress.com

经　　销：新华书店

法律顾问：北京科宇律师事务所（010）83622312

印　　刷：三河市华东印刷有限公司

开　　本：710mm×1000mm　1/16

字　　数：277 千字

印　　张：17

版次印次：2021 年 1 月第 1 版　　2021 年 1 月第 1 次印刷

书　　号：ISBN 978-7-5115-6235-7

定　　价：95.00 元

序言一

《中共中央关于加强党内法规制度建设的意见》（中发〔2016〕34号）明确提出：到建党100周年时，形成比较完善的党内法规制度体系、高效的党内法规制度实施体系、有力的党内法规制度建设保障体系，党依据党内法规管党治党的能力和水平显著提高。党的十八大以来，以习近平同志为核心的党中央全方位推进党内法规制度体系建设，以党章为统领，以准则、条例、规则、规定、办法、细则为主干以及以党内法规范性文件为补充的党内法规制度体系初步构建完善。

与此同时，党内法规制度研究逐渐成为法学研究的显学，与之相关的研究机构也如雨后春笋般地竞相出现。2017年12月27日，为了更好地开展党内法规制度理论研究，充分整合并有效利用西南政法大学法学、政治学和公共管理等不同学科研究党内法规制度的优势资源，西南政法大学党内法规研究中心正式成立，该中心为西南政法大学校级重点研究基地，由马克思主义学院、政治与公共管理学院和行政法学院共建，以理论研究、人才培养和智库服务为主要目标。2018年12月13日，为贯彻落实《中共中央关于加强党内法规制度建设的意见》（中发〔2016〕34号）和《中共重庆市委关于加强党内法规制度建设的实施意见》（渝委发〔2017〕28号）精神，切实加强党内法规理论研究与决策服务，充分发挥西南政法大学的专业优势和研究力量，中共重庆市委办公厅与西南政法大学采取共建和吸纳重庆市社科骨干力量共同参与的模式，筹建重庆市党内法规研究中心，西南政法大学党内法规研究中心得到升级与转型。作为重庆市人文社科研究基地，重庆市党内法规研究中心以建设“西部地区党内法规理论研究中心、决策咨询中心、实施评估中心、人才培训培养中心”为目标，努力成为服务决策的新型智库以及西部地区党内法规制度建设的宣传阵地。

目前，重庆市党内法规研究中心围绕全面从严治党、党内法治建设、党内法规制度理论、党内法规制度解释、党内法规实施评估、党内巡视巡察以及党内法规与国家法律关系梳理等重大现实问题，形成且正在产出一批具有重要理论与实践价值的学术成果。本书正是重庆市党内法规研究中心首批专著成果之一，也是国内首部针对党内法规制度解释问题研究的学术著作。

2017 年 12 月 12 日，秀健同志携团队申报的中国法学会 2017 年度部级法学研究重大项目“党内法规制度解释问题研究”获批立项，历时一年有余，通过整合前期研究成果，在扎实的理论分析与广泛的实证调研的基础上，形成了 30 余万字的研究报告，2019 年 2 月 20 日，课题顺利结项。后又历时近一年时间，凝练出《党内法规制度解释问题研究》一书。

在得知书稿完成并即将出版之时，着实欣慰，原因有二：一是西南政法大学作为国内法学研究的重镇，能够身体力行地为中国共产党党内法规制度建设贡献绵薄之力；二是重庆市党内法规研究中心作为西部地区党内法规制度研究的决策智库，能够身先士卒地开辟党内法规制度解释这一新的研究领域并产出高质量的学术成果。

秀健和浩伟两位同志在党内法规制度解释领域学术积累丰厚，其中不乏一些高质量的学术论文以及助推实务部门实践工作的决策建议。本书是极具理论与实践价值的，纵览书中内容，其较为系统地对党内法规制度解释的概念、价值、理论、现状、困境及完善路径进行了调研与论证，其着眼党内法规制度解释理论体系完善、思想观念更新、体制机制健全、方式方法优化等重大现实问题，为党内法规制度解释的制度化、规范化与法治化建设发展出谋划策。

在本书出版之际，受秀健和浩伟两位同志委托为其作序，由衷祝贺，也希望两位同志能再接再厉，深化后续研究、弥补现有不足，为中国共产党党内法规制度建设作以理论上的贡献。

是为题序。

西南政法大学党委书记　樊伟

2019 年夏题于西南政法大学勤业楼

序言二

理论化的解释体系

制度化的解释依据

规范化的解释程序

法治化的解释理念

法谚有云：“法无解释，不得适用。”诚然，万事万物，千情千里，无不需要准确的理解和解释。法律法规需要解释，党内法规制度亦然需要。党内法规制度是中国共产党通过法规制度的文本语言向社会传递其执政理念与价值立场的媒介与基础，党内法规制度的制定者势必想让党的组织、党员乃至群众理会其“立规意图”和“执规目的”，而想要实现这种执政追求，就必须开展合法、合规而且合理的党内法规制度解释工作。

党内法规制度解释的理论研究是一个新兴课题，但是对实践而言，绝非如此。在调研全国各地党内法规制度建设实务部门以及党内法规研究机构的过程中，实务界与理论界几乎达成共识：理论研究滞后于实务工作。纵观国内有关党内法规制度解释的科研项目，中国法学会 2017 年度部级重大项目“党内法规制度解释问题研究”可谓身先士卒。作为国内首个针对党内法规制度解释的综合型研究，必然会面临不可回避的困境：现实的问题是什么？可用的理论有哪些？问题的原因在哪里？发展的路径在何方？等等。因此，能够主持和研究这样一个“破天荒”式的项目，既怀着能够填补党内法规制度解释理论研究空白的激动之意，同时也深感难以做到尽善尽美的恐慌之情。尽管如此，我们还是希望能够有所创新，哪怕仅是发现一些细微的问题。后来，2018 年 6 月 21 日，重庆市教委 2018 年度研究生科研创新项目以“党内法规制度解释规范化研究——基于典型案例与文本的调查分析”为题予以立项，该项目由西南政法大学 2017 级硕士研究生惠洋主持，时至今日已顺利结项；2018 年 9 月 27 日，武汉大学党内法规研究中心 2018 年招标课题以“党内法规解释机制研究”为题公开招标，该课题由中国政法大学党规研究中心副主任王建芹教授主持，时至今日正有序开展。其他省市有关党内法规制度解释问题研究的课题立项情况不得而知。但是，这三个课题可谓“先行先试”，极大地调动了党内法规制度解释理论研究学者和实务决策专家的积极性，也将党内法规制度解释的地位提升了一个新的高度。

在实践方面，早在 1993 年 4 月 22 日，中央纪委便对其党内法规解释工作予以了规范，并颁布了《中共中央纪律检查委员会关于加强纪检条规解答工作的通知》。20 余年后，于 2015 年 7 月 6 日，中共中央办公厅印发了《中国共产党党内法规解释工作规定》，这是中国共产党内部首个针对党内法规解释问题的所作出的较为系统全面的正式规定，这标志着党内法规解释工作步入正轨。虽然其对“党内法规”解释工作的规定并有明确地延伸至“党内法规制度”这一更宽泛的主体，但是依旧不失为是实践探索的新突破、理论研究的新指引。2019 年 8 月 30 日，最新修订的《中国共产党党内法规制定条例》第六章“保障”中的第三十四条明确规定：“党内法规需要进一步明确条款具体含义或者适用问题的，应当进行解释。中央党内法规由党中央或者授权有关部委解释，中央纪律检查委员会以及党中央工作机关和省、自治区、直辖市党委制定的党内法规由制定机关解释。党内法规的解释同党内法规具有同等效力。”这一条款是党内法规解释工作的根本依据，也进一步明确了党内法规解释的权责归属以及实施效力，但其同样停留在“党内法规”而未拓展至“党内法规制度”层面。对学界学者而言，无法实质性地全面参阅《中国共产党党内法规解释工作规定》是极为着急的，而这也是造成理论研究和实务工作脱节的主要原因之一：大量有关党内法规制度解释的政策文件是涉密的而无法公开。因此，中共中央党校党的建设教研部教授张晓燕在提及完善党内法规解释制度和工作机制时呼吁“尽快解密相关规定文件，为建立和完善党内法规解释工作创造必要条件”。诚然，若能较为全面地了解党内法规制度解释的相关文件，对开展理论研究乃至通过理论研究推动实务工作是大有裨益的。对其他党内法规制度建设的研究领域而言，亦然如是。

在研究的过程中，我们做了大量的前期准备工作。首先，是对文献资料的梳理。截至2019年11月15日，党内法规制度解释的针对性研究仅有10篇，加之一些学术会议论文集中的相关论文，相关研究可能也不足20篇。中国政法大学党规研究中心主任柯华庆教授于2018年10月公开出版的《党规学》一书第十章“党规的适用”第二节“党规解释”对党内法规解释的概念、目的、方法和体制进行了较为全面的总结。北京党内法规研究会会长王勇教授在其2019年1月公开出版的《党内法规教程》一书第十章“党内法规的适用和实施制度”第二节“党内法规的修改、废止和解释”同样对党内法规解释的概念、原则和方法进行了简要的阐释。然而，由于其不是专门研究党内法规制度解释的著作，因而相关论述仅停留在知识介绍层面而略显单薄。山东大学刘麒的硕士学位论文《党内法规解释制度研究》是国内第一本研究党内法规解释制度的学位论文，其对党内法规解释的基础理论、党内法规解释制度的历史沿革、党内法规解释制度的现状分析等内容进行了较为详尽的分析和论述。其他有关党内法规制度研究的学术著作也或多或少地提及与党内法规制度解释相关的内容。因此，我们试图在大量有关“党内法规制度研究”的文献资料中发现“党内法规制度解释”的端倪，虽然有所收获，但是这一过程是极为艰辛的。其次，是对制度文件的整理。理论研究也不能脱离现实问题，否则便一无是处。我们极尽所能，整理出了相关政策文件119件，其中党内法规制度解释的相关规定和政策8件、国家法律法规解释的相关规定和政策10件、党内法规制度34件、党内法规制度解释文件67件，通过对其形式与内容的对比分析，发现了当前我国党内法规制度解释工作规范性不足、法治化缺失等一系列问题。

在党内法规学逐渐凝练成一个独立学科的大趋势下，我们也试图构建党内法规制度解释的理论体系。理论的创新是极为困难的，因为有关法律法规解释的理论屈指可数也已成定式，若依旧创新，要么触动法学研究的"奶酪"，要么其本身便是空有其型而实质上是无稽之谈。显然，这两种结果都不是我们希望看到的。因此，通过其他领域的理论借以分析党内法规制度解释的问题，便成为可行之策。一方面，作为内生共轭的理论延展，法律解释理论为党内法规制度解释体系的完善提供了理念上、方法上乃至实践上的有益指引。另一方面，作为广义内涵的公共政策的党内法规制度解释，政策分析理论的"政策规划——政策制定——政策执行——政策评估——政策纠偏——政策监督——政策终结"理论框架为我们审视党内法规制度解释工作的程序提供了新的视角。一方面，为了优化党内法规制度解释的内部机制设计，机制设计理论的"激励相容原理"与"目标实施原则"帮助我们精准分解了党内法规制度解释机制的构成、定位了党内法规制度解释困境的成因。另一方面，党内治理法治化是全面从严治党和全面依法治国有机结合的时代要求，也是党内法规制度建设不可忽视的时代背景，如何运用法治的理念完善党内法规制度解释的法治方式，也是研究力图突破的重点。

实证方法在法学理论研究领域的深化的确很难，但是不下沉到实务工作之中，任何研究都是徒有其表的。一方面，我们尽可能地参加国内有关党内法规制度研究的学术论坛与交流会议，并积极地创造党内法规制度解释这一话题，如我们参加中国法学会党内法规研究中心和武汉大学党内法规研究中心联合举办的"新时代党内法规建设的理论与实践"学术研讨会暨首届全国党内法规研究机构建设论坛，并作"新形势下我国党内法规解释体系的反思与重构"专题报告，旨在引起学界的广泛关注并且得到学者们的反馈。另一方面，我们依托由中共重庆市委办公厅和西南政法大学共建的实体性研究机构"重庆市党内法规研究中心"，积极开展对外合作，并与中共重庆市委办公厅、中共重庆市委党校建立长期合作关系，联合攻关重大科研项目，旨在通过与实务部门的对接加强研究资料间的共享以及研究对策的转化。此外，我们做得最多的工作，就是全面地搜集当前有关党内法规制度解释工作的规定以及制定出来且现行有效的党内法规制度解释文件，旨在通过对其形式与内容的分析，发现宏观的制度建设、程序规范问题以及微观的机制设计、形式体例问题。

本书的章节概要如下。

绪论部分：本研究归纳总结了党内法规制度解释实践发展以及理论研究的新背景、新形势，指明了其是基于党内法规制度体系建设不断完善、全面从严治党不断深化、国家监察体制改革不断推进以及坚持和完善中国特色社会主义制度、推进国家治理体系和治理能力现代化等大背景下的有益创新。值得特别指出的是，党内法规制度解释是化解党内法规制度执行难题的关键所在，也是提升党内法规制度治理效能的重要保障。大背景下的有益创新。本书搜集、梳理并分析了国内外1000余篇（部、件）专著、期刊论文、政策文件等文献资料，并对其研究的价值与缺陷进行了简要评述。此外，本章节还详细提出了当前党内法规制度解释研究亟待解决的八大核心问题，并进一步介绍了研究的方法与思路、创新与不足。

“党内法规制度解释的基本原理”部分：本研究归纳总结了新时期党内法规解释、党内法规制度解释以及党内法规制度解释体系等概念的基本内涵，并创新地提出了党内法规制度解释在具化文本、引领认知、填补漏洞、衔接内外等四方面的价值和功能；此外，本章节详细地分析了当前党内法规制度解释的主体与对象、目的与原则，并对党内法规制度解释的责任机制、备案机制以及特殊类型的解释方法、一般类型的解释方法予以概述；通过基本原理的界定，旨在对新形势下的党内法规制度解释予以宏观了解。

“党内法规制度解释的理论分析”部分：本研究首先从法律解释理论入手解答党内法规制度解释存在的重要性和必要性，并将党内法规制度解释定位成是“制度依赖”“功能延续”“补偿机制”“弹性治理”；其次，运用政策分析理论审视党内法规制度解释工作所涉及的规划、制定、执行、评估、纠偏、监督以及终结等一系列环节，旨在精准定位党内法规制度解释的症结所在，并将党内法规制度解释定位成是“连贯体系”“博弈过程”“法制方式”“价值认可”；再次，运用机制设计理论分析党内法规制度解释的机制设计缺陷与问题根源，旨在运用激励相容原理与目标一致原则优化党内法规制度解释机制设计，并将党内法规制度解释定位成是“调和过程”“权衡机制”“方法角逐”“过程管理”；最后，融合法治建设理论的核心内涵，将作为“约束机制”“权力延伸”“内化机理”“示范效应”的党内法规制度解释系统全面地优化与完善，进而提出党内法规制度解释制度化、规范化与法治化建设发展的一般出路。

“党内法规制度解释的关系梳理”部分：本研究辨析了当前党内法规制度解释所面临的思想观念新、改革收获新、监察体制新、反腐态势新等国内新形势，并进一步分析了国际地位新、国际关系新、国际话语新、国际挑战新等国际新背景。本章节还分析了宏观视阈下党内法规制度体系与国家法律法规体系、党内法治建设体系与国家法治建设体系之间衍化、共生等相互之间的关系，并对微观视阈下党内法规制度解释与党内法规制度、党内法规制度解释与法律法规解释在内容从属、效力层级、体系领域、学科导向等相互之间的区别与联系；通过形势辨析与关系梳理，旨在理顺党内法规制度解释体系建设的发展脉络，以助寻求新思路、发现新问题以及提出新对策。

“党内法规制度解释的实证考察”部分：本研究通过数据库检索、工具书查询以及与实务部门对接，共整理分析了相关政策文件 119 件，其中党内法规制度解释的相关规定和政策 8 件、国家法律法规解释的相关规定和政策 10 件、党内法规制度 34 件、党内法规制度解释文件 67 件；通过已有政策文件的量化分析与规范论证，研究发现了当前党内法规制度解释存在的根本依据不充分、工作规定不健全、宏观规划不完善、政策指导不切实、体例形式不规范、工作重心不稳固、权力归属不协调和责任归属不明确等问题及其成因。

“党内法规制度解释的完善思路”部分：本研究坚持法治理念与法治方式的有机结合，针对更新党内法规制度解释工作的理念、规范党内法规制度解释工作的程序、优化党内法规制度解释工作的机制以及完善党内法规制度解释工作的方法等四个方面的问题，提出了“法治观念的融入：界定党内法规制度解释的内涵外延”“法治关系的梳理：厘清党内法规制度解释的内外关系”“法治保障的落实：巩固党内法规制度解释的制度基础”“法治方式的完善：严格党内法规制度解释的流程环节”“法治机制的协调：推进党内法规制度解释的横纵贯通”“法治限权的强化：恪守党内法规制度解释的平衡制约”“法治手段的创新：丰富党内法规制度解释的方式方法”以及“法治体系的整合：改善党内法规制度解释的框架模式”等八条具体的对策建议，旨在为我国党内法规制度解释的制度化、规范化与法治化建设发展提供有益的完善思路。

然而，理论研究即使强化的对策转化应用意识，也依旧避免不了一个难题：实用性不强。因此，我们所给出的研究的对策，也仅是一种学理上的发展思路，其究竟适用与否，还有待诸多学者的指正以及大量实践的检验。

学无止境。课题研究的过程以及著作撰写的过程，都是一个学习的过程。新的形势需要用新的视角看待，新的问题需要用新的方法解决，新的结论需要新的实践予以验证。大道之行，天下为公。我们希望通过“党内法规制度解释问题研究”工作的开展以及成果的展示，带动以及推动党内法规制度建设的理论研究与实务工作，帮助理论研究者明确研究方向、协助实务工作者发现现实问题，于此，所有的过程乃至结果才是有意义、有价值的。

是为自序。

廖秀健，雷浩伟

2019 年夏撰于西南政法大学毓秀湖畔

目 录
CONTENTS

绪　论

新形势下，加强党内法规制度解释的相关研究具有深刻的理论渊源与强烈的现实需求。《中共中央关于加强党内法规制度建设的意见》明确提出：到建党100周年时，形成比较完善的党内法规制度体系、高效的党内法规制度实施体系、有力的党内法规制度建设保障体系，党依据党内法规管党治党的能力和水平显著提高。党内法规制度解释是党内法规制度实施体系的重要组成部分，解释什么、如何解释等问题密切关系着党内法规制度的执行效果。近年来，党内法规制度解释研究日益丰富。这种研究的趋势不仅是党内法规制度逐渐上升为法学研究的显学而使其备受理论与实务界的关注所导致，更是在依规治党与依法治国有机结合的背景下不断融入法治理念的时代产物，其有着深远的政治意义与历史意义。

一、研究背景与意义

（一）研究背景

1. 理论研究的新形势

有关党内法规制度的研究，自十八大以来蔚为大观。从党内法规制度制订实施、到清理评估、再到关系梳理，体系化的党内法规制度研究模式已成雏形。然而，除中国法学会2017年度部级课题以“党内法规制度解释问题研究”为题、重庆市教委2018年度研究生科研创新项目以“党内法规制度解释规范化研究——基于典型案例与文本的调查分析”为题以及武汉大学党内法规研究中心2018年招标课题以“党内法规解释机制研究”为题予以招标并立项之外，在国家级或省部级科研项目层面鲜见与“党内法规制度解释”直接相关的科研项目。

（如表0-1）在这种背景下，研究党内法规制度解释既有着夯实的理论基础与现实素材，同时也要具有广阔的探索空间与丰富的实际问题。

表0-1 党内法规制度相关研究主要国家级、省部级科研项目统计①

项目名称	立项时间	首席专家	项目类别
提高党内法规制度建设科学化水平研究	2010	操申斌	青年项目
从严治党与党内法规制度建设科学化研究	2011	操申斌	青年项目
执政党党内法规与国家宪法、法律协调问题研究	2013	何益忠	一般项目
推进反腐败国家立法与党内法规、制度建设研究	2013	聂资鲁	重大项目
党内法规与国家法律的衔接和协调研究	2015	孙才华	一般项目
治国与党内法规建设研究	2015	孙大雄	重点项目
代议制方面党内法规同国家法律的衔接和协调：国外经验与理论	2015	蒋劲松	重点项目
强化党内法规制度执行力的对策与机制研究	2016	张亚勇	重点项目
党内法规与国家法律协调发展研究	2016	季冬晓	一般项目
党内法规制度体系与国家法律法规的调适与衔接研究	2016	蔡金荣	一般项目
延安时期党内法规建设及历史经验研究	2016	张炜达	西部项目
党内法规制定权限和程序问题研究	2016	秦前红	一般项目
党内法规制度解释问题研究	2017	廖秀健	重大项目
运用法治思维提高党内法规执行力研究	2017	任君	青年项目
基于“制度激励—网络结构”的党内法规执行体系	2017	宋雄伟	青年项目
党内法规实施效果评估与提升策略研究	2017	张建伟	青年项目
逻辑与构建：“十八大”以来党内法规执行模式创新研究	2017	蒙慧	西部项目
中国特色社会主义法治视域下党内法规与国家法律的衔接与协调研究	2017	王立峰	一般项目

① 表中科研项目主要为近年来国家社科基金项目、教育部人文社科项目、中国法学会部级项目等国家级、省部级重要课题，统计或有疏漏。

续表

项目名称	立项时间	首席专家	项目类别
惩戒性党内法规与国家法律的冲突与化解研究	2017	杨建军	一般项目
中国共产党党内法规实施后评估制度研究	2017	王建芹	一般项目
党内法规体系的法理反思与战略架构	2017	廖奕	自选课题
党内法规在西藏实施状况及效能研究	2017	高大洪	自选课题
党内法规体系化研究	2017	刘茂林	重点项目
党内法规体系化研究	2017	王勇	重点项目
党规与国法相互关系与衔接研究	2017	柯华庆	重点项目
新时代加强地方党内法规建设研究	2018	周悦丽	重点项目
党内法规同宪法和法律不一致审查标准研究	2018	陈吉利	青年项目
依法治国和依规治党有机统一下的党政联合行文研究	2018	武小川	青年项目
《政法工作条例》（专家建议稿）及调研报告	2018	付子堂	重点项目
党内法规制度评估体系研究	2018	付子堂	重点项目
新时代党内法规制度的评估机制建设及优化路径研究	2019	庄德水	一般项目
党章学的理论构建研究	2019	张晓燕	一般项目
党内法规制度建设基本规律研究	2019	施新州	一般项目
党内法规学科建设和人才培养研究	2019	周叶中	一般项目
全面依法治国视域下党内法规备案审查制度研究	2019	秦勇	一般项目
党内法规建设促进新疆社会稳定和长治久安研究	2019	李军	一般项目
中国共产党党章话语体系及建设路径研究	2019	王瑾	青年项目
党内法规实施效果评估体系研究	2019	李志强	青年项目

除了大量课题研究工作的开展，有关党内法规制度研究平台的成立以及学术会议的举办，也是开展党内法规制度解释问题研究工作不可忽视的影响因素。(如表0－2、0－3)①

① 自2016年以来，全国各大高校均纷纷整合区域内的研究力量搭建党内法规学术研究平台，并以党内法规研究平台的名义开展各类学术交流会议。碍于篇幅，表中仅选取部分典型而并未将所有的党内法规研究机构和学术会议予以罗列。

表0-2 全国主要党内法规制度研究机构成立情况①

平台或机构名称	成立时间	所在单位
武汉大学党内法规研究中心 （首个实体研究机构、与湖北省委办公厅合作共建）	2016.09.21	武汉大学
新疆党内法规研究中心 （与新疆维吾尔自治区党委办公厅合作共建）	2017.07.31	新疆大学
中国法学会党内法规研究中心 （国内党内法规研究高端智库平台）	2017.09.27	中国法学会
山东省法学会党内法规研究会 （地方法学会下设科研团体）	2017.11.11	山东省法学会
福建省党内法规实施评估中心 （与福建省委办公厅合作共建）	2017.11.18	福建师范大学
华南师范大学党内法规研究中心 （广东省人文社科重点研究基地）	2017.12.16	华南师范大学
深圳大学党内法规研究中心 （广东省人文社科重点研究基地）	2017.12.16	深圳大学
中国政法大学法学院党内法规研究中心 （高校法学院下设科研机构）	2017.12.28	中国政法大学
北京党内法规研究会 （民政局注册的党内法规研究团体）	2018.01.28	北京市民政局
华东政法大学党内法规研究中心 （与上海市委宣传部、纪律检查委员会合作共建）	2018.04.16	华东政法大学
安徽省委党校党内法规研究中心 （与安徽省委办公厅、安徽省法学会合作共建）	2018.07.27	中共安徽省委党校
厦门大学党内法规研究中心 （与福建省委办公厅合作共建）	2018.11.10	厦门大学

① 据统计，自2011年12月6日清华大学法学院党内法规研究中心最先成立之后，截至2019年中，全国共成立38家党内法规研究机构。

续表

平台或机构名称	成立时间	所在单位
重庆市党内法规研究中心（与重庆市委办公厅合作共建）	2018. 12. 13	西南政法大学
黑龙江大学党内法规研究中心（与黑龙江省委办公厅共建）	2019. 04. 26	黑龙江大学
湘潭大学党内法规研究中心（与湘潭市委合作共建）	2019. 06. 05	湘潭大学
云南省党内法规研究中心（与云南省委办公厅共建）	2019. 10. 31	云南省委党校

表 0－3　全国主要党内法规制度研究学术研讨会开展情况

会议名称	会议时间	主要承办单位
中国共产党党内法规建设理论研讨会	2016. 05. 27	清华大学法学院党内法规研究中心
党内法规理论研究的路径与机制研讨会	2017. 09. 27	中国法学会党内法规研究中心
“新时代党内法规制度建设与党和国家机构改革”学术研讨会	2018. 05. 12	中国政法大学法学院党内法规研究中心、山东省法学会党内法规研究会
首届党内法规基本理论与体系化建设学术研讨会	2018. 06. 23	华南师范大学党内法规研究中心
“党内法规与党的建设、党的领导”学术研讨会	2018. 07. 01	山东省法学会党内法规研究会
“新时代党内法规建设的理论与实践”学术研讨会暨首届全国党内法规机构建设论坛	2018. 09. 08	中国法学会党内法规研究中心、武汉大学党内法规研究中心
全国政法院校马克思主义学院院长论坛暨“党章党内法规研究”学术研讨会	2018. 09. 21	西南政法大学党内法规研究中心

续表

会议名称	会议时间	主要承办单位
首届党内法规基础理论学术研讨会	2018. 10. 19	华东政法大学党内法规研究中心
广东社会科学学术年会分会暨“新时代党内法规体系建设研究”学术研讨会	2018. 10. 27	广东省社会科学界联合会、广东外语外贸大学党内法规研究中心
党内法规建设的理论与实践高端研讨会	2018. 10. 26	暨南大学党内法规研究中心
“政治学法学理论研究基地第四届高峰论坛”暨“全面依法治国与党内法规体系建设”学术研讨会	2018. 12. 02	西南政法大学政治学法学理论研究基地、西南政法大学党内法规研究中心
第二届全国党内法治高端论坛暨“党内法规学科建设”学术研讨会	2018. 12. 22	山东省法学会党内法规研究会
第三届全国党内法治高端论坛暨“党内法规实施与评估体系建设”论坛	2019. 10. 26	重庆市党内法规研究中心、重庆市地方立法研究协同创新中心
“党内法规建设的理论与实践”东湖论坛暨第二届全国党内法规研究机构建设论坛	2019. 11. 30	中国法学会党内法规研究中心、武汉大学党内法规研究中心
党内法规制度建设理论研讨会	2019. 06. 15	上海社会科学院法学研究所党内法规研究中心、上海政法学院党内法规研究中心等

2. 实践探索的新问题

党内法规制度建设作为深化全面从严治党的重要抓手，自十八大以来取得了重大成果与显著成就，各位阶、各领域、各层面、各环节的党内法规制度建设有序展开，形成了以党章为根本、若干配套党内法规为支撑的党内法规制度体系。党内法规制度解释作为党内法规制度建设“立、改、废、释”① 四维的重要一维，其对具化党内法规制度文本、填补党内法规制度漏洞起着至关重要的作用。(如图0-1)

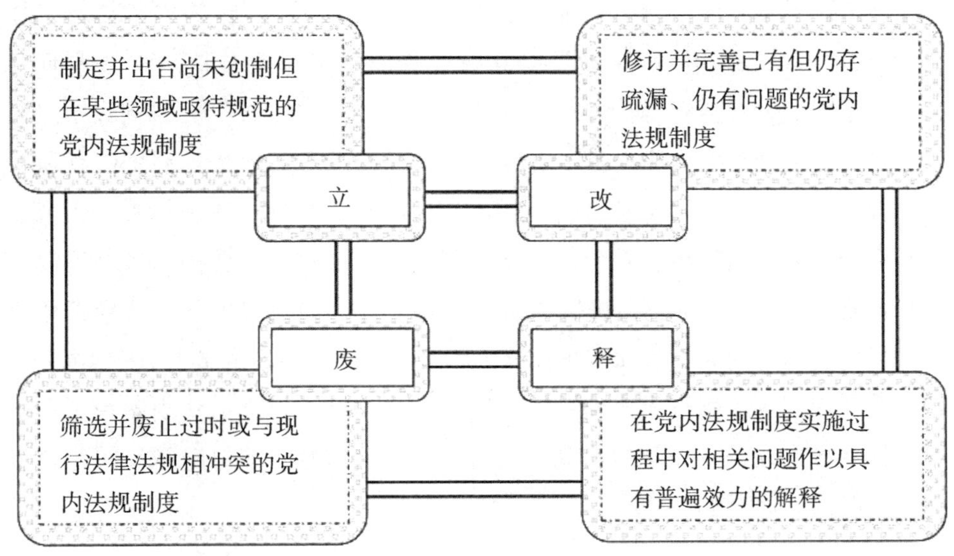

图0-1 我国党内法规制度建设“立、改、废、释”四维工作体系

1993年4月，第一部规范中央纪委党内法规制度解释工作的规范性文件《中共中央纪律检查委员会关于加强纪检条规解答工作的通知》正式颁布，党内法规制度解释规范化建设的重要性与必要性逐渐被引起重视；时隔20年，2013年5月，党内“立法法”《中国共产党党内法规制定条例》颁布，其第五章“适用与解释”第二十九条对党内法规解释主体、效力予以明确规定，党内法规制度解释工作自此有了根本的制度依据与政策保障；2013年11月，《中央党内法规制定工作五年规划纲要（2013-2017年)》出台，其作出“做好党内法规解释工作，保证党内法规制定意图和条文含义得到准确理解”及“健全党内法规制度解释评估机制”的重要指示，规范党内法规制度解释工作、优化党内法

① 《中央党内法规制定工作第二个五年规划（2018-2022年)》中明确指出加强新时期党内法规体系建设，要“坚持立改废释并举”。“立”即为制定并出台尚未创制但在某些领域亟待规范的党内法规，“改”即为修订并完善已有但仍存疏漏的党内法规，“废”即为筛选并废止过时或与现行法律法规相冲突的党内法规，“释”即为在党内法规实施过程中要及时对相关问题作以具有普遍效力的解释。

规制度解释机制等问题再次被提上议程；2015 年 7 月，我党第一部系统规范党内法规制度解释的针对性党内法规《中国共产党党内法规解释工作规定》正式颁布，这标志着我国党内法规解释工作步入正轨，党内法规解释规范化、法治化建设迈出了坚实的一步；2018 年 2 月，《中央党内法规制定工作第二个五年规划（2018－2022 年）》明确提出党内法规制度建设要坚持“立改废释并举”，党内法规制度解释首次同党内法规制度“立、改、废”三维建设予以高度重视，如何规范党内法规制度解释工作、如何提升党内法规制度解释质量再次提上政策议程；2018 年 3 月，国家监察委正式挂牌，中央纪委与国家监察委联合发布党内法规、联合制定党内制度的新形势使得党内法规制度解释工作面临着新挑战，如何明确协同解释责任主体、如何规范联合解释工作程序等新问题亟待学界学者和实务专家予以关注解决。2019 年 8 月，《中国共产党党内法规制定条例》再次修订，其进一步强调了加强党内法规解释工作的重要性和必要性，有关党内法规为何解释、由谁解释、如何解释等问题得以进一步明确。（如图 0－2）

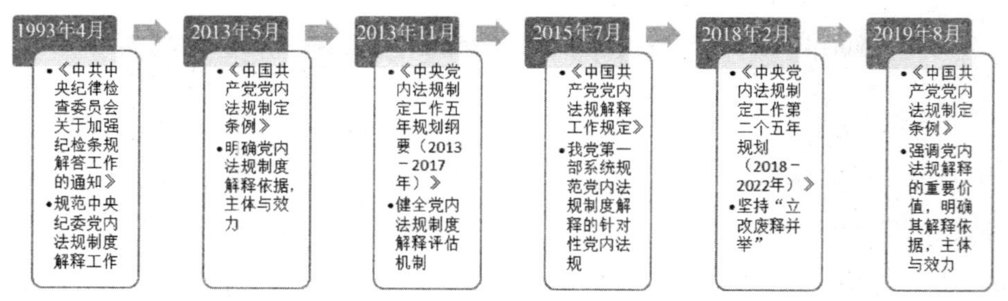

图 0－2　我国党内法规制度解释制度化建设发展流程

2019 年 10 月 31 日，中国共产党第十九届中央委员会第四次全体会议通过《中共中央关于坚持和完善中国特色社会主义制度 推进国家治理体系和治理能力现代化若干重大问题的决定》。中国特色社会主义制度是党和人民在长期实践探索中形成的科学制度体系，我国国家治理一切工作和活动都依照中国特色社会主义制度展开，我国国家治理体系和治理能力是中国特色社会主义制度及其执行能力的集中体现。① 推进国家治理体系和治理能力现代化是中国特色社会主义在制度层面的实践目标②，党内法规制度作为中国共产党自我管理、自我优化、自我监督的制度依据，是提升其执政能力与治国理政水平的坚实基础。在推进国家治理体系和治理能力现代化的实践层面上，党内法规制度解释起着双重作用：一是丰富完善了党内法规制度体系的框架和内容，为推进国家治理体系和治理能力现代化夯实制度基础；二是通过解释进一步深入阐释中国共产党的执政理念和治国理政的经验，为推进国家治理体系和治理能力现代化提供方向指引。

反观现实，我国党内法规制度体系庞杂、数量庞大。据统计，当前全党约有 2400 部党内法规，包括 170 多部中央党内法规、200 多部中央部委党内法规、2000 多部地方党内法规③，而自十八大以来，党中央便修订颁布 90 余部党内法规④，涉及党的政治建设、制度建设、纪律建设、作风建设、组织建设等方方面面。（如图 0－3）然而，伴随着大量党内法规制度的修订颁布，“体系混乱”“关系混杂”“边界模糊”“理解不清”“内容不明”“实施困难”“操作不当”等问题愈发突出；就党内法规制度解释工作而言，“权责不清”“规范不足”“保障不够”“意识不强”等不足也严重阻碍了其制度化、规范化、法治化建设的进程，大量党内法规制度没有明确的解释主体、缺少规范的解释程序，其解释文本的文体格式也不统一，因而致使党内法规制度解释的质量难有保障。

---

① 参见《中共中央关于坚持和完善中国特色社会主义制度 推进国家治理体系和治理能力现代化若干重大问题的决定》，新华网，2019－11－06。http：//www. xinhuanet. com//mrdx/2019－11/06/c_ 138532143. htm

② 参见黄亦君：《坚持和完善中国特色社会主义制度的深刻内涵》，光明网理论频道，2019－11－01。http：//theory. gmw. cn/2019－11/01/content_ 33286190. htm

③ 数据来源于中国法学会官网刊文《宋功德：党内法规制度体系建设》，2017－04－14。https：//www. chinalaw. org. cn/Column/Column_ View. aspx? ColumnID = 1088&InfoID = 23339

④ 数据来源于中国长安网刊文《十八大以来党中央共修订颁布 90 余部党内法规》，2017－10－19。http：//www. chinapeace. gov. cn/2017－10/19/content_ 11434557. htm

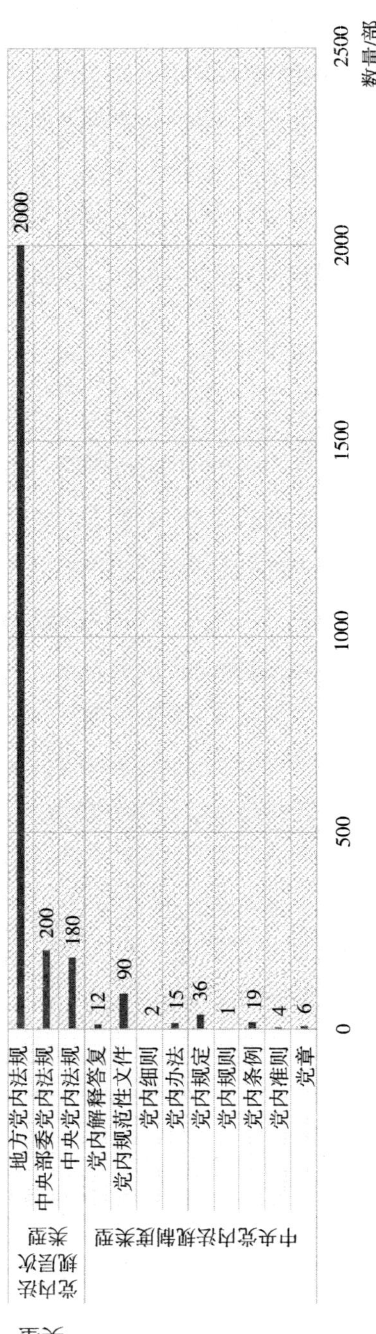

图0－3 我国党内法规制度数量统计分析

基于以上新形势、针对以上新问题，亟待通过系统的理论研究分析当前我国党内法规制度解释的困境、创新我国党内法规制度解释的对策，以指导实践、规范实践、印证实践，并且不断地与时俱进、兼容并包，以检验理论、丰富理论、夯实理论，进而完善党内法规制度解释理论体系。

（二）研究意义

1. 研究的实践价值

党内法规制度解释是党内法规制度体系的重要组成，新时期加强相关研究有利于探索分析其理论实践的关键问题与现实困境，可促进党内法规制度解释规范化、法治化，也可有效提升党内法规制度操作性、实用性，确保在依法治国与依法治党融合中推动社会主义法治建设全面发展。

宏观来看，当前我国党内法规制度解释“于内”存在体系框架不完善、体制机制不健全的弊端，“于外”存有方式方法少借鉴、政策方案少规划的阻碍。加强相关研究具有重要的现实意义。

微观而言，首先，“党内法规制度解释问题研究”立足中国问题，紧密契合中央党内法规制定两个五年规划纲要中“做好党内法规解释工作，保证党内法规制定意图和条文含义得到准确理解”“健全党内法规制度解释评估机制”“坚持立改废释并举”及《中国共产党党内法规解释工作规定》中“规范党内法规解释工作、提升党内法规解释质量”和《关于加强党内法规制度建设的意见》中“保证党内法规立得住、行得通”的重要指示，可通过决策咨询服务切实地保证党内法规解释工作有序、高效运行。其次，“党内法规制度解释问题研究”着眼党建需要，密切联系近年来大量党内法规制度制定修改、中央纪委与国家监察委联合发文、联合解释而亟须规范系统的解释机制予以完善的现实问题，有利于具化党内法规文本、填补党内法规漏洞、密切党规国法衔接，提升党内法规的合法性、科学性及其执行力、适用力。最后，“党内法规制度解释问题研究”植根提升党内法规制度执行力这一重大实践问题，旨在探求如何通过系统全面、妥善合理的解释以推动党内法规制度的优势有效转化为中国共产党管党治党、治国理政的治理效能。

2. 研究的学术价值

十八大以来，习近平总书记系列重要讲话中提出的诸多新理念、新思想、新战略体现出党中央治国理政的理论创新，也是对中国特色社会主义理论体系的丰富发展。“党内法规制度解释问题研究”恰能迎合丰富与完善新时期党内法规制度建设理论、健全全面从严治党理论体系的需要。

宏观来看，加强党内法规制度解释理论研究是对法治理论、法律解释理论、党建理论以及机制设计理论的融合发展与补充完善，其对充实我国党内法规制度建设理论具有重要意义。

微观而言，首先，研究有利于在法学理论，尤其是法律解释学理论的借鉴融合下丰富完善新时期党内法规制度解释理论体系。研究有利于整合国内外法律解释最新理论成果，汲取其体制机制建设的有益经验，为党内法规制度解释的请示报告机制、备案审查机制、评估清理机制、联合协同机制以及责任倒查机制的完善提供理论借鉴。其次，研究有助于利用法律解释的方法理念，更新党内法规制度解释的相关认识，推动党内法规制度解释体制机制建立健全，进而有助于为构建与时俱进、体系完备、科学合理、内部统一、外部协调的党内法规解释工作机制夯实理论基础。

具体到学术价值，本研究综合运用国内外先进学科知识探索构建独具中国特色、适合中国共产党执政需要的党内法规制度解释理论：(1) 研究将填补党内法规制度解释实证研究缺乏的空白，力求实证研究与规范分析相结合以确保理论服务于实践；(2) 研究将深入党内法规制度解释制度化、规范化、法治化研究前沿，旨在将法治理念与法治方式有机融入党内法规制度解释体制机制建设的过程中；(3) 研究密切联系实际工作的重大问题，凸显党内法规制度解释内部机制设计与外部制度衔接等问题，着眼中央纪委与国家监察委联合发布党内法规、联合制定党内制度的解释现状。(4) 研究在根本上服务于中国特色社会主义制度理论体系的完善，可通过优化党内法规制度解释理论框架进一步健全党内治理、国家治理的理论体系。

二、国内外研究综述

(一) 国内研究现状分析和发展趋势

1. 资料来源

纵观国内有关党内法规制度解释问题的针对性研究，起步晚、成果相对不足。相关研究自 2010 年始至今，于 2015 年始加速，2019 年达到顶峰，整体呈加速增长趋势。(如图 0-4)

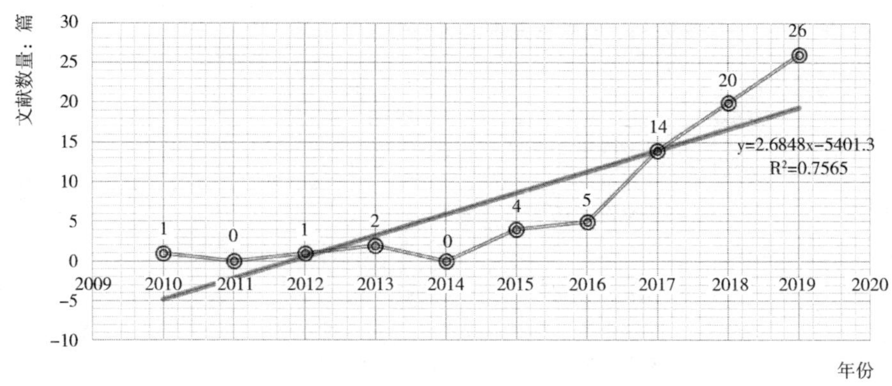

图 0 -4 中国知网“党内法规制度解释”关键词主题检索文献数量趋势分析

除通过中国知网中外文献资源总库搜集期刊、硕博、会议、报纸文献外，研究还通过中国国家图书馆馆藏目录、中国知网中外文献资源总库、北大法宝法律法规数据库、中央纪委国家监察委党内法规制度库、中国共产党员网党内法规制度库等共搜集各类文献资料 1100 余篇 .

其中：各类专著 82 部、博士论文 4 篇、硕士论文 17 篇、会议论文与资料 6 篇、期刊论文 407 篇、报纸文章 609 篇、中央机关部委以及地方党内法规制度及其解释答复 180 部。(如图 0 -5、表 0 -4)

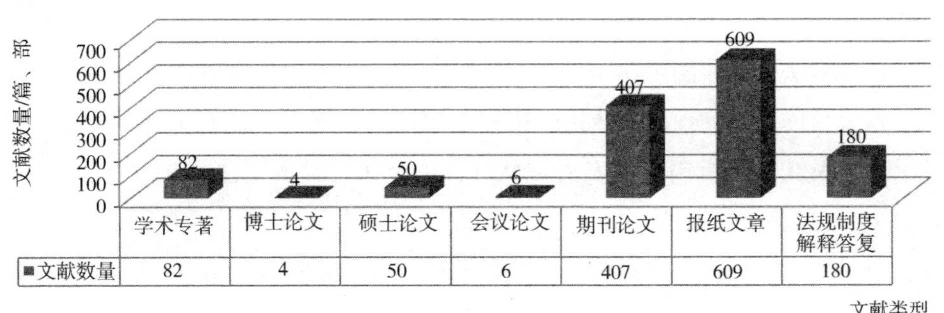

图 0 -5 党内法规制度解释问题研究文献资料类型与数量分布

表 0－4 各数据库查询目的与具体内容统计分析

数据库名称	查询目的与具体内容
中国国家图书馆馆藏目录	国内学术专著工具资料搜集： 旨在查询、搜集国内与党内法规制度建设、法律法规解释等相关学术专著内容、趋势与分布情况。
中国知网中外文献资源总库	国内学术论文会议资料搜集： 旨在查询、搜集国内与党内法规制度建设、党内法规解释、法律法规解释等相关期刊论文、硕博论文等文献。
北大法宝法律法规数据库	党内法规制度解释文件搜集： 旨在查询、搜集现阶段我国党内法规制度政策文本以及党内法规解释、答复文件的数量、类型、内容。
中央纪委国家监察委党内法规制度库	党内法规制度解释文件搜集： 旨在查询、搜集现阶段我国党内法规制度政策文本以及党内法规解释、答复文件的数量、类型、内容。
中国共产党员网党内法规制度库	党内法规制度解释文件搜集： 旨在查询、搜集现阶段我国党内法规制度政策文本以及党内法规解释、答复文件的数量、类型、内容。

以北大法宝法律法规库和中央纪委国家监察委党内法规制度库为例，两者主要检索目的为查询现阶段我国党内法规制度及其解释答复政策文本类型、数量、内容及其体制机制建设发展现状。其中，在北大法宝法律法规库中检索："党内法规解释"文件 15 件，"党内法规答复"文件 76 件，"党内法规复函"文件 10 件，"党内法规答复意见"文件 6 件。（如图 0－6）在中央纪委国家监察委党内法规制度库检索：党章 6 部（含 1997、2002、2007、2012 年修改版及其修正案与决议）、准则 4 部、条例 19 部、规则 1 部、规定 36 部、办法 15 部、细则 2 部、党内规范性文件 90 部以及党内解释答复 12 部。（如图 0－7）

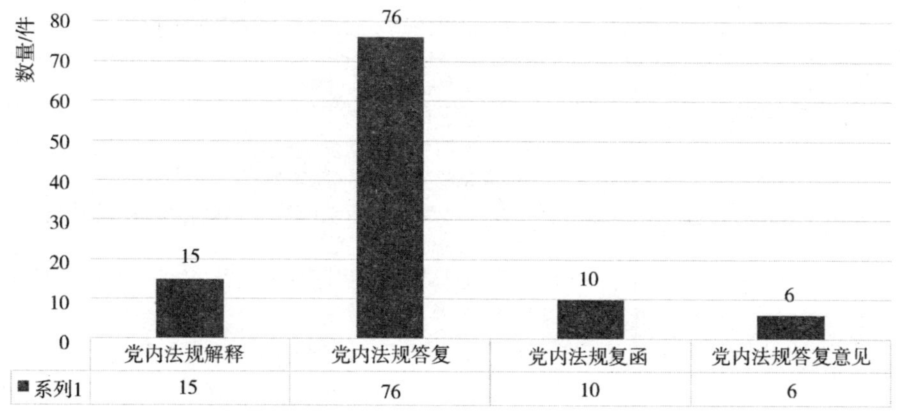

图 0 –6 北大法宝法律法规库“党内法规制度解释”资料检索情况

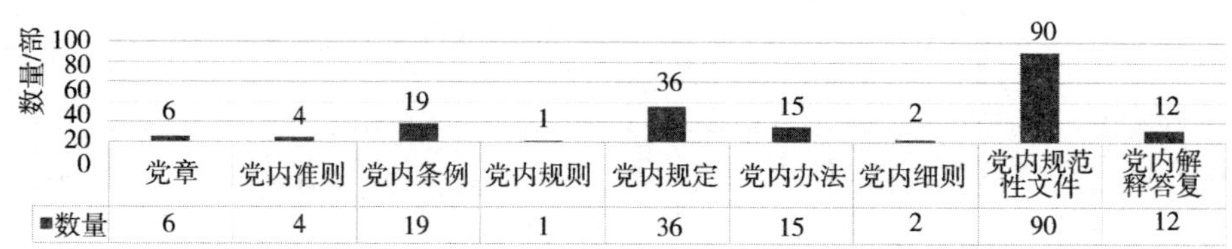

图 0 –7 中央纪委国家监察委“党内法规制度及其解释答复”资料检索情况

2. 文献梳理

自党内法规一词被党政方针所正式确认与普遍使用后，以法学为首的理论界便对其概念界定、关系梳理等予以深入探讨（如表 0 –5）；而作为与党内法规具有同等效力的党内法规解释，如何理解其核心内涵、如何理顺其内外关系，也渐被学界学者所关注。然而，有关党内法规解释的理论研究却凤毛麟角，就党内法规制定“立、改、废、释”四个维度而言，“解释”之维亦相对欠缺——理论的滞后与实践的不足使得我国党内法规解释体系的完善面临双重困境。①（如表 0 –6）

① 辩证地看，党内法规解释的理论研究着实较少，尤其是已有研究所选取的党内法规解释样本（研究对象）均较为匮乏，但这并不意味着党内法规解释工作的实践绝对滞后，大量涉密或不公开的党内法规解释政策文本的存在也可能使得党内法规解释工作从表面上看显得滞后，但实际上有很多工作并不为学界学者所知。

表 0-5 党内法规理论研究的主要问题及其代表性学者和文献①

领域	主要问题	学者	代表性文献
宏观视阈	历史渊源 发展脉络	操申斌 何益忠 周叶中	《改革开放以来中国共产党党内法规制度建设的几个主要特征》（《党的文献》2009 年第 4 期） 《党的创立及国民革命时期党内法规建设述论》（《湖北社会科学》2010 年第 6 期） 《关于中国共产党党内法规建设的思考》（《法学论坛》2011 年第 4 期）
	概念内涵 性质作用	操申斌 姜明安 施新洲	《“党内法规”概念证成与辨析》（《当代世界与社会主义》2008 年第 3 期） 《论中国共产党党内法规的性质与作用》（《北京大学学报（哲学社会科学版）》2012 年第 3 期） 《中国共产党党内法规体系的内涵、特征与功能论析》（《中共中央党校学报》2015 年第 3 期）
	结构完善 体系建设	潘泽林 任铁缨 蒯正明	《中国共产党党内法规及其体系构建问题研究》（《南昌大学学报》（人文社会科学版）2007 年第 1 期） 《如何更好地构建党内法规制度体系》（《中国党政干部论坛》2014 年第 2 期） 《新形势下加强党内法规制度建设的路径探析》（《探索》2015 年第 1 期）
	关系梳理 法治建设	操申斌 付子堂 王　勇	《党内法规与国家法律协调路径探讨》（《探索》2010 年第 2 期） 《法治体系内的党内法规探析》（《中共中央党校学报》2015 年第 3 期） 《再论党内法规与国家法律间的关系》（《理论与改革》2017 年第 3 期）
	研究范畴 研究视角	伍华军 王伟国 宋功德	《论党内法规的基本范畴》（《法学杂志》2018 年第 2 期） 《国家治理体系视角下党内法规研究的基础概念辨析》（《中国法学》2018 年第 2 期） 《坚持依规治党》（《中国法学》2018 年第 2 期）

① 表中文献经由 CNKI 数据库中选取，多为核心期刊论文。其中，代表性文献的选择大都以下载次数与被引频次的多少为标准。

续表

领域	主要问题	学者	代表性文献
微观视角	制定程序	张晓燕 童　彬 李斌雄	《进一步完善党内法规制定体制机制》（《中国党政干部论坛》2015 年第 2 期） 《党内法规制定权和程序机制研究——以副省级城市和省会城市党委制定党内法规为例》（《探索》2018 年第 2 期） 《中国共产党党内法规制定试点工作的缘由、关键及其规范》（《学习与实践》2018 年第 10 期）
	实施执行	操申斌 邵从清 唐莹瑞	《党内法规制度执行力的若干限制因素分析》（《科学社会主义》2011 年第 2 期） 《论提高党内法规制度体系执行力》（《山东社会科学》2016 年第 12 期） 《试论党内法规制度执行力的形成逻辑——基于实践理性的视角》（《长白学刊》2018 年第 5 期）
	备案审查	马立新 李大勇 赵宬斐	《党内法规与国家法规章备案审查衔接联动机制探讨》（《学习与探索》2014 年第 12 期） 《党内法规备案审查的多元化标准》（《理论视野》2017 年第 1 期） 《党内法规"一元多维"备案审查模式及效能发挥》（《苏州大学学报（哲学社会科学版）》2018 年第 5 期）
	清理评估	王建芹 马金祥 汪全胜	《党内法规清理标准的科学化构建》（《理论学刊》2017 年第 4 期） 《论党内法规的清理机制问题》（《新视野》2017 年第 5 期） 《党内法规的可操作性评估研究》（《中共浙江省委党校学报》2017 年第 3 期）
	解释规范	孙才华 王付友 吕　品	《论党内法规解释的规范化》（《湖湘论坛》2017 年第 1 期） 《党内法规制度解释条文如何表述》（《秘书工作》2018 年第 5 期） 《关于党内法规解释制度建设的思考》（《理论视野》2019 年第 4 期）

表 0－6 党内法规制度解释问题研究代表性文献及其核心内容

作者	文献题名	发表时间	主要内容
孙才华	《论党内法规解释的规范化》	2017. 01. 12	该文对 1978 年以来 38 件中央党内法规解释文本进行规范分析，进而得出党内法规解释工作规范化不足的问题、成因及其应对策略。
郭书辰 徐君婷	《简析党内法规解释的构建原则与方法》	2018－01－13	该文提出党内法规解释机制研究应当以法律解释为参照，运用法学思维将国家法治经验注入其中，从党内法规解释的原则、方法两个方面着力构建专门的党内法规解释机制。
王付友	《党内法规制度解释条文如何表述》	2018－05－10	该文从党内法规制度解释的实际工作出发，分析了当前实务部门开展党内法规解释工作不规范、不合理的问题，进而在解释程序、解释原则和释权归属等方面提出完善对策。
谭波	《论党内法规解释权归属及其法治完善》	2018－07－17	该文阐述了党内法规解释的重要价值，对党内法规解释权力分散这一问题进行了深入的分析，提出根据党内法规内容进行分类解释、规范解释程序以及保持党内法规解释权与国家法律解释权的衔接等对策。
刘麒	《党内法规解释制度研究》	2019－04－01	该文为国内第一篇与党内法规制度解释相关的学位论文。该文提出推动党规的法治化进程必须不断完善相应的解释制度，系统地分析了解释权归属不明确、解释效力不确定、解释机制不健全等问题并提出了相关对策建议。
吕品	《关于党内法规解释制度建设的思考》	2019－04－15	该文提出了党内法规解释制度之于引导党员确立党内法规信仰、更好化解党内法规稳定性和实践变动性之间矛盾的重要价值，提出要通过完善解释原则、充实解释内容、明确解释主体、规范解释名称等对策建议。

续表

作者	文献题名	发表时间	主要内容
廖秀健 雷浩伟	《完善中国共产党党内法规解释体系》	2019－07－04	该文较为全面系统地论述了党内法规解释的价值，分析了其文体格式混杂、体系重心失衡、方法借鉴不足、程序规范缺失等弊端，提出了借鉴法律解释的方式方法、参考法律解释的工作程序等对策建议。
廖秀健 雷浩伟	《党内法规研究的新范畴与党内法治实现的新路径》	2019－07－22	该文提出党内法规解释是党内法规研究的新范畴，也是党内法治实现的新路径。该文从实践、学理和功能三方面论述了党内法规解释之于推动党内法规制度体系化建设以及党内治理法治化建设的重要价值，提出亟须完善党内法规解释学的体系架构，并在理论创新、制度完善与实施保障等方面探索党内法规解释的法治建设路径等观点。
雷浩伟 廖秀健 惠洋	《党内法规解释的规范化与法治化论析》	2019－08－10	该文论述了党内法规解释规范化与法治化建设的重要价值及其内外关系。该文分析了党内法规解释规范化不足的表现是缺少规范的体例形式，法治化缺失的成因是缺少统一的权责归属，进而提出相关完善对策。
金成波 郭晓丽	《论党内法规解释制度的构建》	2019－09－20	该文阐述了党内法规解释规范化建设的重要价值，认为当前党内法规解释制度建设较为薄弱，提出应在充分借鉴法律解释有益经验的基础上，通过确立原则、明确主体、理顺程序、规范方法来构建完善的党内法规解释制度。

党内法规解释区别于法律解释，但却不得不与法律解释相联系。在党内法规与国家法律关系的梳理上，李林（2017）在《论“党内法规”的概念》一文中指出党内法规与国家法律在“制定主体、意志主张、规范对象、立法技术、适用范围、责任后果”等方面的不同之处，而这些差异也使得党内法规独立于

国家法律并区别于党的纪律①；刘长秋（2017）则进一步对党内法规与国家法律的差异进行了提炼，其认为区别于党内政策的党内法规虽具有法律属性但更偏重政治属性，其相互之间的创制标准、运作机理并不相同，因而党内法规不能上升为国家法律。② 从这一角度看，党内法规解释与法律解释在解释目的、解释原则、解释方法等方面可能并不相通。然而，无论如何定义党内法规，其与国家法律的差异并非相互对抗而是互为支撑的，两者价值取向的一致、规范对象的相融、功能发挥的互补、制度建设的衔接使其统一于国家法治体系之中（付子堂，2015）。③ 从学科角度看，融合政治学、法学等多学科属性的党内法规学“应当借鉴法学的立法技术思路和方法”（李林，2017）④，以不断丰富党内法规学研究体系、完善自身建设。因此，法律解释可能为党内法规解释提供了学理研究与实践操作等方面的有益指导。换言之，党内法规解释与法律解释相互差异但彼此关联，两者的制度框架、体系构成、方法原则等相互贯通、相互融合。

如前所述，国内鲜有针对“党内法规制度解释”的针对性研究，相关研究起步较晚且论述趋同，研究质量良莠不齐但也非一无可取。

宏观而言，国内诸多学者认为党内法规较为抽象、概括、滞后，因此需要完善的党内法规解释体系以提升其操作性、实用性（蒯正明、任秀娟，2015；谢宇，2016）⑤⑥；作为“软法”的党内法规，其自身执行效力的实现与其条文的明确性、规划的具体性、体系的完备性具有密切关联（操申斌，2011；梁瑞英，2015）⑦⑧，而这也是对其进行系统完备解释的需要与前提。

微观而言，国内学者多从党内法规与国家法律相互衔接的层面去梳理“党

---

① 参见李林：《论“党内法规”的概念》，《法治现代化研究》2017 年第 6 期。

② 参见刘长秋：《论党内法规的概念与属性——兼论党内法规为什么不宜上升为国家法》，《马克思主义研究》2017 年第 10 期。

③ 参见付子堂：《法治体系内的党内法规探析》，《中共中央党校学报》2015 年第 3 期。

④ 参见李林：《论“党内法规”的概念》，《法治现代化研究》2017 年第 6 期。

⑤ 参见蒯正明、任秀娟：《新形势下加强党内法规制度建设的路径探析》，《探索》2015 年第 1 期。

⑥ 参见谢宇：《论中国共产党党内法规的法治化》，《云南社会科学》2016 年第 3 期。

⑦ 参见操申斌：《党内法规制度执行力的若干限制因素分析》，《科学社会主义》2011 年第 2 期。

⑧ 参见梁瑞英：《提高党内法规制度执行力的几点思考》，《领导科学》2015 年第 32 期。

内法规法治化建设”的重大意义（曹秋龙，2015；谢宇，2016）①②；而基于对党内法规与国家法律内在关系的理解，有学者进一步明确提出“通过解释实现党内法规合法性、科学性”的重要观点（付子堂，2015）③，这一观点也渐被学界学者所广泛认同。具体到党内法规解释所存的不足与困境等问题上，着眼当前我国党内法规制度“虚置、剪切、敷衍、附加”等问题（邵从清，2016）④，既可总结出解释体系不完备、又能推理出解释方法不规范等弊端；另有学者指出“现行党内法规解释权的分散不利于党内法规的准确适用”（谭波，2018）⑤，以及“党章解释不完善”“解释形式不规范”“解释制度不健全”等问题，进而提出“完善党章解释机制”“明确解释机关、完善工作制度、规范解释名称”等建议（张晓燕，2015；孙才华，2017；吕品，2019）⑥⑦⑧。在党内法规解释与法律解释的借鉴应用问题层面，有学者提出“应当以法律解释为参照”并将党内法规解释分为“具体解释”与“抽象解释”，进而提出要遵循“合法与合规并举”“合理与合目的并重”“历史与现实相统一”的原则，运用“文义解释”“体系解释”“历史解释”“目的解释”“社会学解释”以及“以案释规”的方法构建完备的党内法规解释机制。（郭书辰、徐君婷，2018）⑨ 此外，“释权归属”是否明确归因于相关条文的表述是否合规合理，“自我授权、不当授权解释机关”的问题也与“解释条文如何表述”密切相关。因此，严格按照《中国共产党党内法规制定条例》的规定并遵循《中国共产党党内法规解释工作规定》的指示，明确“党的中央组织授权解释”“谁制定谁解释”以及“根据实际工作规定解释机关和承办单位”的工作原则与方法，是规范党内法规解释工

① 参见曹秋龙：《论党内法规与宪法法律的关系》，《江汉大学学报（社会科学版）》2015年第3期。

② 参见谢宇：《论中国共产党党内法规的法治化》，《云南社会科学》2016年第3期。

③ 参见付子堂：《法治体系内的党内法规探析》，《中共中央党校学报》2015年第3期。

④ 参见邵从清：《论提高党内法规制度体系执行力》，《山东社会科学》2016年第12期。

⑤ 参见谭波：《论党内法规解释权归属及其法治完善》，《江汉学术》2018年第4期。

⑥ 参见张晓燕：《构建维护党章权威机制的思考和建议》，《理论学刊》2015年第2期。

⑦ 参见孙才华：《论党内法规解释的规范化》，《湖湘论坛》2017年第1期。

⑧ 参见吕品：《关于党内法规解释制度建设的思考》，《理论视野》2019年第4期。

⑨ 参见郭书辰、徐君婷：《简析党内法规解释的构建原则与方法》，《中共乐山市委党校学报》2018年第1期。

作、提升党内法规适用效力的根本之策。(王付友，2018)① (如图0－8)

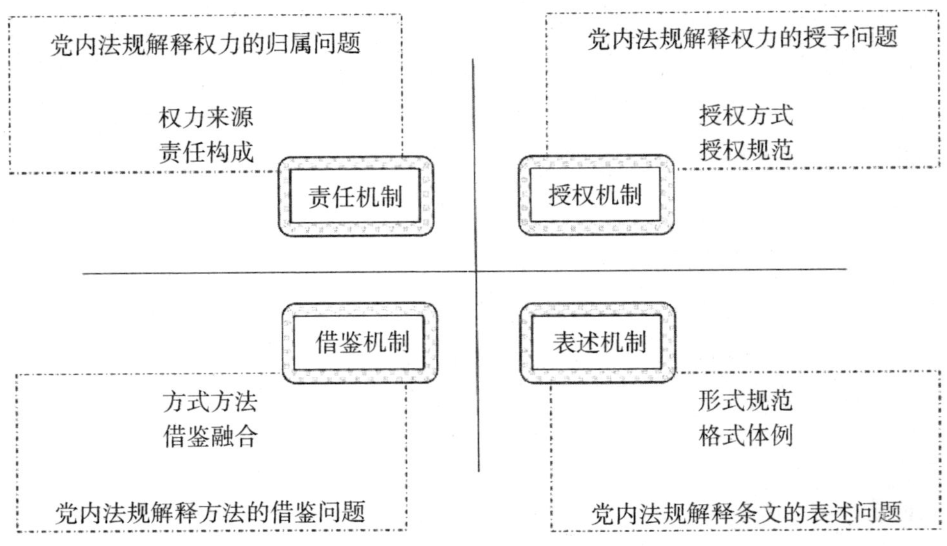

图0－8 “党内法规制度解释”相关研究主题与核心内容分析

综上所述，已有研究虽能发现我国当前党内法规解释理论与实践等方面存在的问题，但其或片面地针对党内法规解释而忽视了法律解释的借鉴运用、或刻板地借鉴法律解释而忽视了党内法规解释的特殊性与独特性，而其他“擦边球”式的碎片化研究也难以支撑党内法规解释规范化、法治化发展需求。

(二) 国外研究现状分析和发展趋势

1. 资料来源

在国外相关研究的学术梳理上，经由英国剑桥大学CAMBRIDGE UNIVERSITY PRESS资源库主要检索目的为查询现阶段国外与党内法规制度解释、法律法规解释等相关知名学术专著。其中：以“Legal interpretation”为关键词进行内容检索，共得到2225条结果，涉及“Law”“Politics and international relations”“History”“Philosophy”以及“Medicine”五个学科，涵盖“Jurisprudence”“Law and economics”“Law：general interest”“Legal history”“Political theory”以及“Politics：general interest”等主要子科目；以“Party laws and regulations”为关键词进行内容检索，共得到13条结果，涉及“Law”“Politics and interna-

① 参见王付友：《党内法规制度解释条文如何表述》，《秘书工作》2018年第5期。

tional relations”等主要科目，包括“Humanitarian law”“International economic and trade law, WTO law”“Medico - legal, bioethics and health law”“Socio - legal studies”以及“International relations and international organisations”子科目。（如图0 - 9）经筛选，共整理出较有参考价值的外文专著12部。

经由美国哈佛大学 LIBRARY AND KNOWLEDGE SERVICES 智库主要检索目的为查询国外与党内法规制度解释、法律解释相关的知名学术论文与学术评论。美国哈佛大学 LIBRARY AND KNOWLEDGE SERVICES 智库共计256子智库系统构成，经搜集、筛选、整理，筛选出可参考、借鉴的4个国外智库。其中，可借鉴的论文、评论约有20篇。

2. 文献梳理

碍于国体政体、国情党情的不同，国外不存在具体的全面从严治党、党内法规制度等说法，其相关研究数量较少、质量参差。因此，国内学者对党内监督的翻译 Inner - Party Supervision、党内法规制度的翻译 Inner - Party Lawsand Regulations、党内法规制度解释 Inner - Party Regulations’Interpretation 也被国外学者为所认同。

反观西方政党政治，其执政党党内监督已成定式而无创新，其主要监督方式分为三种：①议会立法活动中政党对本党成员的控制；②党派竞选活动中党员按照党的意志和要求参加选举；③国家公权运作领域的控制体现。[①] 其中，以立法的形式加强对党员的控制，即是西方国家加强党内法规制度建设的重要体现。西方独特的政党政治使其党内法规具有“体系多样”“内容细化”“衔接法律”等特点，是健全我国党内法规制度体系的有益借鉴，但是这种借鉴须谨慎为之。

① 参见张亚娟：《当代西方执政党党内监督的主要经验及启示》，《理论导刊》2005年第5期。

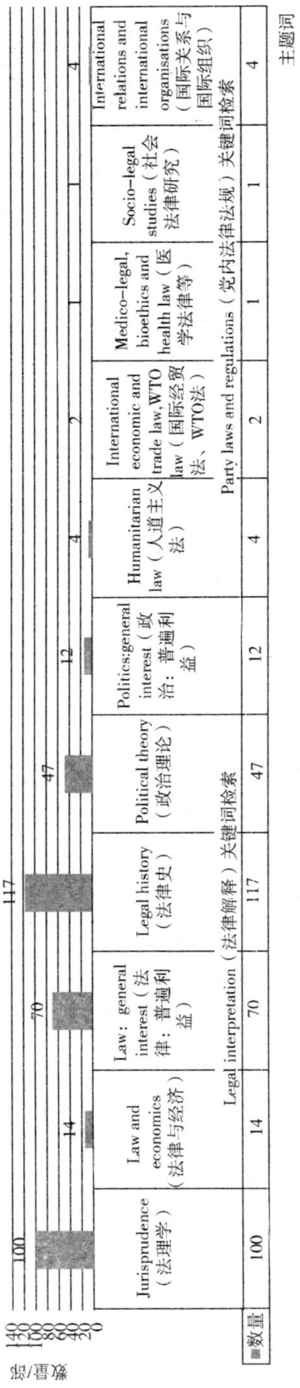

	Jurisprudence（法理学）	Law and economics（法律与经济）	Law：general interest（法律：普遍利益）	Legal history（法律史）	Political theory（政治理论）	Politics:general interest（政治：普遍利益）	Humanitarian law（人道主义法）	International economic and trade law,WTO law（国际经贸法、WTO法）	Medico-legal, bioethics and health law（医学法律等）	Socio-legal studies（社会法律研究）	International relations and international organisations（国际关系与国际组织）
		Legal interpretation（法律解释）关键词检索					Party laws and regulations（党内法律法规）关键词检索				
■数量	100	14	70	117	47	12	4	2	1	1	4

图 0-9 CAMBRIDGE UNIVERSITY PRESS 资源库“党内法规解释”资料检索情况

国外学者多针对政党关系与政治、解释方法与原则进行研究，但其党内法规本质上从属于国家法律，因此两者解释本质统一。具体而言，有学者认为法律解释是法治建设的应用延伸（Allan C. Hutchinson，2016；Gluck A R，2017）①②，其司法能动的运用、多语体制的实行可较大程度提升法律法规的操作性、实用性。（Solan L M，2017；Lim T P，2017）③④

（三）国内外研究现状趋势简要评述

综上所述，不难发现当前针对党内法规制度解释综合型研究极为匮乏，尤其是缺乏党内法规制度解释的法治化研究、与法律解释衔接等深入研究。具体而言：①系统地从理论与实证角度研究党内法规制度解释法治化的专著、纯学术型文献较为单薄，且重复论述多、纯理论概念介绍及非学术型宣传教育资料多；②已有理论研究深度、广度不足，大都局限于领导人宏观治国理政方略而缺少微观细化，成果较少且脱离实践；③鲜有针对某一地区、某一领域的实证调研，大都宏观地针对部分中央党内法规制度及其解释而缺少宏观实证考察，相关研究成果的可推广性、可借鉴性不足；④已有成果的对策建议大都过于抽象，缺少进一步优化全面从严治党、规范党内法规制度解释工作的具体、可行的机制设计，其对基于国家监察体制改革背景下如何规范中央纪委与国家监察委两者联合发布党内法规、联合制定党内制度的解释机制的优化问题也未进行细致论述。⑤已有研究未能全面且细致地阐释党内法规制度解释的重要价值，也未能基于坚持和完善中国特色社会主义制度、推进国家治理体系和治理能力现代化背景下，分析和论证党内法规制度解释之于充分发挥党内法规制度优势与治理效能的价值及其实现路径。

（四）研究的学术展望及可突破之处

因此，当前乃至今后一段时期内的党内法规制度研究，应当着眼解释之维，

① Allan C. Hutchinson. Toward an Informal Account of Legal Interpretation［M］. Cambridge University Press, 2016.

② Gluck A R. Justice Scalia's Unfinished Business in Statutory Interpretation: Where Textualism's Formalism Gave Up［J］. Social Science Electronic Publishing, 2017.

③ Solan L M. Multilingualism and Morality in Statutory Interpretation［J］. Social Science Electronic Publishing, 2017.

④ Lim T P. A Call for Candour: Accepting the Necessity of Judicial Activism in Statutory Interpretation［J］. Social Science Electronic Publishing, 2017.

密切联系大量党内法规制定修改、中央纪委与国家监察委联合发文、联合解释的现实，下沉至党内法规制度解释的请示报告、备案审查、评估清理、联合协同以及责任倒查等具体机制的研究，着重对其机制的设计、执行、效用、影响等问题予以界定，并在借鉴法律解释机制的基础上明确其目的、功能、原则、方法、体例等。同时，研究应当立足如何充分发挥党内法规制度的优势，着眼党内法规制度解释对推进党内治理规范化与法治化的功能实现问题，重新审视党内法规制度解释的定位，探求如何通过优化党内法规制度解释工作以完善中国特色社会主义制度、推进国家治理体系和治理能力现代化建设进程。

三、研究方法与思路

（一）主要研究方法

1. 文献研究法

本研究通过对有关党内法规制度解释、法律解释以及机制设计等理论和实践文献资料、规范性文件进行收集、整理，重点对党内法规制度解释答复文件进行系统全面的检索、析出，作前期的理论、技术、资料与思想准备。

2. 内容分析法

本研究采用SATI内容分析法对党内法规制度解释政策文本、文献材料相关内容进行量化分析，对党内法规制度解释机制的核心问题、重点问题进行宏观考量，以做好相关实证分析、趋势分析、现状分析、比较分析与意向分析。

3. 调查研究法

本研究通过调查党内法规制度解释工作开展、机制设计等相关情况以及国内外法律解释体系的建设情况，整合国内外相关领域突破与缺口、经验与不足，为党内法规制度解释的规范化、法治化完善和创新提供有益思路与借鉴。

4. 比较研究法

本研究通过对不同国家与地区的党内法规制度解释之间的异同进行横向比较，从不同学科领域、不同理论视角对法律解释、党内法规制度解释机制研究成果进行纵向分析，提炼和总结有益经验。

5. 案例分析法

本研究通过选择若干党内法规制度解释的典型案例进行案例分析，考察党内法规制度解释机制运行的实际状况，寻求理论与实践相结合的党内法规制度解释机制设计蓝图。

6. 历史分析法

本研究通过梳理法律解释、党内法规制度解释的起源和发展，了解各个历史时期的法律解释、党内法规制度解释一般发展规律，为研究具有较高实践价值的机制设计奠定理论与实践基础。

7. 系统研究法

本研究将党内法规制度解释、法律解释、国家治理现代化及其相关理论理念的研究视为统一整体，在确保党内法规制度解释特殊性的基础上保持研究的开放性、整体性，通过体系化的研究，为党内法规制度解释机制的完善提供思路。

（二）研究思路方案

1. 主要研究思路

本研究的思路清晰、逻辑严密、操作性强。研究整体思路为：初步调查→发现问题→实证调查→成因分析→规范分析→法规适用→专家论证→修缮成果→完成研究。（如图 0－10）

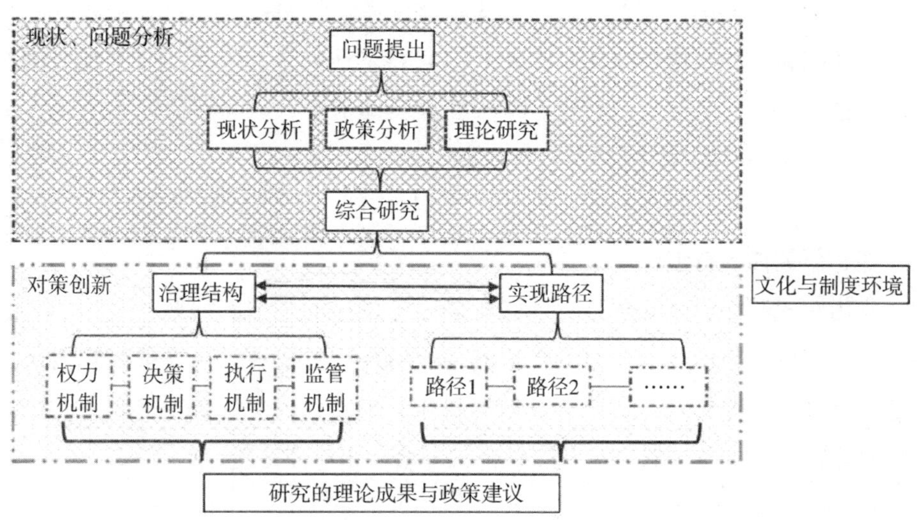

图 0－10 党内法规制度解释问题研究思路设计

本研究坚持理论与实践相结合的研究方法：现状分析、政策分析、理论分析与现实问题相结合；本研究坚持治理结构与路径优化对策创新：权力机制、决策机制、执行机制与路径优化相统一。

2. 核心技术路线

具体而言：(1) 通过中国知网、中央纪委监察部党内法规制度库、北大法宝法律法规数据库及其他国内外资料数据库，查找和汇总相关的党内法规解释文件以及与党内法规解释机制相关的学术专著、期刊论文、新闻报道，阅读文献分析初步提出党内法规解释机制的现存问题；(2) 通过对文献资料进行细致梳理与分析，明晰问题并合理定位，同时明确研究的意义价值；(3) 通过对党内法规解释机制的现状调查、案例分析、整体分析、实证分析与理论分析明确研究的总体方向，筛选分析关键的、典型的党内法规解释文件与核心案例，进行探测性调研，探寻找到可能的创新点与突破口；(4) 通过探求党内法规解释机制的滥觞起源，掌握其发展规律，通过比较各个国家以及各个历史时期对党内法规解释机制的设计，为研究汲取古今中外的有益经验和借鉴；(5) 通过对党内法规解释机制的微观分析，分类整理、加工、分析实证调研信息数据，探求党内法规解释机制设计所存在盲点和不足，借鉴法律解释机制设计经验，完善党内法规解释机制；(6) 通过战略选择、整体推进，融合理论创新完善研究的内容，形成党内法规解释规范化、法治化机制设计路线，完善党内法规解释机制优化问题的调研报告及其他成果；(7) 将具体的研究成果予以专家咨询和实践论证，通过与实务部门对接，修改完善具体对策，以实现研究的决策咨询效果；(8) 完成并修改完善书稿。

四、研究内容与创新

党内法规制度解释问题是党内法规制度建设所面临的新问题，也是亟待解决的重要问题。新形势下加强党内法规制度解释问题研究，旨在创新党内法规制度解释理论，优化党内法规制度解释机制，丰富党内法规制度解释方法，进而推动党内法规制度解释制度化、规范化与法治化建设发展。

(一) 主要核心问题

针对当前党内法规制度解释工作开展与机制设计中出现的问题与弊端，研

究主要提出以下几大亟待解决的关键问题。(如表0-7)①

表0-7 党内法规制度解释问题研究需解决的核心问题

领域	发现、提出并有待解决的核心问题
内部环境	①党内法规制度解释制度化、规范化、法治化现状如何，其工作开展的基本情况如何、政策制定情况如何（数量+质量）?
	②中央以及地方党内法规制度解释体制机制、方针理念，相关组织机构、人员配备、技能素质、方式方法如何?
外部环境	③党员、干部及群众对党内法规制度解释认识和认知情况如何? 其对党内法规制度解释制度化、规范化、法治化认识如何，评价如何、认同度如何?
	④党内法规制度解释内外衔接与法规配合如何，其与国家监察体制改革协调性如何? 是否有体系化、系统化的党内法规制度解释模式?
理论探索	⑤如何认识与协调党内法规制度解释的内外关系，即如何认识与协调党内法规制度与党内法规制度解释以及与国家法律的重大关系?
	⑥如何认识党内法规制度解释制度化、规范化、法治化的作用与有效性，如何融合法律解释理论丰富党内法规制度解释理论体系?
实践探索	⑦如何创新党内法规制度解释法治化路径，如何优化党内法规制度解释的请示报告、备案审查、评估清理、联合协同等具体机制设计?
	⑧如何在新形势下做好党内法规制度解释的内外衔接，构建系统化、协同化、联动化的党内法规制度解释工作模式并发挥其治理效能?

（二）主要调查内容

党内法规制度解释问题研究调查内容体系围绕核心问题具体展开。

本研究调查分析中央及各地制定的党内法规制度及其解释答复文本，对其数量、质量、类型、内容、趋势进行实证分析；在此基础上调查当前党内法规

① 在研究过程中，结合自身知识储备以及党内法规制度理论研究专家、党内法规研究室和纪检监察机关实务工作人员相关经验，并结合前期调研成果，提出当前党内法规制度解释研究需亟待解决的八大核心问题。然而，本书虽发现并提出这些问题，但碍于时空限制以及党内法规制度自身研究的难度，本文仅对这八大核心问题予以宏观论述与阐析，并选取其中某一类问题予以细致阐述，旨在为后续研究提供思路、扩展视角。相关不足将在后续研究中跟踪完善。

制度解释工作的方针原则、体制机制、主体客体、方式方法等，并考察分析其得失。(如图0-11)

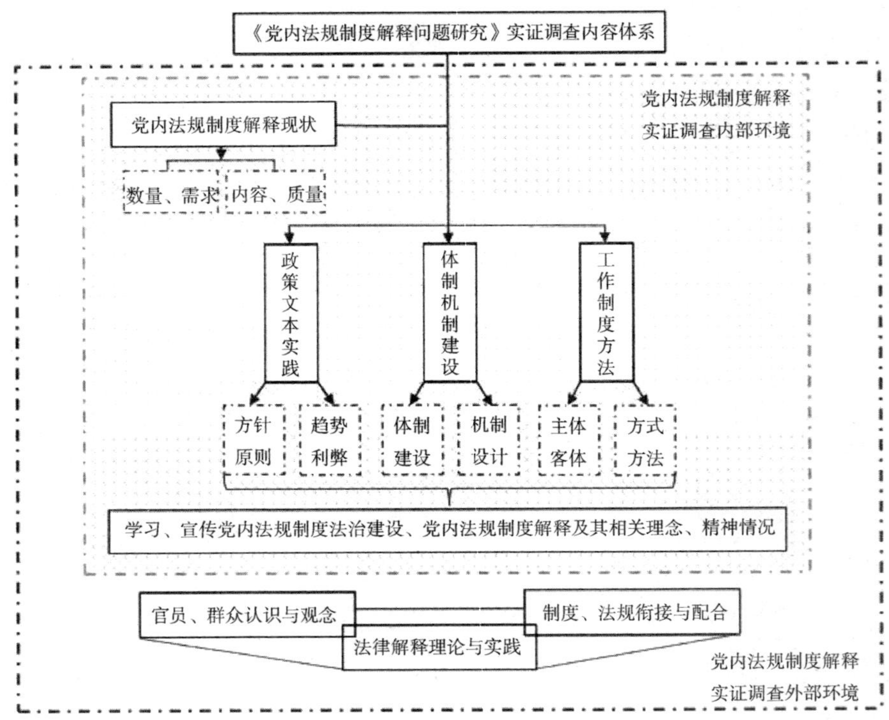

图0-11　党内法规制度解释问题研究实证调查内容体系

(三) 主要重点难点

1. 研究重点

(1) 实证调查：党内法规制度解释工作制度、文件内容、机制设计

资料搜集与实证分析是前提。研究需全面地搜集中央及各地制定的党内法规制度及其解释答复政策文件，对其数量类型、内容质量等进行实证分析；还需调查当前党内法规制度解释工作方针原则、方式方法、形式体例，并对其机制设计予以宏观考量与微观分解。

(2) 规范论证：党内法规制度解释机制功能、关系辨析、价值效用

关系辨析与功能界定是关键。研究需结合全面从严治党新常态、党内法规建设法治化新形势，辨析党内法规与国家法律间、党内法规制度与党内法规制度解释间的关系；还需对党内法规制度解释机制内涵概念、地位作用及其应然

的功能价值、效用的发挥和阻碍进行规范论证。

（3）借鉴融合：法律法规解释机制微观分解、内外比较、融合转化

内外比较与借鉴分析是支撑。研究需比较党内法规制度解释与法律解释及其解释机制之间的异同关联，具体分解法律解释机制设计，借鉴法律解释的原则、方法丰富完善党内法规制度解释机制设计；还需考察国外法律法规解释体制机制与方式方法，汲取其经验教训并合理转化。

（4）机制优化：党内法规制度解释机制完善、规范发展、法治建设

机制优化与法治建设是核心。研究需在宏观层面着眼党内法规制度解释规范化、法治化机制的发展完善，联系中央纪委与国家监察委联合发布党内法规的重大现实；在微观层面针对党内法规制度解释请示报告、备案审查、评估清理、责任倒查等具体机制予以优化，两维并进以确保研究对策行之有效。(如图 12)

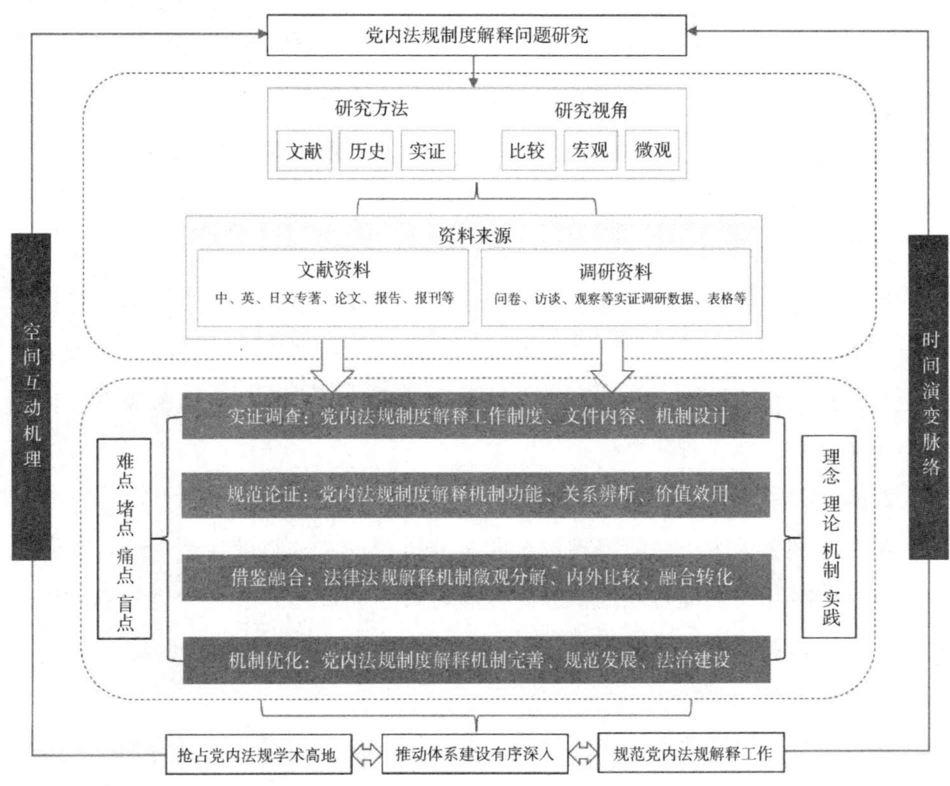

图 0－12　党内法规制度解释问题研究重点及体系框架

2. 研究难点

（1）资料来源少、数据统计分析难

大量与党内法规解释相关的规章制度未公开，资料来源渠道狭窄；通过何种方式、途径穷尽搜集各类数据并做到有效运用是首要难点。

解决办法：借助与中国法学会党内法规研究中心、重庆市委法规研究室等科研与实务部门的合作关系，打通研究资料封闭的共享壁垒。

（2）理论融合少、对策应用转化难

作为新兴学科，党内法规尚无完善的研究体系；如何借鉴法律解释理论、运用机制设计理论完善党内法规解释规范化、法治化机制设计是核心难点。

解决办法：凝聚法律解释学、党内法规学、公共政策学等多学科研究力量，丰富研究队伍多元知识构成，密切联系实务部门并做好决策论证与转化。

（四）主要创新之处

本研究着眼党内法规制度解释制度化、规范化与法治化建设的重大现实问题，并将党内法规制度解释同法律解释的理论研究与实践探索相互关联，在实现党内法规制度与国家法律法规密切衔接的基础上，推动党内法规制度解释工作程序的完善，以求需要予以解释的党内法规制度能够得到准确阐释，所作出的解释文件也能够得以有效运用。

1. 创新研究视角

研究将综合运用法律解释学、政治学、公共政策学等相关学科知识打破党建研究单一视角；研究将借鉴法律解释机制设计与方式方法，从党内法规解释规范化、法治化建设为切入点，以完善党内治理体系、提升党内法规制度治理效能为落脚点，创新研究视角。

2. 创新研究理论

研究将创新运用法律解释理论、政策分析理论、机制设计理论分析完善党内法规解释机制的困境与成因，进而提出对策与建议，并进一步创新党内法规解释机制完善的法治化理论体系。

3. 创新研究方法

研究将创新运用党内法规制度“大数据”与问卷访谈、会议咨询、内容分析法，借鉴法律解释一般研究方法，从主体、原则、方式、效力等多角度分析党内法规解释机制设计的合理性、合法性。

4. 创新研究对策

研究将创新党内法规解释规范化、法治化机制设计与方式方法，从请示报告、备案审查、评估清理、责任倒查等微观机制的优化入手，完善党内法规目的解释、扩张解释、体系解释等方式方法。

此外，作为法学研究的分支，党内法规制度研究无论如何创新研究视角与研究方法，很难跳出理论研究强而实证研究弱的桎梏。尤其是问卷访谈等研究方法往往很难真正下沉到党内法规制度解释工作的实际之中，党内法规制度“大数据”是否真正能够穷尽当前我国党内法规制度及其解释的全部文件也有待考证。碍于党内法规制度自身具备的秘密属性，大量文件不予公开，这是开展相关研究的瓶颈，也是本研究可能存在大量不足的原因。

第一章　党内法规制度解释的基本原理

党内法规制度是我党内部法规制度体系的统称，其是由党内法规、党内制度和党内规范性文件有机组合成的统一的整体，是党的思想理论、方针政策的高度凝练和概括。由此可见，党内法规制度解释是对党内法规、党内制度和党内规范性文件的具体解释，其旨在将抽象概括的党内法规制度予以细致的阐释，以确保党内法规制度在执行和适用时能够得到准确的理解。

当前针对党内法规制度解释的研究却如凤毛麟角，其内涵概念、功能价值的学理定位仍十分模糊。党内法规研究是一门新兴学问，对“什么是党内法规”这一“元问题”进行回答是党内法规研究的起点。① 然而如何理解党内法规解释、如何认识党内法规解释，是党内法规解释研究的“元问题”，也是开展相关研究的起点。同党内法规上升为法学研究的显学时学界学者对界定其核心概念、梳理其内外关系的研究倾向，党内法规解释亦不例外。从概念界定与关系梳理两方面入手，一则有助于准确把握党内法规解释的功能与价值，二则有利于精准定位党内法规解释工作的症结与难点。

一、党内法规制度解释的核心概念与内涵要义

界定党内法规制度解释的内涵，需要在宏观层面着眼我国党内法规制度体系的各层次建设，进而在微观层面分析不同组成要素之间的功能价值，以此准

---

① 参见施新州：《党内法规制度体系：概念、类型与制度成长》，《江汉大学学报（社会科学版）》2019 年第 2 期。

确把握党内法规制度解释的要义。

（一）宏观概念：党内法规、党内法规制度、党内法规制度体系

1. 党内法规

有关党内法规的概念形成，经历了一个由实践探索到理论构建的漫长过程。1945年5月，刘少奇同志在党的七大上做了《关于修改党章的报告》，其在提及修改党章的必要性时论及“党的法规”的主要内容：一是要“规定党的基本原则”，二是要“根据这些原则规定党的组织之实际行动的方法”，三是要“规定党的建造的组织形式与党的内部生活的规则”。① 由此，党内法规的基本内涵有了明确的规定，其是指关于中国共产党在组织建构和运行基本原则、规则和方法的具体制度规范的总称。②

此后40余年，有关党内法规是什么以及党内法规如何发展、如何建设、如何改革等问题没有太多的学术争论。1990年7月31日，中共中央印发的《中国共产党党内法规制定程序暂行条例》，这是我党第一部针对党内法规制定、执行与实施的重要文件，其第二条明确说明：“党内法规是党的中央组织、中央各部门、中央军委总政治部和各省、自治区、直辖市党委制定的用以规范党组织的工作、活动和党员的行为的党内各类规章制度的总称。”这不仅意味着我国党内法规的建设步入制度化、规范化、科学化的发展进程，也意味着党内法规有了官方的概念内涵，其对指导学界开展理论研究具有重要意义。十八大后，党的政治建设、制度建设愈发引起党中央的高度重视，在全面从严治党与全面依法治国的方针引领下，党内法规的完善再次提上了政策议程。2013年5月27日，《中国共产党党内法规制定条例》正式发布，其对党内法规的制定主体和制定内容两方面作了概念上的微调，其指出“党内法规是党的中央组织以及中央纪律检查委员会、中央各部门和省、自治区、直辖市党委制定的规范党组织的工作、活动和党员行为的党内规章制度的总称”。2019年8月30日，《中国共产党党

① 资料来源于中国共产党新闻网刊文《关于修改党章的报告》（一九四五年五月在中国共产党第七次全国代表大会上报告），2017-08-07。http://cpc.people.com.cn/GB/64162/64168/64559/4526957.html

② 对党内法规的概念界定学界仍有争议，其内涵与外延的界定对研究党内法规解释至关重要。按照通常的理解，党内法规是我党内部法规的总称，其与“党的纪律”“党的政策”“党的制度”较有差异。

内法规制定条例》修订实施，其对党内法规的概念的和外延进行了重新界定，第三条明确指出："党内法规是党的中央组织，中央纪律检查委员会以及党中央工作机关和省、自治区、直辖市党委制定的体现党的统一意志、规范党的领导和党的建设活动、依靠党的纪律保证实施的专门规章制度。党章是最根本的党内法规，是制定其他党内法规的基础和依据。"由此可见，党内法规的制定主体、调整范围均有变化。就制定主体而言，由原来的党的中央组织、中纪委、中央各部门和省、自治区、直辖市党委变化为党的中央组织、中纪委、党中央工作机关和省、自治区、直辖市党委。党的工作机关是党实施政治、思想和组织领导的政治机关，是落实党中央和地方各级党委决策部署，实施党的领导、加强党的建设、推进党的事业的执行机关，相较于"中央各部门"的主体表述更能够体现和保障党的全面领导，其也与《中国共产党工作机关条例（试行）》的制定实施相呼应。就调整范围而言，由原来的规范党组织的工作、活动和党员行为的党内规章制度变化为体现党的统一意志、规范党的领导和党的建设活动、依靠党的纪律保证实施的专门规章制度。党内法规的调整范围由主体对象论转化为功能导向论，在这一层面上，党内法规的内涵和外延得以拓展，这一转变实际上既可保障党对一切工作的全面领导，又能体现党内法规面向国家治理、提升治理效能的目标追求。至此，党内法规的概念有了权威的界定，学界虽有部分争论，但是对"什么是党内法规"的"元问题"基本达成共识。

2. 党内法规制度

如前所述，"党内法规是党的中央组织，中央纪律检查委员会以及党中央工作机关和省、自治区、直辖市党委制定的体现党的统一意志、规范党的领导和党的建设活动、依靠党的纪律保证实施的专门规章制度"，从其概念的界定上来看，党内制度也是党内法规的重要组成部分。然而，《中国共产党党内法规制定条例》中明确规定了党内法规的七个位阶：党章、准则、条例、规则、规定、

办法、细则。①（如表1－1）

表1－1　党内法规层次、类型及规范内容

党内法规层次	党内法规类型	党内法规规范内容
宏观（概括）	党章	对党的性质和宗旨、路线和纲领、指导思想和奋斗目标、组织原则和组织机构、党员义务和权利以及党的纪律等作出根本规定
	准则	对全党政治生活、组织生活和全体党员行为作出基本规定
	条例	对党的某一领域重要关系或者某一方面重要工作作出全面规定
微观（具体）	规则、规定办法、细则	对党的某一方面重要工作或者事项作出具体规定

由此可见，党内制度并不在党内法规的类型之中。可是在较为广泛的研究视野中，学界学者往往会“将制度界定为嵌入在政体或者政治经济组织中的正式或非正式的程序、规则、规范和惯例”②，而这对于制度建设的内涵就有了更为宽广的外延。就中国共产党的制度建设而言，“党内法规是党的制度体系中的核心规范和高级形态”③，也就是说党内法规仅仅是党内法规制度的一部分。然而问题接踵而至，党内法规制度既然有着更广阔的内涵和外延，那么其组成要素究竟是什么？

若将其有机分解，党内法规制度是什么的问题就迎刃而解了。从当前党内

① “专门规章制度”的表述扩大了党内法规的外延，现有党内法规的位阶划分限于党章、准则、条例、规则、规定、办法和细则七个方面，其中并没有“制度”这一位阶，但是现实中又存在大量以“XX制度”为名的文件，如中共四川省委办公厅、四川省人民政府办公厅制定的《四川省行政机关首问负责制度》《四川省行政机关限时办结制度》和《四川省行政机关责任追究制度》等。因此，在某种程度上，党内法规与党内法规制度的概念是混淆的，这也充分地体现出党内法规的溢出效应。有关党内法规的溢出效应，后文将予以细致论述。

② 参见张贤明、崔珊珊：《规制、规范与认知：制度变迁的三种解释路径》，《理论探讨》2018年第1期。

③ 参见叶正国：《习近平新时代党内法规质量思想研究》，《武汉大学学报（哲学社会科学版）》2018年第5期。

法规制度的文件名称及体例构成来看，党内法规制度应包括 3 个层面，即党内法规、党内制度、党内规范性文件。其中，党内制度涵盖党内法规所规范和适用的所有范围，既包括民主集中制这样的根本制度，以及党代会制度、党委会制度、党员权利保障制度等基本制度，也包括党内情况通报制度、发展党员制度、基层党组织“三会一课”制度等一些具体制度；根据 2019 年 8 月 30 日修订的《中国共产党党内法规和规范性文件备案审查规定》，党内规范性文件是“党组织在履行职责过程中形成的具有普遍约束力、在一定时期内可以反复适用的文件”，其对党内规范性文件内涵和外延的界定相比 2012 年 7 月 1 日施行的《中国共产党党内法规和规范性文件备案规定》又有扩大。原《中国共产党党内法规和规范性文件备案规定》对党内规范性文件的界定为“中央纪律检查委员会、中央各部门和省、自治区、直辖市党委在履行职责过程中形成的具有普遍约束力、可以反复适用的决议、决定、意见、通知等文件，包括贯彻执行中央决策部署、指导推动经济社会发展、涉及人民群众切身利益、加强和改进党的建设等方面的重要文件”，其在很大程度上限定了党内规范性文件的制定主体以及体例形式，以致其对党内法规和规范性文件的备案审查没有实现“全覆盖”。一般以条款形式表述。(如表 1 - 2)

表 1 - 2　党内法规制度构成及其内涵要素

党内法规制度构成	概念及内涵要素
党内法规	党内法规是党的中央组织，中央纪律检查委员会以及党中央工作机关和省、自治区、直辖市党委制定的体现党的统一意志、规范党的领导和党的建设活动、依靠党的纪律保证实施的专门规章制度。
党内制度	党内各项制度是党内法规的延伸，涵盖党内法规所规范和适用的所有范围，既包括民主集中制这样的根本制度，以及党代会制度、党委会制度、党员权利保障制度等基本制度，也包括党内情况通报制度、发展党员制度、基层党组织“三会一课”制度等一些具体制度
党内规范性文件	党内规范性文件是党组织在履行职责过程中形成的具有普遍约束力、在一定时期内可以反复适用的文件

3. 党内法规制度体系

界定了党内法规和党内法规制度的内涵，什么是党内法规制度体系也就明晰了。从学理上看，体系是“由许多要素构成、具有一定条理组合成的整体”①，其是“一定范围内或同类的事物按照一定的秩序和内部联系组合而成的系统”②。换言之，将党内法规有党内法规制度有机组合在统一的整体之中，使其相互关联、相互作用，便构成了党内法规制度体系。

纵向来看，我国党内法规制度建设在党章之下分为党的组织法规制度、党的领导法规制度、党的自身建设法规制度、党的监督保障法规制度等四个具体模块，其是党内法规制度体系建设的四个着力点。（如表 1－3）

表 1－3　党内法规制度体系建设维度及其内容要求

党内法规制度体系建设维度	内容要求
党的组织法规制度建设	完善并加强党的组织建设，坚持党管干部原则，坚持德才兼备、以德为先，坚持五湖四海、任人唯贤，坚持事业为上、公道正派，把好干部标准落到实处。要坚持正确用人导向，把好干部选出来、用起来，促进能者上、庸者下、劣者汰
党的领导法规制度建设	坚持并贯彻中国共产党的统一领导，把准政治方向，坚持党的政治领导，夯实政治根基，涵养政治生态，防范政治风险，永葆政治本色，提高政治能力，为我们党不断发展壮大、从胜利走向胜利提供重要保证
党的自身建设法规制度建设	坚持自我净化，党员领导干部应该坚持正确的政治方向，做到牢固树立“四个意识”特别是核心意识、看齐意识，在思想上、政治上、行动上始终同以习近平同志为核心的党中央保持高度一致，做到自重、自省、自警、自励，永葆共产党人的浩然正气
党的监督保障法规制度建设	坚持党要管党、从严治党，统筹推进党的反腐倡廉建设法规制度体系，聚焦全面从严依规治党，坚定不移推进反腐败斗争和党风廉政建设，严肃查处群众身边的不正之风和腐败问题，紧紧围绕重点领域和关键环节层层夯实，监督管理到位

① 参见《辞典》关于“体系”一词的解释。

② 参见“百度百科”关于“体系”一词的解释。https：//baike. baidu. com/item/体系/7090332？fr = aladdin

（二）微观概念：党内法规解释、党内法规制度解释、党内法规制度解释体系

1. 党内法规解释

提及党内法规解释，就不得不与法律解释相联系，这是基于党内法规与国家法律之间内在联系的基础上推理而至的。①

所谓法律解释（Legal Interpretation），是指一定的解释主体根据法定权限和程序，按照一定的标准和原则，对法律的含义以及法律所使用的概念、术语等进行进一步说明的活动。参考法律解释的定义，根据《中国共产党党内法规解释工作规定》的具体要求，党内法规解释（Inner－Party Laws' Interpretation）即为对党内法规条文所作的说明，其是指特定的党内法规解释主体根据党内法规赋予的权限，按照一定的标准、原则和程序，对党内法规的含义以及党内法规所使用的概念、术语等进行详细说明的活动。

着眼"解释"所具备的应然功能，对"法律文本语言进行解释"旨在"准确理解和严格遵守法律语言背后的价值立场"。因此，就党内法规解释的过程而言，其侧重"在具体的情境中进一步清晰法律文本的意义"，而这里的具体情境尤指"具体应用党内法规的问题"，即应当包括党内法规具体条文的解读、说明、指导以及适用等具体情形。

2. 党内法规制度解释

如前所述，"党内法规是党的制度体系中的核心规范和高级形态"，党内法规制度不仅包含各个位阶的党内法规，更囊括党的建设所涉及的各种管理制度以及各类规范性文件。因而党内法规解释所派生出的党内法规制度解释（Inner－Party Regulations' Interpretation）则有着更加宽泛的内涵与外延，其体系也更为复杂，而针对某一制度、某一规范的解释，也更显灵活而具有操作空间。

因此，在理解与融合党内法规解释概念的基础上，党内法规制度解释是指负有解释责任的相关主体根据党内法规的授权或者遵循党中央的安排指示，对党内法规、党的制度以及党内规范性文件的文义理解与具体适用所作出的具有

① 作为国家法治体系中的党内法规解释，应当合理借鉴法律解释的相关内容去构建同全面依法治国与全面从严治党相统一的包含解释主体、解释对象、解释目标、解释方法、解释原则、解释结论等于一体的党内法规解释体系。

普遍效力的解释，其由正式解释以及各类非正式的解释如意见、答复等有机构成。(如表 1 –4)

表 1 –4 党内法规制度解释构成及其内涵要素

党内法规制度构成	概念及内涵要素
党内法规解释	党内法规解释是对党的中央组织，中央纪律检查委员会以及党中央工作机关和省、自治区、直辖市党委制定的体现党的统一意志、规范党的领导和党的建设活动、依靠党的纪律保证实施的专门规章制度的解释
党内制度解释	党内制度解释是对党内法规解释的补充与完善，其是对党内各项制度的含义、功能及其适用范围、适用效力进行合法、合规、合理解释的过程，其与党内法规解释相得益彰
党内规范性文件解释	党内规范性文件解释是对党组织在履行职责过程中形成的具有普遍约束力、在一定时期内可以反复适用的文件的解释

3. 党内法规制度解释体系

党内法规制度解释体系（Inner – Party Laws’ Interpretation System）即为通过一系列整合机制，将不同层次与类型的党内法规解释、党内制度解释、党内规范性文件解释有机组合成相互联系、相互贯通、相互配合的统一的整体。

党内法规制度解释体系是党内法规制度体系的重要构成，也是国家法治体系必不可少的一部分，可从三方面理解其概念：在内容上，党内法规制度解释体系包含对党章、准则、条例、规则、规定、办法和细则等不同位阶党内法规以及党内制度、党内规范性文件的具体解释；在形式上，其涉及党内法规制度解释的主体、对象、目标、原则、方法、机制以及结论等一系列构成要素；在层级上，与党内法规制度建设的四个维度相同，党内法规制度解释可分为党的组织法规制度解释、党的领导法规制度解释、党的自身建设法规制度解释、党的监督保障法规制度解释四个方面。(如表 1 –5)

表 1-5 党内法规制度解释体系建设维度及其内容要求

党内法规制度解释体系建设维度	内容要求
党的组织法规制度解释	针对党的组织法规制度解释，涉及党的中央及地方委员会工作条例的解释以及干部任免规定的解释等
党的领导法规制度解释	针对党的领导法规制度解释，涉及党章以及党的领导方针、规划纲领等规范性文件的解释
党的自身建设法规制度解释	针对党的自身建设法规制度解释，涉及党的作风建设、制度建设等党内法规、制度、规范性文件的解释
党的监督保障法规制度解释	针对党的监督保障法规制度解释，涉及党的纪律建设、反腐倡廉建设等党内法规、制度、规范性文件的解释

与上述党的组织法规制度解释、党的领导法规制度解释、党的自身建设法规制度解释、党的监督保障法规制度解释四个维度相对应，党内法规制度解释体系涵盖了党的政治建设、思想建设、组织建设、作风建设、纪律建设、制度建设以及反腐倡廉建设等方方面面，是对党的各方面、各维度、各层次工作的阐释与指导。（如表 1-6）

表 1-6 党内法规制度解释体系建设要求及其内涵、地位

党内法规制度解释体系建设要求	内涵	地位
加强政治建设的相关解释	对党的方针政策、领导纲领等相关党内法规、制度、规范性文件的解释，涉及党的各方面工作的解释	党内法规制度解释的根本
加强思想建设的相关解释	对党的思想文化、理想信念等相关党内法规、制度、规范性文件的解释，涉及党的宣传工作的具体解释	党内法规制度解释的指引
加强组织建设的相关解释	对党的机构设置、党员发展、干部任免等相关党内法规、制度、规范性文件的解释，涉及党的组织工作的具体解释	党内法规制度解释的基础

续表

党内法规制度解释体系建设要求	内涵	地位
加强作风建设的相关解释	对党的工作风气、政治生态、群众路线等相关党内法规、制度、规范性文件的解释，涉及党的八项规定的具体解释	党内法规制度解释的保障
加强纪律建设的相关解释	对党的政治纪律、组织纪律、生活纪律等相关党内法规、制度、规范性文件的解释，涉及全面从严治党的具体解释	党内法规制度解释的核心
加强制度建设的相关解释	对党的制度创制、法规编制、政策出台等相关党内法规、制度、规范性文件的解释，涉及制度治党、依规治党的具体解释	党内法规制度解释的依据
加强反腐倡廉建设的相关解释	对党的反腐斗争、廉洁建设等相关党内法规、制度、规范性文件的解释，涉及反腐工作、监察工作的具体解释	党内法规制度解释的要求

二、党内法规制度解释的重要价值与功能定位

宏观来看，构建党内法规制度解释体系、规范党内法规制度解释工作，旨在完善党内法规解释机制、优化党内法规解释方法，以确保抽象、概括的党内法规能够得以准确理解与有效实施，通过引领认知、填补漏洞使得党内法规和党内规范性文件相得益彰，确保党内法规同国家法律相互衔接和协调一致。这既是加强党内法规制度解释理论研究的根本目的，同时也是党内法规制度解释所应然具备的价值与功能。

（一）概念理解的主观性：具化文本、引领认知

1. 具化党内法规制度文本

相比国家法律，作为我党加强“管党治党、从严律己”的党内法规制度既在体系建设上较为宏观，也在文本表述上更为抽象。一方面，“规范党组织的工作、活动和党员行为”的党内法规制度高度凝练并宏观彰显了“党的性质和宗旨、路线和纲领、指导思想和奋斗目标”。在已有的党内法规制度体系中，政治

性的方针引领多于规范性的程序实施，其偏于强调政治属性而致使其“重实体”而“轻程序”。从党内法规制度体系所包含的七个法规类型来看：同属宏观层次的党章、准则和条例是对党的工作和生活的概括性总结，而同属微观层次的规则、规定、办法和细则则为具体领域或具体问题的指导性规定——纷繁复杂的规则、规定、办法和细则或难以真正对接党章、准则和条例，对其宏观条款予以具化，或对相同条款的具体规范重叠反复而相互冲突，致使党内法规制度体系趋之零散 ——这些问题的存在亟须党内法规制度解释予以细致阐释与系统调整。

另一方面，与国家法律法规相同，党内法规制度中亦有大量不确定概念①的存在，这使得党内法规制度的执行实施者以及其管理调整的对象对其文意的理解往往不确定或者产生不同的偏差。就党内法规而言，通过不确定概念的运用可以避免刻板僵化以推动自身不断适应社会发展、提升条文的开放性与包容性，而诸如“公仆本色”与“良好家风”等不确定概念既难以从立法立规上对其定义，（如表1－7）也难以从概念阐释、文义分析上予以解答，因而需要适用独特的解释方法予以解释以明晰其内涵、界定其外延。②

表1－7　部分党内法规制度中的不确定概念③

党内法规制度名称	不确定概念
《中国共产党廉洁自律准则》	第五条、第八条中的“公仆本色”与“良好家风”
《中国共产党巡视工作条例》	第十一条中的“坚持原则”与“公道正派”
《关于新形势下党内政治生活的若干准则》	“二、坚持党的基本路线”中的“态度暧昧”与“旗帜鲜明”

① 不确定概念是法律解释学中的术语，其与确定概念对应，是指在内涵和外延上均具有较大不确定性的概念，如公共利益、公序良俗、合理期限等。党内法规制度中也存在大量的不确定概念。

② 参见王利明《法律解释学》，中国人民大学出版社2016年版，第305－310页。

③ 表中部分党内法规选自《最新常用党内法规》（大字版20合1），人民出版社2017年12月第2版。

续表

党内法规制度名称	不确定概念
《县以上党和国家机关党员领导干部民主生活会若干规定》	第五条、第七条中的“艰苦奋斗”与“特殊情况”
《中国共产党党组工作条例》	第七条、第十六条中的“有必要”“把方向、管大局、保落实”“社会共识”
《中国共产党地方委员会工作条例》	第十二条、第十六条中的“一定范围”与“特殊情况”
《中国共产党发展党员工作细则》	第三条、第七条、第十二条中的“关门主义”“基本情况”与“有关材料”
《中国共产党党员权利保障条例》	第九条、第十八条中的“有关程序”与“及时处理”
《关于中国共产党党费收缴、使用和管理的规定》	第十二条、第二十九条中的“特殊情况”与“总结经验”
《党政领导干部选拔任用工作条例》	第二条、第七条、第二十八条中的中的“五湖四海、任人唯贤”“讲党性、重品行、作表率”“生活圈、社交圈”与“延伸考察”
《推进领导干部能上能下若干规定》	第八条、第十四条中的“庸懒散拖”与“好人主义”
《干部培训工作条例》	第二十条、第三十六条中的“个人干净”与“不当利益”
《中国共产党党内监督条例》	第四条、第七条、第二十七条中的“治病救人”“红红脸、出出汗”与“阴奉阳违”
《中国共产党纪律处分条例》	第四条、第十一条、第四十四条中的“不同情况”“恰当”“相应处理”与“不良后果”
《中国共产党纪律检查机关监督执纪工作规则》	第四条、第六十三条、第七十一条中的“挺在前面”“口大气粗、颐指气使”与“跑风漏气”

2. 引领官员民众正确认知

正是由于大量不确定概念的存在，使得大量党政领导干部以及民众不理解、不清楚党内法规制度的立规目的与条文内涵。

一方面，对党政领导干部而言，尤其是党内法规制度的制定者、实施者与执行者，其能否准确把握党中央的立规意图与方针指示关系着党内法规制度的政治导向是否正确，也关系着党内法规制度是否能够有效地贯彻实施、是否能够精准地全面适用，其若不能理解党内法规制度的条文内涵，必然致使党内法规制度的执行力、适用力、强制力受损。另一方面，对普通党员及群众而言，作为党内法规制度管理的相对人，其能否知悉并理解党内法规制度的制定目的、立规意图乃至条文含义，不仅关系着其能否“守法遵规”，也关系着其对中国共产党执政能力的认同度、满意度与理解度，更关系着我党执政基础的夯实与巩固以及基层群众路线的践行与发展。(如图1－1)

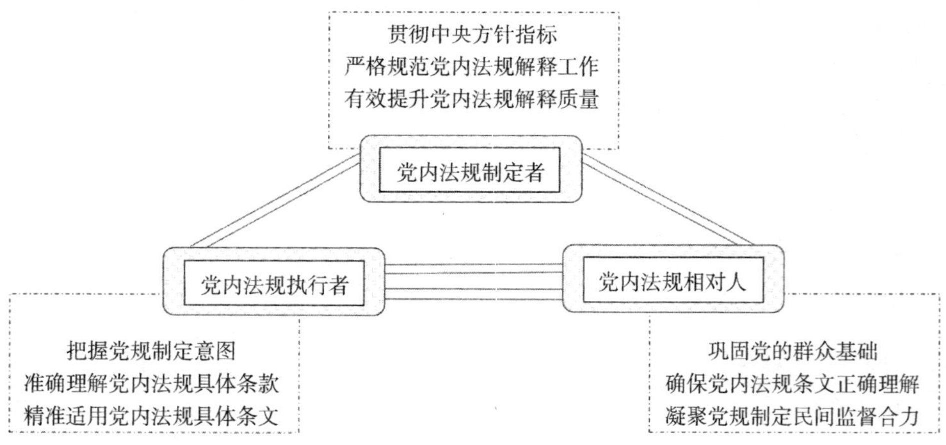

图1－1　党内法规制度解释的功能作用

因此，党内法规解释的重要作用之一便是具化、细化抽象的党内法规文本，阐释、界定不确定概念的内涵与外延，既使得执法（规）者通晓立法（规）者的意图而不随意添改、乱行逆施，又使得党员与群众正确理解与认知党内法规的制定目的、实施办法、程序规则，使其真正“知规懂法”而后“守法遵规”。

（二）漏洞存在的客观性：填补漏洞、衔接内外

1. 填补党内法规制度漏洞

“法典不可能没有缝隙”。（Hans Hattenhauer，1794）① 法律存在漏洞，党内法规制度亦存在。

相比国家法律，党内法规制度体系的建设仍处于起始阶段。一方面，当前我国党内法规制度体系尚未系统建立，存在党内“立规制策”的空白与盲区，大量工作条例如中国共产党中央委员会工作条例、纪律检查委员会工作条例和政法工作条例等仍亟待制定，诸多党的思想道德、密切联系群众等方面的相关准则也亟待出台。（如表1－8）另一方面，处于党内法规“填漏补缺”过渡期的党内法规制度解释工作的重心，一则需要制定适当的党内规范性文件予以适时填补，二则需要进行系统的党内法规制度解释予以全面支撑，通过党内规范性文件与党内法规制度解释的相互配合推动我国党内法规体系的建设走出“瓶颈期”。对党内制度和党内规范性文件而言，其“制度网”编织的是否密集、“规范圈”限定的是否准确，关系着党的各方面建设的实现效果与最终质量，而通过合理的制度解释与规范性文件解释恰能弥补现有制度衔接的缺失与漏洞。

① Hans Hattenhauer. Einführung, in Allgemeines Landrecht für die Preu ischen Staaten von. 1794, at 1, 21.

表 1-8 中央党内法规制定工作两个五年规划相关内容分析①

规划名称	政策目标	规划要求修订、制定的主要党内法规	与党内法规制度解释相关的指示
《中央党内法规制定工作五年规划纲要（2013－2017年）》	基本形成涵盖党的建设和党的工作主要领域、适应管党治党需要的党内法规制度体系框架。	◆完善修订： 《中国共产党地方委员会工作条例（试行）》《党政领导干部职务任期暂行规定》《关于实行党政领导干部问责的暂行规定》《中国共产党党内监督条例（试行）》《中国共产党巡视工作条例（试行）》《中国共产党纪律处分条例》《关于县以上党和国家机关党员领导干部民主生活会的若干规定》《中共中央关于加强对国家立法工作领导的若干意见》《中国人民解放军政治工作条例》《中国共产党军队委员会工作条例》《中国共产党军队支部工作条例》《党政领导干部选拔任用工作条例》《中国共产党农村基层组织工作条例》《中国共产党党员权利保障条例》《中国共产党地方组织选举工作条例》《中国共产党基层组织选举工作暂行条例》等 ◆重点制定： 《中国共产党党组工作条例》《中国共产党纪律检查机关案件办理工作条例》《中国共产党纪律检查机关处理党员申诉工作规定》《中国共产党统一战线工作条例》《中国共产党党务公开条例》《党委督促检查工作规定》等 ◆其他有关党的领导建设、思想建设、组织建设、作风建设、反腐倡廉建设、民主集中制建设等相关制度	各项党内法规之间协调统一。党内法规工作的统筹规划机制、审议审核机制、动态清理机制、备案审查机制、解释评估机制建立健全并有效运行，不同领域、不同位阶、不同效力的党内法规相互衔接，党内法规的系统性、协调性、统一性明显提高

① 本表根据《中央党内法规制定工作五年规划纲要》和《中央党内法规制定工作第二个五年规划（2018－2022年）》中的相关内容整理而出。

续表

规划名称	政策目标	规划要求修订、制定的主要党内法规	与党内法规制度解释相关的指示
《中央党内法规制定工作第二个五年规划（2018－2022年）》	到建党100周年时形成以党章为根本、以准则条例为主干，覆盖党的领导和党的建设各方面的党内法规制度体系。	◆完善修订： 《中国共产党全国代表大会和地方各级代表大会代表任期制暂行条例》《中国共产党地方组织选举工作条例》《中国共产党基层组织选举工作暂行条例》《中国共产党农村基层组织工作条例》《中国共产党和国家机关基层组织工作条例》《中国共产党普通高等学校基层组织工作条例》《中国共产党党组工作条例（试行）》《中国共产党统一战线工作条例（试行）》《中国人民解放军政治工作条例》《党政领导干部选拔任用工作条例》《中央企业领导人员管理暂行规定》《中国共产党党员权利保障条例》《中国共产党纪律处分条例》《中国共产党问责条例》《中国共产党党内法规制定条例》等 ◆重点制定： 《中国共产党中央委员会工作条例》《中国共产党纪律检查委员会工作条例》《国有企业党组织工作条例》《中国共产党支部工作条例》《中国共产党重大事项请示报告条例》《中国共产党农村工作条例》《中国共产党宣传工作条例》《中国共产党组织工作条例》《中国共产党政法工作条例》《中国共产党机构编制工作条例》《中国共产党群团工作条例》《中国共产党外事工作条例》《中国共产党人才工作条例》《党员教育管理工作条例》《公务员职务与职级并行规定》《党委（党组）落实全面从严治党主体责任规定》《党政领导干部考核工作条例》《纪律检查机关监督执纪工作规则》《党内关怀帮扶办法》《组织处理办法》等 ◆其他有关党的领导建设、思想建设、组织建设、作风建设、反腐倡廉建设、民主集中制建设等相关制度	坚持问题导向，直面人民群众反映强烈，弱化党的领导、损害党的先进性和纯洁性的问题，发挥制度的治本作用，抓紧制定实践亟须、条件成熟、务实管用的法规制度，堵塞制度漏洞。坚持立改废释并举。坚持党内法规和规范性文件相得益彰。坚持党内法规同国家法律衔接和协调

2. 密切党规国法内外衔接

此外，党内法规制度与国家法律的衔接也需要党内法规制度解释精准发力，尤其是针对党内法规溢出效应强、与国家法律关系大的党内法规制度。

党内法规制度与国家法律的良好衔接需要系统完善的党内法规制度解释体系予以保障。就两者的衔接机制而言，有学者提出需“建构以备案审查衔接联动机制为核心的保障机制”以确保党内法规与国家法律“‘内在统一’于中国特色社会主义法治体系”之中（秦前红、苏绍龙，2016）①，这种备案审查旨在使党内法规制度既体现党的方针政策，又符合国家宪法与法律的宗旨；而除了备案审查机制外，冲突规避机制以及党内法规“先行先试”与立法转化机制亦是“推动依规治党与依法治国的统筹推进、一体建设”的有效策略（侯嘉斌，2018）②。但是，静态的机制设计难以完全适应党内法规与国家法律“交织变换、动态衔接”的政策调整，因此，加强党内法规的“自体协调”并注重党内法规与国家法律的“动态配合”（姬亚平、支菡箴，2018）③ 便成为二者有效衔接的可行之策。根据动态法律解释流派④的主张，法律解释必定是动态的（陈林林、王云清，2013）⑤ 且其并非是对“立法原意”的刻板遵守（M. B. W. Sinclair，1997）⑥。诚然，借鉴与融合法律解释要义的党内法规解释亦是动态的、弹性的而非保守的、刻板的，其弹性化的解释活动一则体现在与时俱进地阐释不确定概念的内涵与外延，二则体现在左右逢源地贯通党规与国法以使得二者内外统一。

因此，党内法规制度解释的另一个重要作用便是及时发现并填补党内法规制度制定、实施的“盲点”，疏通党内法规制度与国家法律法规衔接渠径的“堵

① 参见秦前红、苏绍龙：《党内法规与国家法律衔接和协调的基准与路径——兼论备案审查衔接联动机制》，《法律科学（西北政法大学学报）》2016 年第 5 期。

② 参见侯嘉斌：《党内法规与国家法律衔接协调的实现机制研究》，《社会主义研究》2018 年第 1 期。

③ 参见姬亚平、支菡箴：《论党内法规与国家法律的协调和衔接》，《河北法学》2018 年第 1 期。

④ 动态法律解释理论由埃斯科里奇提出，其认为：需根据社会环境的改变而动态地解释法律，“立法原意”并非权威依据。

⑤ 参见陈林林、王云清：《法律解释的动态理论》，《国外社会科学》2013 年第 6 期。

⑥ M. B. W. Sinclair. Legislative Intent：Fact or Fabrication. New York Law School Law Review，Vol. 41，1997，p. 1333.

点”，以“释”促“立”、以“释”推“改”，适时地填补党内治理的漏洞与缺口以弥补现有党内法规的不足，并通过详细的解释贯通党内法规制度与国家法律法规的衔接渠道，使其相辅相成、相得益彰。

（三）制度建设的协调性：承上启下、落实治理

着眼更为微观的视角，撇开党内制度和党内规范性文件的解释不言，党内法规解释是党内法规“立、改、废、释”四维工作的重要一维，也是贯通党内法规规划、制定、执行、修改以及清理等工作的衔接纽带，更是落实党内治理各项工作的微观制度基础。①

1. 衔接党内法规建设环节

我国党内法规建设链条由规划、制定、备案、清理等工作环环构成②，不同环节之间的密切联系需要内在的衔接机制予以疏通，党内法规解释恰如其分地起到了这种承上启下的纽带作用。

一方面，党内法规解释上呈党内法规的制定，下启党内法规的执行。法谚常云：“法无解释、不得适用。”在法学家和司法者的眼中，法律的漏洞与缺陷是客观存在且是不可避免的。③ 这就意味着制定出台的成文法不一定是法治所要求的“良法”，需要一种法律体系的内在机制去弥补成文法的不足，进而指导法律有效地贯彻执行与精准地具体适用，解释便应运而生。作为“软法”的党内法规，政治属性强于法律属性的特点虽使其区别于国家法律④，但是具备法的调整对象、适用范围与执行效力等基本要件的党内法规也必然存在立规的漏洞与执行的不足，加之其自身较国家法律更为抽象、概括，因而也亟须依靠系统完善的党内法规解释以提升其自身的合法性与科学性、操作性与实用性。⑤⑥

① 实际上，党内制度和党内规范性文件的解释与党内法规解释扮演着同样重要的角色，其在衔接党内法规制度各方面建设以及推动党内治理法治化进程发挥着同样关键的功能。

② 参见宋功德：《全方位推进党内法规制度体系建设》，《人民日报》2018 年 9 月 27 日。

③ 参见王利明：《法律解释学》，中国人民大学出版社 2016 年版，第 1－3 页。

④ 参见刘长秋：《论党内法规的概念与属性——兼论党内法规为什么不宜上升为国家法》，《马克思主义研究》2017 年第 10 期。

⑤ 参见蒯正明、任秀娟：《新形势下加强党内法规制度建设的路径探析》，《探索》2015 年第 1 期。

⑥ 参见付子堂：《法治体系内的党内法规探析》，《中共中央党校学报》2015 年第 3 期。

党内法规解释作为党内法规制定的特殊形式，解释主体与制定主体内在统一但也相对分离。① 然而，无论是"授权解释"还是"谁制定谁解释"，党内法规解释权均可视为其自身制定权的延伸。"遵循原意"还是"与时俱进"是原旨法律解释流派和动态法律解释流派争论的焦点。② 对党内法规而言，制定者创规立制的目的与意图无法通过成文法完全展示，因而需要解释予以进一步阐述，唯此，党内法规的执行才能少有偏差。至于党内法规的动态解释，则与党内法治密切相关。

另一方面，党内法规解释服务于党内法规的规划，指导着党内法规的修改和清理。党内法规的规范化、体系化建设依赖于党中央的顶层设计③，党内法规"碎片化"、重复化以及冲突化的治理也需要党内法规整体规划与全面清理工作的推进。④ 然而，如何确定规划和清理的内容与标准，则需要与党内法规贯彻执行过程中的实际问题密切联系。党内法规解释即为对在党内法规实施过程中具体应用党内法规的问题所作出的具有普遍适用效力的阐述⑤，恰可发挥这种衔接作用。集中反映在党内法规解释中的党内法规执行问题，尤其是那些立规的漏洞与缺陷，本身就是修改党内法规的重要依据。此外，党内法规主体性、实体性规范多而配套性、解释性规定少等内容形式不科学的问题是完善党内法规清理标准的客观必要。⑥ 当漏洞与缺陷过大而无法通过党内法规解释或者修改予以弥补，就必须对相应的党内法规予以废止清理，而后与时俱进地创制新法新规。(如图 1－2)

---

① 参见苏绍龙:《论党内法规的制定主体》,《四川师范大学学报（社会科学版)》2018 年第 5 期。

② 参见陈林林、王云清:《法律解释的动态理论》,《国外社会科学》2013 年第 6 期。

③ 参见王尔德:《"党内法规立法需要顶层设计"》,《21 世纪经济报道》2013 年 12 月 6 日。

④ 参见姜明安:《加强党内法规建设是党建制度改革的重要环节——对〈中央党内法规制定工作五年规划纲要〉的解读》,《中国司法》2013 年第 12 期。

⑤ 参见孙才华:《论党内法规解释的规范化》,《湖湘论坛》2017 年第 1 期。

⑥ 参见王建芹:《党内法规清理标准的科学化构建》,《理论学刊》2017 年第 4 期。

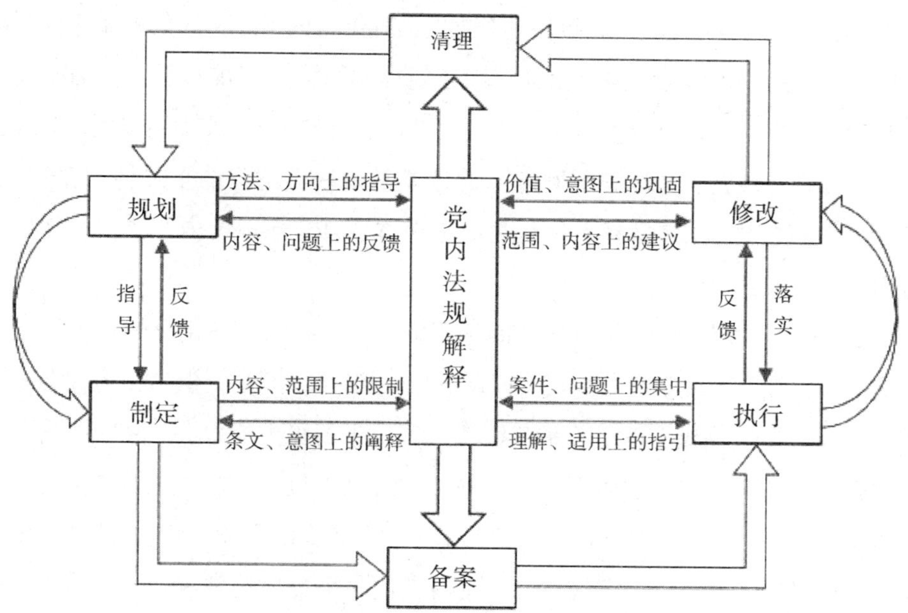

图1－2　党内法规解释在党内法规体系建设过程中的定位与作用

2. 落实党内治理各项工作

党内法规体系为党内治理法治化提供了制度载体，并为全面从严治党提供了根本依据。① 党内法规解释在衔接党内法规建设各个环节的过程中，进一步细化分解了党内治理的宏观任务，并为党内治理结构的优化与方式的完善夯实了制度基础。

力量多元、制度至上、双向互动以及廉价高效是党内治理的新意蕴，而制度治党，即完善党内法规制度体系则是推动党内治理发展进程中现实存在且行之有效治党方略之一。② 党内治理层级结构的优化与执行需要党内法规及其解释予以具体落实。当前，虽然党章明确规定了党内治理结构的逻辑框架，但是由于部分其他党内法规“缺乏可操作的制度和技术支撑”，党内治理结构的贯彻执行难以得到根本保障。③ 此外，加之党章自身解释主体的权责归属便不明

① 参见王建芹、农云贵：《党内法规清理的反思与法治化重建》，《学术探索》2017 年第 12 期。

② 参见仲伟通：《中国共产党党内治理问题研究》，山东大学 2017 年。

③ 参见曾峻：《党内治理结构与执政党建设》，《探索与争鸣》2008 年第 5 期。

确①、解释机制也不健全②，致使其对党内治理结构的指导和规范更无法得到准确的阐述与落实。诚然，这充分地反映了当前我国党内法规解释工作仍存在体系化建设缺失与规范化建设不足的弊端，但是更能彰显出加强对党章、准则、条例、规则、规定、办法和细则等不同位阶党内法规解释的重要性与紧迫性。换言之，加强党内法规解释不仅是党内法规体系自身建设的内在要求，其也是党内法规服务党内治理的现实需要。

党内法规解释是党内微观治理的重要体现，其有利于细化分解党内治理的宏观任务并提升治理效能。微观治理离不开“宏观统筹”③，但是作为社会治理体系基础工程的微观治理却关系着宏观治理结果的得失成败。④ 治理理论强调治理是一个多元参与的过程而非一套固定的规则条例⑤，党内法规解释集中体现了治理的这一特征。对党内法规而言，其制定主体乃至执行主体都是依规固定的，而且其内容在制定实施后的一定时期内是不可以经常改变的。然而，对党内法规解释而言，除了法定主体权威、正式的解释，群众以及其他非适格主体的解读等非正式解释也是重要的解释来源，而且其面对的问题是党内治理过程中层见叠出的现实案件，因此无论其解释手段还是解释结论均较为灵活多样。换言之，党内法规解释是一个发展的过程，是多元主体对不断出现的各种党内治理问题的协同治理，这种过程的发展性、主体的多元性以及问题的针对性对宏观任务的分解与治理效能的提升是至关重要的。党的十九大将“坚持党要管党、全面从严治党”正式写入党章，围绕这一主题，党内治理体系在党内权力结构调整等方面有着重要的变革⑥，如何“定规立矩”、如何“释规阐矩”也成为适应和推进党内治理体系革新的基石。

在推进党内治理体系不断完善的过程中，党内法规制度解释也在推动国家治理体系和治理能力的向前发展。中国共产党的领导是中国特色社会主义最本

① 参见谭波：《论党内法规解释权归属及其法治完善》，《江汉学术》2018 年第 4 期。

② 参见张晓燕：《构建维护党章权威机制的思考和建议》，《理论学刊》2015 年第 2 期。

③ 参见人民日报评论部：《微观治理离不开“宏观统筹”》，《人民日报》2012 年 6 月 7 日。

④ 参见王喜峰：《刍议微观治理中人治与法治的关系》，《大理大学学报》2017 年第 11 期。

⑤ 参见俞可平：《治理与善治》，社会科学文献出版社 2000 年版，第 270－271 页。

⑥ 参见周建勇：《十八大以来党内治理体系的调整与执政党建设》，《中共福建省委党校学报》2015 年第 7 期。

质的特征，也是中国特色社会主义制度的最大优势，党内法规制度是中国共产党带领亿万人民开创事业、谋求发展的制度基础，是其治国理政策略的高度集中和凝练的产物，通过加强和完善党内法规制度解释，可进一步阐释党的执政理念和治国理政策略，进一步加强党对一切工作的全面领导，有助于在明晰党内法规制度内涵和外延的基础上，提升党内法规制度的执行力，进而可把党内法规制度的优势充分转化为治理效能。

（四）党内法治的实践性：体系建设、规制权力

法治与解释的辩证关系在陈金钊和范进学等学者对“法治反对解释原则”的学术交锋中逐渐有了定论。法治是良法与善治的有机结合，善治的本质是规则之治。[①] 在法律解释的过程中，“法律不外乎人情”的观念使得司法者任意、歪曲解释法律文本而违背了法治的规则基础[②]，但是“法治反对解释”的前提却是过度解释的存在，因而“解释之于法治不是解释与否而是如何解释”。[③] 换言之，融入法治理念并创新法治方式的解释实现了其与法治的内在统一。

1. 延伸党内法治建设路径

“党内法治是党内法规的内涵深化与精神升华”。[④] 通过融入法治理念并创新法治方式的党内法规解释，可促进党内法规不断吸纳新的时代精神并使其内涵与外延得以合法合理地阐释，进而推动党内法规体系法治建设的整体进程。

具备法的一般特征的党内法规体系由党内法规的各个组成部分及其所呈现出的结构和样式所构成，党内法规制定程序与法律具有同质性。[⑤] 这决定了党内法规解释是党内法规体系必不可少的组成部分。新形势下，加快党内法规法治化建设已然成为一项十分重要且紧迫的时代议题[⑥]，针对当前我国党内法规体系不健全、内容不完备、程序不科学等问题，需要以“法律文本制定经验”

---

① 参见王利明：《法治：良法与善治》，《中国人民大学学报》2015 年第 2 期。

② 参见陈金钊：《法治反对解释的原则》，《法律科学（西北政法学院学报）》2007 年第 3 期。

③ 参见范进学：《“法治反对解释”吗？——与陈金钊教授商榷》，《法制与社会发展》2008 年第 1 期。

④ 参见肖金明：《在党内治理中实现良法善治》，《山东人大工作》2016 年第 10 期。

⑤ 参见施新州：《中国共产党党内法规体系的内涵、特征与功能论析》，《中共中央党校学报》2015 年第 3 期。

⑥ 参见谢宇：《论中国共产党党内法规的法治化》，《云南社会科学》2016 年第 3 期。

为外部参照①，并明确规范“法规制定与解释技术标准”等内部治理方式②，借以不断推进党内法规体系的法治完善。党内法规解释是党内法规建设链条上的重要一环，党内法规体系的法治建设离不开党内法规解释机制、程序以及方法的制度化、规范化与法治化，这是党内法规体系法治建设的规律所在。

如前所述，党内法规的动态解释与党内法治密切相关。解释自身具备的与时俱进的动态适应性，避免了对“立规原意”的刻板遵守③，但是完全脱离“立规原意”的解释也容易陷入过度化、主观化与理想化的窠臼。动态的党内法规解释建立在内部统一与外部稳定的党内法规体系框架内，其体现在两个方面：一是观念的发展，即根据党建的现实需要不断融入新的治党理念；二是方法的灵活，即根据不同的案件与法规灵活地选择最适用的解释方法。不断针对新问题、不断融合新理念的党内法规解释不仅能够丰富党内法规的内涵，更可有力地推进党内法规体系的法治建设进程。具体而言，党内法规解释的出发点是确保党内法规的条文能够得以准确理解，作为党内法规制定的“最后一公里”，党内法规解释上承党内法规的制定、下启党内法规的执行，是提升党内治理效能的微观制度基础。换言之，党内法规解释的法治化本质上就是党内治理基础方式与党内法规体系建设的法治化，即以局部的法治发展推进整体的法治进程。

2. 规制党内法规执行权力

党内法规解释的法治功能集中体现在其对党内法规执行权的规制。一方面，党内法规解释进一步明确了党内法规条文的含义并限定了党内法规适用具体案件的情形；另一方面，党内法规解释所具备的民主正当性使得党内法治的实现有了最基础的保障。

法治的精髓在于限权，党内法规的要义也在于此。④“通过道德对权力的制约、保证权力的内在善性”是党内治理现代化的核心伦理问题。⑤ 对党内法规

① 参见王建芹：《法治视野下的党内法规体系建设》，《中共浙江省委党校学报》2017 年第 3 期。

② 参见姚尚贤：《比较视域下党内法规体系的法治化进路》，《江西社会科学》2018 年第 3 期。

③ 参见陈林林、王云清：《法律解释的动态理论》，《国外社会科学》2013 年第 6 期。

④ 参见朱程斌、李龙：《党内法规地位的法治辨析——从规范的角度分析》，《理论月刊》2018 年第 1 期。

⑤ 参见纪中强：《党内治理现代化的伦理意蕴》，《理论导刊》2018 年第 5 期。

解释而言，其规范了具体案件的党内法规条文的适用情形，即对党内法规执行过程中的问题予以切实地指导与解决。因此，如何规制党内法规执行主体的权力行使，便成为其法治内涵的基本构成要素之一。此外，普通党员和群众乃至其他主体所作出的民间解读与学理阐述等非正式解释也是党内法规解释的重要来源，非正式解释的运用彰显出对党内法规执行权的民主监督，而这也是党内法规解释民主法治内涵的基本要求。就法治的实现基础而言，系统完备的法规制度体系是法治建设的前提与保障，换言之，党内法规解释的法治建设需要立足自身法规政策与配套制度的建立健全。党内法规解释对党内法规执行权的规制也是建立在完备的监督制度体系之上的。

除了良法与规则，公正、民主、程序等元素也是党内法规体系法治建设的要义。① 党内法规解释服务于党内法规，除了阐释党内法规条文，其还能够发现并弥补党内法规制定、实施过程中的缺陷，进而推动旧规的修改与新规的创制，这体现了党内法规解释对其他党内法规建设环节的内部制约。法律解释对公序良俗和社会共同体价值观念的形成和发展起着推动和促进作用②，与其性质相似、功能相同的党内法规解释自然也会加速党内治理理念与党内政治秩序的凝练与升华，这不仅是全面从严治党根本要求的集中体现，也是党内法规内容与质量得以丰富和提升的基础前提。换言之，党内法规解释服务于党内法规但是也对党内法规予以正当的监督。融合法治精髓的党内法规解释，其解释的主体更加分散多元，因而结论也更加丰富多样③，解释结论的多样性与解释主体的多元性反之又保证了党内法规自身的正当性与民主性。此外，抽象、概括的党内法规与党建现实问题的密切联系离不开党内法规解释的切实保障，具体案件的指导与立规意图的普及依赖于合法、合规、合理且合民意的解释，而立足群众基础的党内法规解释会有力地推动党内治理理念与党内法规精神更加深入人心。

---

① 参见张琳琳：《党内法规体系建设的法治路径》，《学术交流》2015 年第 6 期。

② 参见陈运生：《论法律解释的社会功能》，《法律方法》2014 年第 2 期。

③ 党内法规解释结论丰富多样是指其能有效吸纳各种有益的解释意见，但是这并不意味着不需要统一的结论。无论对何种党内法规进行解释、无论对何种案件进行适用性指导，最终都必须形成稳定统一的解释结论。

三、党内法规制度解释的体系框架与结构模式

如前所述，党内法规制度解释体系涉及党内法规制度解释的主体、对象、目标、原则以及结论等一系列构成要素。准确界定党内法规制度解释的主体与对象、目的与原则，对分析当前我国党内法规制度解释面临的困境以及存在的问题具有理论上的指导意义。

（一）党内法规制度解释的主体与对象

1. 作为规划者与制定者的解释主体与对象

在法律解释学领域，法律解释的主体是指对法律进行理解和阐明的个人和组织，其广义上的主体包括任何人、任何组织，而狭义上的主体则限定在裁判者。（王利明，2016）① 而其对象，则为各个位阶的法律法规及规范性文件。党内法规制度解释的主体和对象与之相似，既包括官方的解释，也包括民间的理解，而对象则是党内法规、党内制度和党内规范性文件。就我国法律解释的现状来看，法律解释具体分为立法解释、司法解释与行政解释，与之对应的解释主体分别为全国人大常务委员会、最高人民法院和最高人民检察院以及国务院及其主管部门和省、自治区、直辖市人民政府及其主管部门，其解释权的归属以及解释文件的适用范围因主体的不同而存在差异。反观党内法规制度解释，《中国共产党党内法规制定条例》明确了“中央党内法规由党中央解释或者授权有关部委解释，中央纪律检查委员会以及党中央工作机关和省、自治区、直辖市党委制定的党内法规由制定机关解释”三种解释情形，实际上指明了党内法规解释的两大类型：谁制定谁解释和授权解释。《中国共产党党内法规解释工作规定》也对不同类型、不同位阶党内法规制度的解释工作予以规定，在“谁制定谁解释”的规则要求下继而明确了三个党内法规制度解释主体。（如表1－9）

① 参见王利明：《法律解释学》，中国人民大学出版社2016年版，第38－39页。

表1-9　我国法定法律解释和党内法规制度解释层级、主体与内容分析

类型	层次	解释主体	主要内容要求
党内法规制度解释	中央党内法规自行解释	规定的解释机关解释，即由中央解释	中央党内法规解释工作，由其规定的解释机关负责，不得随意授权
	中央党内法规授权解释	授权有关部委解释	中央党内法规解释工作，根据涉及的具体领域，可授权有关部委解释
	其他党内法规自行解释	制定机关解释，具体包括中央纪律检查委员会以及党中央工作机关和省、自治区、直辖市党委	中央纪律检查委员会以及党中央工作机关和省、自治区、直辖市党委制定的党内法规由其自行解释，不得随意授权
法律解释	立法解释	全国人大常务委员会	是指由制定法律规范的机关对法律规范所作的解释，我国立法解释权属于全国人大常委会；国务院、中央军委、最高人民法院、最高人民检察院和全国人大各部门委员会以及省级人大常委会可以向全国人大常委会提出法律解释的要求
	司法解释	最高人民法院、最高人民检察院	国家最高司法机关在适用法律过程中对具体应用法律问题所作的解释，包括审判解释和检察解释两种；审判解释，是指最高人民法院对审判工作中具体应用法律问题所作的解释，审判解释对各级人民法院的审判具有约束力；检察解释，是指最高人民检察院对检查工作中具体应用法律问题所作的解释，对各级人民检察院具有普遍约束力
	行政解释	国务院及其主管部门和省、自治区、直辖市人民政府及其主管部门	国务院及其主管部门对不属于审判和检察工作中的其他法律如何具体应用问题所作的解释，在实践中一般体现在他们所制定的有关法律的实施细则中；省、自治区、直辖市人民政府及其主管部门对地方性法规如何具体应用的问题所作的解释，仅在所辖地区内发生效力

作为规划者与制定者的党内法规制度解释主体，其对党内法规制度的阐述

与理解起到了提纲挈领地引领作用。一方面，党的中央委员会、中央纪律检查委员会、党中央工作机关和省、自治区、直辖市党委在其职能范围内承担着领导决策的核心作用，是其工作范围内所有法规政策的谋划着与制定者，以其为中心开展党内法规制度解释工作可以有效地解决解释什么以及为什么解释、怎么样解释等问题。另一方面，与行政解释中“如何具体应用问题”不同，作为规划者与制定者的解释更倾向于是一种立规活动而非法规适用活动，这一过程实际上是党内法规制度的制定者对党内法规制度的延伸。这种党内法规制度解释情形并不多见。

2. 作为执行者与相对人的解释主体与对象

党内法规制度解释的主体除了制定者外，也包括党内法规制度的执行机关与被管理的相对人，其解释的对象也是党内法规、党内制度和党内规范性文件。

对执行者而言，一方面，党内法规制度执行机关在执规过程中需要对抽象的党内法规制度文本进行论证和解释，需要其阐述党内法规制度条文的内涵与外延。另一方面，党内法规制度必然存在不足与缺陷，部分党内法规制度之间存有矛盾和冲突，当党内法规制度执行者遇到这种情况时就应当通过合理的解释纠正这些错误、弥补现有不足，其确保党内法规制度的合法性、合规性、合理性。这些解释往往以党内法规制度的具体适用为基础，如《用公款出国（境）旅游及相关违纪行为适用〈中国共产党纪律处分条例〉若干问题的解释》和《违规发放津贴补贴行为适用〈中国共产党纪律处分条例〉若干问题的解释》等。

就相对人而言，党内法规制度的解释往往是非正式的、非官方的、非法定的。非正式的党内法规制度解释可由学界学者进行学理解读，也可由基层民众加以热议，如《以案说纪：党内重要法规解读及“六项纪律”典型案例评析》。从广义的角度看，党内法规制度解释的过程就是对党内法规制度进行阐释、理解与普及的过程，因此，各种党内法规制度“答记者问”“解读说明”也算是党内法规制度解释的重要组成。（如表1－10）这种解释往往对党内法规制度的普及与教育起到了不可忽视的作用，这与党内法规制度解释引领认知的重要功能相一致。广大群众及党员对党内法规制度的民间议论与理解也构成了党内法规制度解释的重要成分，无论其是正确的理解党内法规制度的内涵，还是错误的歪曲党内法规制度的要旨，均会对党内法规制度的实施、执行、适用、评估乃至清理工作带来不可忽视的影响。非正式的民间解释具有流通速度快、影响范围广、普及能力强的特点，其既体现了民众对党内法规制度的认同度，又彰显出党内法规制度自身的合理性，因此，矫正民间对党内法规制度的错误解释，既需要党内法规制度的制定者科学立规、依法立规、合理立规、民主立规，也需要党内法规制度的执行者科学执规、依法执规、合理执规、民主执规，更需要官方的党内法规制度解释起到强有力的引领作用。

如表 1－10 中所示，除了根据党内法规制度解释的主体进行划分，党内法规制度解释还可根据“是否具有法律效力”“法律效力的范围”“解释的方法”以及“解释的尺度”进行划分，具体又可分为正式解释、非正式解释、规范性解释、个别性解释、文法解释、逻辑解释、系统解释、历史解释、字面解释、限制解释以及扩充解释等多种类型。有关党内法规制度的解释方法，将在后文予以详细论述。

表 1－10　党内法规制度解释的划分依据、具体类型及其含义

党内法规制度解释依据	党内法规制度解释类型	含义
依据解释是否具有法定效力	正式解释	通常也叫法定解释，是指由特定的党的机关、官员或其他有解释权的人对党内法规作出的具有法律上约束力的解释；正式解释有时也称有权解释；根据解释机关的不同；法定解释又可以分为授权解释、承办解释和自行解释三种
	非正式解释	通常也叫学理解释，一般是指由学者或其他个人及组织对党内法规制度规定所作的不具有法定约束力的解释
依据解释所具有的效力范围	规范性解释	同法定解释，这种解释往往体现为规范性的解释文件；其一般对普遍性的问题作出具有普适性的解释
	个别性解释	与规范性解释相对，又称“适用解释”，正式解释的一种；是指党的各种机关在适用党内法规制度的过程中，针对具体案件的处理而作出的解释；作用在于确定具体党内法规制度关系参加者的权利和义务；只对具体案件有效

续表

党内法规制度解释依据	党内法规制度解释类型	含义
依据解释的方法	文法解释	依照文法规则分析党内法规制度的语法结构、文字排列和标点符号等，以便准确理解党内法规制度条文的基本含义
	逻辑解释	运用逻辑的方法，分析党内法规制度的结构内容、适用范围和概念之间的联系，以求对党内法规制度的含义作出确定的解释
	系统解释	从某一党内法规制度与其他党内法规制度的联系，以及它在整个党内法规制度体系或某一部门中的地位与作用，同时联系其他规范来说明规范的内容和含义
	论理解释	又称“目的解释”，是指按照立规精神，根据具体案件，从逻辑上进行解释，即从现阶段社会发展的需要出发，以合理的目的进行的解释
依据解释的尺度	字面解释	对党内法规制度字面的含义进行解释，同文法解释
	限制解释	是党内法规制度条文的字面通常含义比党内法规制度的真实含义广，于是限制字面含义，使其符合党内法规制度的真实含义
	扩充解释	指超过被解释对象的字面含义或日常含义范围，如扩展、使用该字词的较为边缘含义，但没有超出该词句的应有含义范围，或者说仍在该条文用语“可能具有的含义”范围之内，因此也没有超出一般国民的预测可能性

（二）党内法规制度解释的目的与原则

1. 党内法规制度解释的目的

党内法规制度解释的目的同党内法规制度解释的应然功能，即为确保抽象、概括的党内法规能够得以准确理解与有效实施，通过引领认知、填补漏洞使得党内法规和党内规范性文件相得益彰，确保党内法规同国家法律相互衔接和协

调一致。党内法规制度解释的目的可从贯彻目的、阐述目的、创新目的以及协调目的四方面加以理解。(如图 1－3)

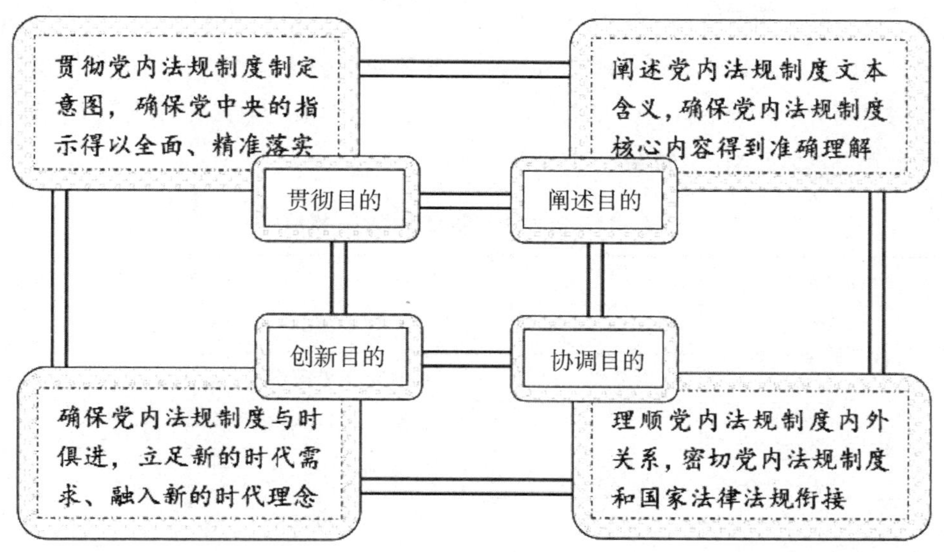

图 1－3　党内法规制度解释目的四维分析

(1) 贯彻党内法规制度制定意图

党内法规制度自身虽能体现出制定主体的意图，但是其在执行过程中面临着被曲解、被忽视、被替换的问题。因此，需要完善的解释对党内法规制度制定者的制定意图进行阐释，使执规者遵循立规者的原意。

(2) 阐述党内法规制度文本含义

忠于文本是党内法规制度解释的根本原则，也是党内法规制度解释的主要目的。党内法规制度中大量模糊性的表述需要细致的解释进行推理和解答，使得执规者知晓党内法规制度的内涵，被管理者理解党内法规制度的精神。

(3) 确保党内法规制度与时俱进

党内法规制度不可能是一成不变的，也不可能是日新月异的。大量陈旧但是仍发挥重要作用的党内法规制度需要新的解释赋予其时代内涵，通过解释保障其与时俱进，进而以“释”推“改”、以“释”促“立”。

(4) 理顺党内法规制度内外关系

党内法规制度内部存在的冲突需要党内法规解释予以调和，通过解释理顺不同党内法规制度之间的内在关联。就外部而言，党内法规制度与国家法律，尤其是中央纪委与国家监察委之间的纪法衔接需要恰当的解释予以保障。

2. 党内法规制度解释的原则

党内法规制度解释工作的开展必须根据一定的解释原则，这是党内法规制度解释的根本遵循。根据党内法规制度解释体系的构成要素，党内法规制度解释的原则可以划分成权责归属原则、形式要件原则以及内容结论原则三个层次，包含六个具体原则。（如表1－11）

表1－11　党内法规制度解释的三维原则

原则划分层次	具体原则
权责归属原则	无授权不得解释
	谁制定由谁解释
形式要件原则	清晰文本不解释
	解释须忠于原文
内容结论原则	妥当的价值判断
	充分的说理论证

（1）无授权不得解释

根据《中国共产党党内法规制定条例》对党内法规制度解释的规定，中央党内法规解释工作由党中央解释或者授权有关部委解释。换言之，不是规定的解释机关无权对党内法规制度进行解释。这实际上明确了党内法规制度解释权的归属，也理顺了党内法规制度制定权与解释权之间的关系。

从党内法规制度建设的实际情况来看，制定权集中统一于党中央，《中国共产党党内法规和规范性文件备案审查规定》明确强调党内法规和规范性文件需及时报送中央备案，应当做到“有件必备、有备必审、有错必纠”。党内法规制度解释作为党内法规制度的延伸，其既是党内法规制度的有机组成，又是党内规范性文件的集中代表，其备案审查的责任主体集中体现了其权力归属的统一性。

（2）谁制定由谁解释

《中国共产党党内法规制定条例》规定“中央纪律检查委员会以及党中央工作机关和省、自治区、直辖市党委制定的党内法规由制定机关解释”，《中国共产党党内法规解释工作规定》也明确了“谁制定谁解释”的基本原则。换言之，除中央党内法规制度外，其他党内法规制度由其制定主体予以解释，这有利于不同的制定主体准确把握职责范围内党内法规制度实施的具体情况与适用的具体问题，便于解释工作的顺利开展。

（3）清晰文本不解释

在法律解释学领域，清晰的法律文本不需要解释的规则（Intertpretatio Cessat in Claris，in Claris Non Fit Interpreta－tio）也称为“明晰性规则”，其是指法律法规的文本如果本身就是清楚的、易理解的，就没有必要在进行解释。

在此需要进一步明晰三种情形：第一，当解释的范围和解释的权限明晰时，执规者不需要进行推理解释，按照党内法规制度的文义进行适用即可；第二，对于某些约定俗成的文义，执规者若没有充足的理由和充分的说明不得随意通过解释予以改变；第三，对于某些文本看似文义清晰，但是需要结合实际情况加以研判分析、补充拓展的，党内法规制度解释主体可以在一定的自由裁量权范围内运用扩张解释、限缩解释等其他合理的方法进行解释，但是需要进行细致地论证。

（4）解释须忠于原文

立规解释虽然是对党内法规制度的延伸，但是也不能够脱离既有的党内法规制度文本。党内法规制度是党的各方面建设方针政策的集中体现，其制定过程本身就经过严格的论证、细致的推敲、缜密的审查，因此，在其解释过程中不得怀着质疑、怀疑甚至否定的态度。换言之，党内法规制度解释主体要树立忠诚观面对解释工作，即使认为其有不妥当、不合理的地方，也只能按照既有的解释方法进行解释，不得违背党内法规制度创制的根本意图。

不论采取何种解释方法，即使是扩张解释、限缩解释乃至填补党内法规制度漏洞，也不能超出党内法规制度文本内涵与外延的最大限度，不能通过解释创制新的党内法规制度内容。

（5）妥当的价值判断

对党内法规制度而言，其解释的过程更是一个价值判断的过程。党的各项法规制度集中体现了中国共产党立党为公、执政为民的价值取向，因此，对其进行解释也需根据一定的价值判断具体进行，尤其是党的作风建设、纪律建设以及反腐倡廉建设等相关法规制度的解释，必须坚持正确的价值导向。

其次，对同一党内法规制度条文的解释可能面临不同的解释结论，此时则需要党内法规制度的解释主体在坚持公正平等的原则下进行有效选择，选择最恰当的、最合理的解释结论加以适用，显然，这一过程也是以价值判断与价值选择为基础的。

（6）充分的说理论证

党内法规制度解释不应当仅是一个结论，还应当有详实的说理论证过程，即告诉社会中的每一个成员为什么这样解释、如何得到的这种解释，这一过程是党内法规制度解释主体的应然义务。

一方面，每个人、每个组织的价值取向是不同的，当面对特定的党内法规制度文本时，其理解可能不同，因而对其进行解释就需要详细的说明以使得被管理的对象认可并接受解释的结论。另一方面，党内法规制度解释制度化、规范化、法治化的建设过程，解释结论科学化、合法化、民主化的根本保障，也依赖于翔实的说理和论证，这是党内法规制度解释自身的内在要求。

四、党内法规制度解释的机制设计与方式方法

党内法规制度解释的机制设计和方式方法是贯通党内法规制度和其解释结论之间的桥梁和纽带。一方面，良好的机制设计便于党内法规制度解释工作的顺利开展，有利于理顺党内法规制度解释的内外关系、提升党内法规制度解释的总体质量。另一方面，妥当的方式方法有利于党内法规制度解释的结论更加科学合理，使其适用范围更加广阔、适用问题更加精准。

（一）党内法规制度解释的机制设计

当前，碍于我国党内法规制度解释规范化建设起步较晚，相关体制解释的建设既不明晰、也不完善。因此，本书仅对党内法规制度解释的责任机制与备案机制予以分析。

1. 党内法规制度解释的责任机制

与党内法规制度解释权归属相对应的便是党内法规制度的责任归属，即党内法规制度解释由谁负责的问题。根据党内法规制度解释的具体工作，授权解释、承办解释和自行解释等三种释权归属决定了“谁授权谁负责”“谁有权谁负责”以及“谁操作谁负责”等三种责任机制。（如图 1－4）

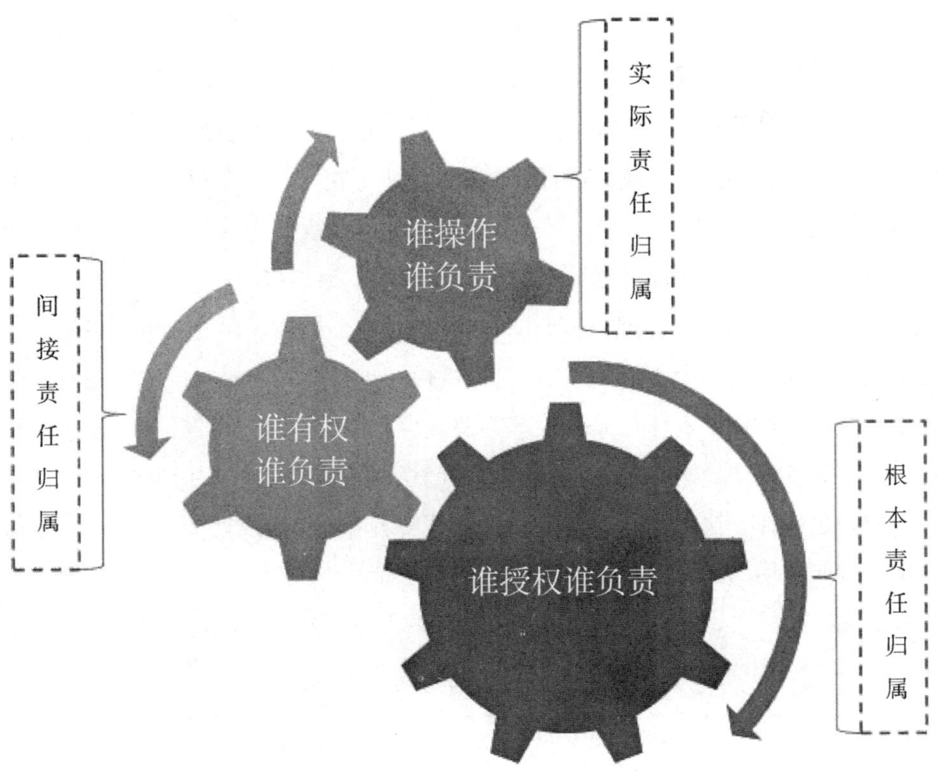

图 1－4　党内法规制度解释的责任机制设计分析

首先，党内法规制度不同于国家法律法规，其特殊之处在于：无论何种位阶、无论何种层次的党内法规制度，在党中央的集中领导下其创制权高度统一，分散于其他党组织的立规权受到严格限制。中央纪律检查委员会、中央各部门和省、自治区、直辖市党委制定的党内法规制度，既不得与党中央制定的相关党内法规制度相违背，又必须严格贯彻党中央的精神指示，其自行创制党内法规制度的自由裁量权有限。① 其次，党内法规制度授权的解释机关对解释工作负有不可推卸的责任，党内法规制度解释文件的编制、撰写以及修缮完全依赖党内法规制度解释工作的执行机关，即体现“谁操作谁负责”的责任要求。最

① 在我国，地方的权力机关和行政机关享有很大的地方法规制度创制权，其可根据地方实际情况出台一系列规章制度，以确保区域内政治、经济、文化、社会的协调发展。然而，根据《中国共产党党内法规制定条例》，地方党委尤其是省级以下党组织并没有党内法规制度创制权，其仅能贯彻上级党组织的党内法规制度文件精神。

后，享有党内法规制度制定权的主体自然负有其制定的党内法规制度解释的责任，即符合“谁有权谁负责”的责任要求。

根据公共政策理论中政策规划、制定、执行、评估与终结的一般过程，党内法规制度解释作为公共政策也有着规划、制定、执行等一系列过程。因此，为了更好地理顺党内法规制度解释工作开展的程序、分析其中的问题，本书倾向于将党内法规制度解释的权力划分为三种：规划权、操作权与执行权。与之对应，也就产生了规划责任、操作责任与执行责任。其中，规划权即为决定哪些党内法规制度需要解释、不同位阶的党内法规制度由谁进行解释的权力，对应党内法规制度解释的总体规划责任；操作权即为决定党内法规制度如何解释、怎样解释的权力，是党内法规制度解释工作操作部门所具有的权力，对应党内法规制度解释的制定责任；执行权即为党内法规制度解释在具体适用过程中决定其如何适用、如何贯彻、如何执行的权力，其较为复杂，涉及适用范围内所有的党内法规制度执行机关，对应党内法规制度解释的执行责任。(如表 1 - 12)

表 1 - 12　党内法规制度解释权责划分

权责划分层次	具体权责	内容要求
整体规划层次	规划权	对党内法规制度解释工作予以整体规划，确定哪些党内法规制度需要解释并明确解释主体
	决定权	审议、批准党内法规制度解释并决定何时生效，确定党内法规制度解释的适用范围与适用效力
制定完善层次	制定权	决定党内法规制度运用何种方法解释、通过何种手段解释，明确党内法规制度解释的具体内容以及体例
	修缮权	结合党内法规制度解释贯彻执行的反馈情况，找出其中不足以修改完善党内法规制度解释的具体条文
执行落实层次	执行权	确保制定出台的党内法规制度解释能够准确适用，区分“个例解释”与“系统解释”，全面落实与精准适用相统一
	反馈权	根据党内法规制度解释的执行落实情况及时向党内法规制度解释的制定主体反馈执行过程中的问题

2. 党内法规制度解释的备案机制

根据《中国共产党党内法规和规范性文件备案审查规定》，“党内法规和党组织在履行职责过程中形成的具有普遍约束力、在一定时期内可以反复适用的文件”应当予以备案审查。因此，党内法规制度解释作为与党内法规制度位阶相同的重要党内政策文件，其也需要进行备案审查。

党内法规制度解释的备案工作也有主体、对象、程序、原则等方面的规范。就主体而言，分为备案审查主体与备案提交主体，即为各级党委，党的纪律检查委员会、党委（决策）议事协调机构以及党的工作机关、党委直属事业单位，党组（党委）；就对象而言，即为各个位阶、各种层次的党内法规制度；就程序而言，所制定的解释应当自发布之日起 30 日内由制定机关连同备案报告、正式文本和制定说明一并报送备案；就原则而言，坚持形式审查与内容审查相结合、高效便捷与程序严谨相统一以及有件必备、有备必审、有错必纠三管齐下。（如表 1－13）

表 1－13　党内法规制度解释备案机制形式要件及其构成内容

备案机制构成层次	具体划分	构成内容
备案主体	备案审查主体	各级党委，党的纪律检查委员会、党委（决策）议事协调机构以及党的工作机关、党委直属事业单位，党组（党委）承担备案审查工作主体责任；各级党委办公厅（室）负责牵头办理本级党委备案审查工作，统筹协调、督促指导本地区备案审查工作，有关单位协助开展
	备案提交主体	各级党组织
备案对象	中央党内法规制度解释	党的中央组织制定出台的党内法规制度解释
	其他党内法规制度解释	中央纪律检查委员会以及党中央工作机关和省、自治区、直辖市党委以及其他党组织制定的专门规章制度解释

续表

备案机制构成层次	具体划分	构成内容
备案程序	制定文件	制定党内法规制度解释的备案报告以及制定说明
	提交上级	提交1份备案报告、正式文本和备案说明，装订成册，并报送电子文本
	审查备案	审查机关对符合审查要求的报备党内法规和规范性文件，应当予以登记，从政治性、合法合规性、合理性、规范性等方面进行审查
备案处理	提出建议	审查机关予以备案通过，并向报备机关提出建议
	书面提醒	审查机关予以备案通过，并对报备机关进行书面提醒
	问题告知	备案文件存在名称使用、体例格式、文字表述等不规范情形，审查机关可以予以备案通过，并将相关情况告知报备机关
	纠正改进	本案文件问题较大，审查机关不予备案通过，并要求报备机关进行纠正
备案原则	形式审查与内容审查相结合	
	政治性、合法合规性、合理性、规范性相协调	
	高效便捷与程序严谨相统一	
	有件必备、有备必审、有错必纠三管齐下	

从内容上看，《中国共产党党内法规和规范性文件备案审查规定》明确了“具有普遍约束力、可以反复适用”的党内法规制度解释的审查内容。（如表1-14）

表1-14　党内法规制度解释备案审查内容

备案审查层次	备案审查内容
内容备案审查	是否同党章和党的理论、路线、方针、政策相抵触
	是否同宪法和法律不一致
	是否同上位党内法规和规范性文件相抵触
	是否与其他同位党内法规和规范性文件对同一事项的规定相冲突
	规定的内容是否明显不当
形式备案审查	是否符合制定权限和程序

（二）党内法规制度解释的方式方法①

通常而言，法律解释有三种主要方法：狭义的法律解释、一般条款和不确定概念的法律解释以及漏洞填补法律解释。在这三种宏观解释方法的基础上延伸细化出十余种具体的解释方法，其也是党内法规制度解释的主要方法来源。

1. 特殊类型：以解释主体为划分

对党内法规制度解释而言，除了前文表 1 - 10 中所罗列的正式解释、非正式解释等 11 种解释类型，根据解释主体差异的划分，党内法规制度还分为自行解释、会同解释、商请解释②以及各自解释等多种情形。（如表 1 - 15）

表 1 - 15　党内法规制度解释主体划分类型、含义及核心要素

划分依据	典型特征	具体类型	含义及核心要素
依据解释的主体	单一主体解释	自行解释	党内法规制度只有一个解释主体，且遵循“谁制定谁解释”的原则，由党内法规制度制定者自行解释；自行解释可以是自己制定自己解释，但也有可能是中央制定，授权相应的机关予以解释
	多元主体解释	会同解释	党内法规制度有多个解释主体，经法定授权，由一个责任机关联合其他相关部门共同解释
		商请解释	党内法规制度有多个解释主体，经法定授权，由一个责任机关商请平行机关或不相隶属机关单独解释
		各自解释	党内法规制度有多个解释主体，经法定授权，不同的解释主体均可对党内法规制度进行平行解释

① 有关党内法规制度解释的一般方法主要参考法律解释学的相关书目，如邹瑜《法学大辞典》（中国政法大学出版社，1991 年）、张光杰《中国法律概论》（复旦大学出版社，2005 年）以及王利明《法律解释学》（中国人民大学出版社，2016 年）

② 根据《立法技术规范（试行）（一）》（法工委发〔2009〕62 号），“会同”用于法律主体之间共同做出某种行为的情况，“会同”前面的主体是牵头者，“会同”后面的主体是参与者，双方需协商一致，共同制定、发布规范性文件或者做出其他行为；“商”用于前面的主体是事情的主办者，后面的主体是提供意见的一方，在协商的前提下，由前面的主体单独制定并发布规范性文件。

2. 一般类型：以法律解释为参照

（1）文法解释

文法解释是党内法规制度解释最基本的方法之一，其是按照党内法规制度条文的文字、语法去理解党内法规制度所规范的内容和意义的解释的方法。文法解释的视野局限于党内法规制度条文本身，并不涉及或者掺杂条文之外更多的东西，因而带有相当的纯粹性和机械性。

（2）逻辑解释

逻辑解释也是党内法规制度解释的基本方法之一，其是运用逻辑的方法，分析党内法规制度规范的结构内容、适用范围和概念之间的联系，以求对党内法规制度规范的含义做出确定的解释。逻辑解释包含了一定的演绎和推理的过程，建立在价值判断基础上。

（3）系统解释

系统解释是指把所解释的党内法规制度同其他党内法规制度联系起来，从该法规制度条文与其他法规制度条文的关系、该法规制度条文在所属党内法规制度文件中的地位、有关党内法规制度与国家法律法规的联系等方面入手，系统全面地分析党内法规制度条文的含义和内容，以免孤立地、片面地理解其含义

（4）历史解释

历史解释是指根据历史资料来确定党内法规制度的含义。历史资料是指除了党内法规制度文本之外的与文本直接有关的资料，例如党内法规制度起草的准备材料（文件记录以及其他和立规过程有关的材料）、立规说明和立规者的私人材料（谈话记录、回忆录日记、书信等），乃至立规者当时发表的文章等；有时还可以通过将新的规范与旧的同类规范进行对照、比较，以阐明党内法规制度的意思。

（5）限缩解释

限缩解释是指在党内法规制度条文的字面含义显然比立规原意广时，做出比字面含义窄的解释。限缩解释是在党内法规制度条文的字面含义与立规意图、社会发展需要明显不符时，为贯彻党中央的精神指示，反映社会发展的实际需要而采取的解释方法。

（6）扩充解释

扩充解释与限缩解释相对，是指当党内法规制度条文的字面含义狭于立规原意时，作出比字面含义更为广泛的解释。在我国，扩充解释不是也不能任意扩大党内法规制度的内容，其是为更好地实现党内法规制度条文文字未能包含的立规意图而设定的解释方法。因此，扩充解释始终且必须以立规意图、目的和党内法规制度制定原则为基础。

（7）合宪性解释

合宪性解释是指以宪法为根本的解释方法，即要求党内法规制度解释的目的、过程以及结论不违反宪法的规定以及宗旨。《中国共产党章程》明确规定“党必须在宪法和法律的范围内活动”，这就意味着党内法规制度解释也不得超出宪法和法律的既定范围。①

（8）非正式解释

非正式解释是指没有法定约束力的党内法规制度解释。非正式解释的主体，是没有经过党中央授予党内法规制度解释权的任何主体，包括国家机关、社会组织和个人；依其解释的角度和理论化程度不同，分为任意解释和学理解释；非正式解释对于党内法规学研究的发展以及帮助中央机关正确适用党内法规制度具有重要的意义。

① 若与合宪性解释相对，党内法规制度解释也应当有合党章解释，即对党内法规制度的解释不得违反《中国共产党章程》的规定与精神，后文将予以详细论述。

第二章　党内法规制度解释的理论分析

理论的探索与创新，是实践的开拓与发展的前提与基础。党内法规制度解释的理论探索与创新，是对法治理论、法律解释理论、党建理论以及机制设计理论的融合发展与补充完善，其对充实我国党内法规制度建设理论具有重要意义。一方面，当前我国有关党内法规制度解释的理论研究极为匮乏，通过何种学术视角、运用何种理论框架进行研究仍无定论。另一方面，党内法规制度建设进程不断加快，“立、改、废、释”四维发展缺一不可，如何弥补党内法规制度解释的实践短板也需要理论的夯实与完善。

如前所述党内法规制度解释的理论研究有利于在法律解释理论的借鉴融合下丰富完善新时期党内法规制度解释理论体系，有利于融合政策分析理论、机制设计理论以及法治建设理论的有益成果发现党内法规制度解释的症结、更新党内法规制度解释的认识，推动党内法规制度解释机制的优化，进而有助于为构建与时俱进、体系完备、科学合理、内部统一、外部协调的党内法规解释工作机制夯实理论基础。①

纵观学界，当前能够梳理、或已经梳理并且明确提出、细致阐述了以下问

① 本书认为，党内法规制度解释的理论探索与创新极为重要，但是这一层面的学术研究又极为匮乏。一方面，党内法规作为新兴的研究领域，其研究框架仍不完备，研究什么、怎样研究的问题不明确；另一方面，国内有关党建理论、中国党史研究的专家学者，或直接忽视党内法规制度解释理论研究、或对相关理论难以深入大胆地联想与拓展，以至于其相关分析没有根基，分析的层次也很浅薄，对党内法规制度解释工作出现的各种问题也难以进行合理解释，其对策建议也难有扎实的基础支撑。在本书中，我们力求构建一种体系化的理论框架对党内法规制度解释的原因、发展、现象、困境、成因与对策进行宏观考量与具体分析。

题的学术研究极为匮乏。仍待发现和解决的具体问题有：（1）哪些理论能说明党内法规制度解释存在的价值？（2）哪些理论能够分析党内法规制度解释存在的问题？（3）哪些理论能够为党内法规制度解释机制的优化提供借鉴？（4）现有的哪些理论存有缺陷，哪些理论有待创新？党内法规制度解释困境的分析以及机制设计的完善亟须充足的理论予以支撑。因此，本章节试图用一系列系统而连贯的理论对党内法规制度解释自身发展、困境及根源、出路与创新进行合理地分析。（如图2－1）

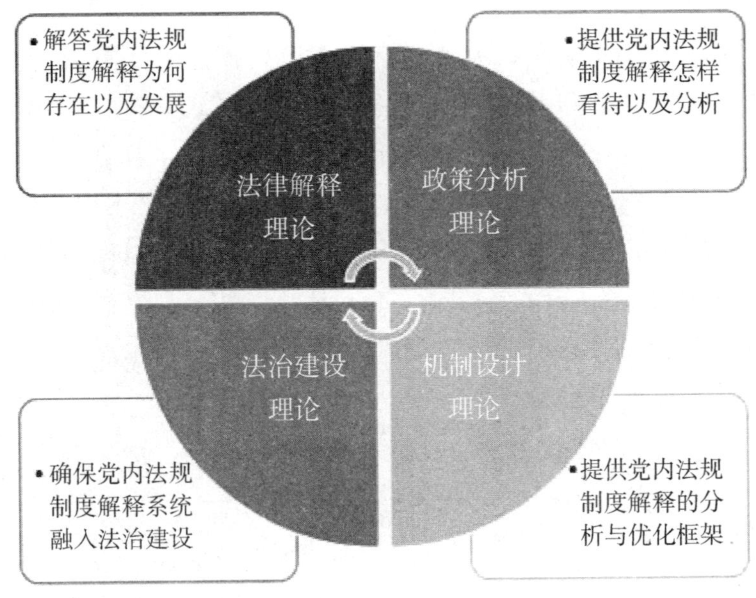

图2－1 党内法规制度解释一体化研究理论体系

如图2－1：首先，本研究从法律解释理论入手解答党内法规制度解释存在的重要性以及必要性，并为党内法规制度解释的理论研究提供思路与方向；其次，运用政策分析理论审视党内法规制度解释工作所涉及的规划、制定、执行、评估、纠偏、监督以及终结等一系列环节，旨在精准定位党内法规制度解释的症结所在；再次，运用机制设计理论分析党内法规制度解释的机制设计缺陷与问题根源，旨在运用激励相容原理与目标一致原理优化党内法规制度解释机制设计；最后，融合法治建设理论，提出党内法规制度解释制度化、规范化与法治化发展的一般出路。

一、法律解释理论：解答党内法规制度解释缘何存在与发展

法律解释理论（Theory of Legal Interpretation）是用来解答法律为什么需要解释、哪些法律需要解释以及通过何种手段与方法解释法律等问题的理论。纵观中西法学理论发展的历史脉络，对法律法规进行解释均具有制度上的依赖与惯性，这不仅因为成文的法律法规即使通过细致的论证与翔实的编纂也会存在不足与漏洞的现实，更是由于基于价值判断与逻辑推理的法律解释更加人性化、更具适用力的考量。

通常而言，法律解释包括法律解释的场合、法律解释的主体、法律解释的对象、法律解释的目的以及法律解释的模式等五个方面，其理论流派涉及“文本主义”“新文本主义”“意图主义”“修正的意图主义”“目的主义”“动态的法律解释”以及“想象性重构”等多种。从党内法规制度的本质上看，其与法律并无太大差别，因此，本书尝试从法律解释所具备的功能价值分析作为制度惯性的解释现象，并结合动态解释的原理论证党内法规制度解释的存在对党内法规制度建设发展的不可或缺性。（如图 2－2）

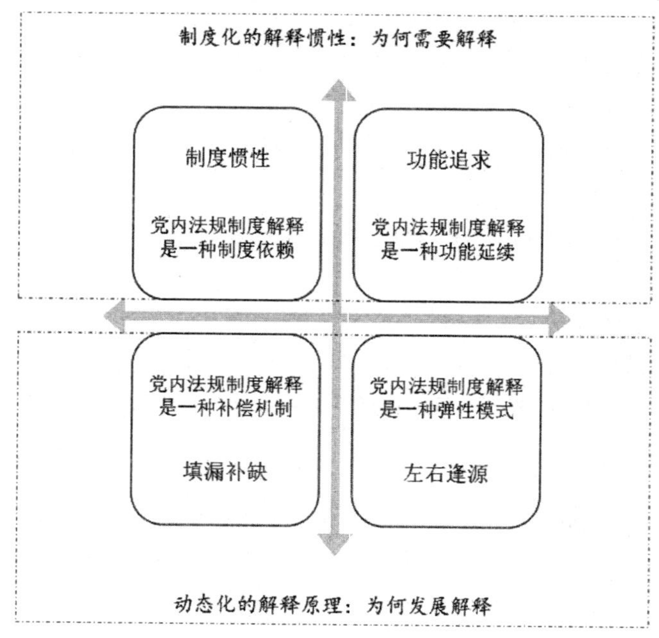

图 2－2　党内法规制度解释存在与发展的原因分析

（一）制度化的解释惯性：为何需要解释

法律解释古而有之，并非西方特传，也非我国独有，其是一种历史发展的必然结果。中国古代的“律学”，不仅从文字上、逻辑上对法律文本进行阐释，也阐述某些法理，如关于礼与法的关系、“释法”与“尊经”的界限、条文与法意的联系、律例之间的关系，还有定罪与量刑、刑法的宽与严、肉刑的存与废、刑名的变迁以及诉讼和狱理等。

时至今日，我们延续了对法律法规文本进行阐释的传统，这种由古至今的制度惯性让我们既依赖法律解释所具备的功能价值，又不断发展完善法律解释的手段方法。对党内法规制度而言，自中国共产党成立之初，从一开始的党内章程规范制定开始，就意味着党内法规制度解释工作的产生与发展。党内法规制度解释的发展有着两方面的推动力：一是外部的拉力，包括法律法规解释的文化传统以及法律解释理论与实践的诱导；二是内部的推力，主要体现在党内法规制度作为广义上的“法”所自身具备的自我解释需求，涉及现实的需要以及潜在的意识。（图 2－3）

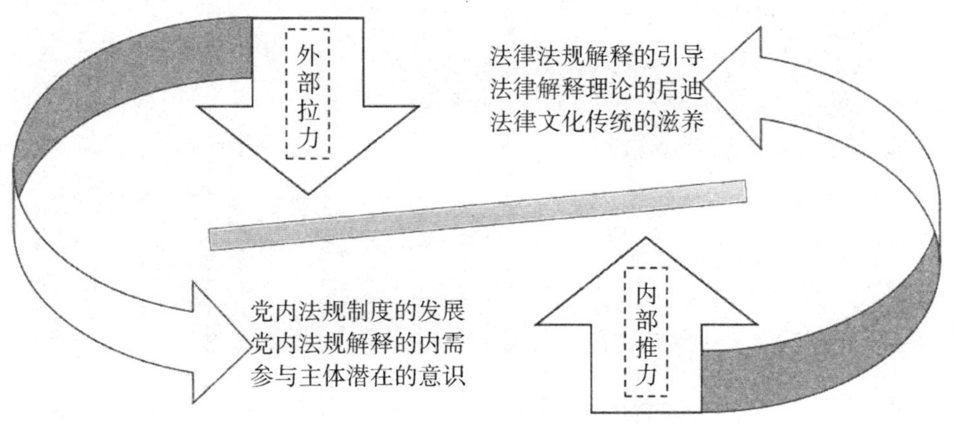

图 2－3　党内法规制度解释“内在推力”－“外在拉力”两维分析

1. 制度主义：党内法规制度解释是一种制度依赖

（1）制度主义理论分析框架

社会学制度主义（Sociological Institutionalism）是新制度主义的重要流派之一，其倾向于在更广泛的意义层面去界定制度。社会学制度主义认为制度不仅包括正式规则、程序和规范，而且还包括为人的行动提供“意义框架”的象征系统、认知模式和道德模块。这种界定打破了制度与文化概念之间的界限，倾向于将文化本身也界定为制度。

社会学制度主义解释的重点是为什么组织采取一套特定的制度形式、工作程序或象征符号，这些又是如何在组织内传播的，其核心观点如下：（1）环境为组织生存提供机会并维持许多结构，如公共部门的地位可能是预算资源、法律命令、制度的政治支持和群众的政治支持结构；（2）对组织符号和价值向度的关注超越了组织的纯功利性视角，组织符号成为认识制度行为的最佳手段；（3）人类生活的当前实践是建立在过去基础之上的，组织实践下面隐藏着历史遗留下的价值和理解力；（4）社会学制度主义是用制度透视组织，制度和组织实际上是同一个结构。① 对党内法规制度解释而言，外部的环境、内部的规则、发展的需求以及符号的形成，均是对“解释”这种制度的依赖，同时，环境（时代背景）、规则（原则方法）、需求（现实问题）以及符号（形式特征）又共同构成了党内法规制度解释的制度框架的核心要素。（如图2－4）

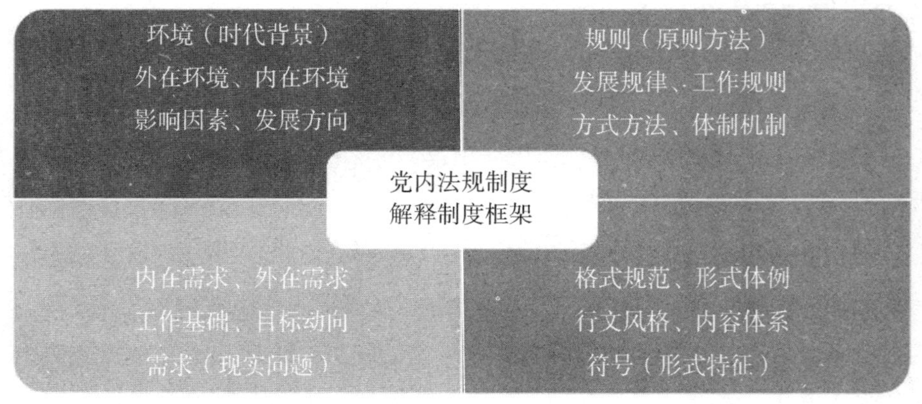

图2－4　党内法规制度解释制度框架“环境－规则－需求－符号”四维核心要素

（2）制度依赖：模糊发展——规则形成——制度创立——符号巩固

法律解释是法律发展到一定程度的必然，是一种法律行为，更是一种社会行为，其与文化传统密切相关。

---

① 参考MBA智库百科有关制度主义的定义。https：//wiki.mbalib.com/wiki/新制度主义_note－4

与法律解释相同，党内法规解释经历了从无到有，从模糊的形态创立到规范的制度要求的发展历程，这意味着党内法规制度解释起始期间并不是作为刚性的制度而存在的，而是一种认识、一种想法。这种需要对法律法规文本进行解释的认识与想法在达成共识后逐渐形成了一种解释规则，最后逐步构建成包含体制机制、目的原则以及方式方法等内容的解释制度——从而形成了法律法规制定实施后必须要有解释的制度依赖。

这种依赖存在两个相反的作用：首先，立法立规者依赖解释，以至于走向认为不需要对成文法律法规进行太多考量与完善的极端，因为制定的不足可以通过解释予以弥补；其次，立法立规者排斥解释，其认为其他主体的解释容易歪曲其立法立规的原意，换言之，立法立规者不愿法律法规的执行者以及相对人破坏自己制定的“游戏规则”而进行解释阐述，因为党内法规制度是其理念与价值的集合并与其自身利益挂钩。以上两种反向作用的长期碰撞，也就产生了法律解释的多种理论流派，如前者所衍生出来的法律法规解释“文本主义”与“意图主义”，后者所衍化而成的“动态主义”解释原则。

然而，无论何种流派，均是对解释所具备功能的认可与维护。对党内法规制度而言，其自身的抽象性、概括性是其鲜明的“符号特征”，这从党内法规制度文件相比国家法律法规的简短化以及用词用语的抽象化则可见一斑，如“小官巨腐”“能人腐败”“一家两制”“玩风甚重”“山头主义”“团团伙伙”“拉票贿选”“以房谋私”“靠山吃山”“挂帅不征”“江湖义气”“灯下抹黑”“红顶中介”“二级政府”“违规提拔”“带病提拔”以及“三超两乱”等“新词”①，其作为不确定概念亟待解释予以阐述内涵与外延。当党内法规制度这种特殊符号化的立规用语成为常态，其对解释的依赖就更为明显了。

2. 功能主义：党内法规制度解释是一种功能延续

（1）功能主义理论分析框架

功能学派（Functional School）认为，任何一种文化现象，不论是抽象的社会现象，如社会制度、思想意识、风俗习惯等，还是具体的物质现象，如手杖、

---

① 资料来源于中国新闻网刊文《反馈清单屡现“新词”：中央四轮巡视深挖“暗疾”》，2014－11－07。http：//www. chinanews. com/gn/2014/11－07/6760665. shtml

工具、器皿等，都有满足人类实际生活需要的作用，即都有一定的功能。①

无论何种现象，其每一个与其他现象都互相关联、互相作用，都是整体中不可分的一部分。功能主义认为“形式为功能服务”，应用在法律解释领域，即无论何种形式的解释都植根于其功能而非局限于其具备“解释”的法律标签。法律解释的必要性体现在以下几个方面：（1）由于法律具有概括性、抽象性的特点，因此需要法律解释化抽象为具体，变概括为特定；（2）由于人们的认识能力、认识水平上的差别，也由于人们利益与动机的差别，因此会对同一法律规定有不同的理解，特别是对法律规定中的一些专门术语有不同的理解，因而需要法律解释予以正确阐述；（3）由于立法缺憾，需要通过法律解释改正、弥补法律规定的不完善；（4）通过法律解释解决法律的稳定性与社会发展之间的矛盾，协调各方面发展之间的关系；（5）通过法律解释普及法律知识，开展法律教育，强化全民守法意识。

党内法规制度解释存在的必要性亦如此，不过其调整的范围不像国家法律法规解释所涉及的那样广泛，仅是对中国共产党的内部治理范畴施加影响。

（2）功能延续：体系混沌——形式单一——位阶划分——功能强调

在系统的党内法规制度体系形成之前，党内法规、党内制度以及党内规范性文件的边界极为模糊，其并不像国家法律一样有着明确的位阶，但是缺少位阶划分的党内法规制度并不阻碍其对中国共产党政治建设、思想建设、组织建设、作风建设、纪律建设、制度建设以及反腐倡廉建设作用的发挥。换言之，对党内法规制度而言，其功能的发挥强于其形式的规范，这也可以解释为什么大量党内法规制度格式混杂、形式多样的现实。这种“重功能而轻形式”的传统集中反映在了党内法规制度解释之上，尤其是对那些游离在党内法规与党内规范性文件边界上的解释文件，其具备解释功能但是解释的符号特征却不明显。《中国共产党党内法规制定条例》参考《中华人民共和国立法法》对党内法规的位阶予以了简单的划分，看似加强形式规范的党内法规制度，其实际上更注重党内法规制度自身所具备的功能，这一点从《中国共产党党内法规制定条例》对不同位阶党内法规的内容界定就可看出。（如表 2－1）

① 参考百度百科有关功能学派的定义。https：//baike. baidu. com/item/功能学派/8625544？fr = aladdin

表 2-1　《中国共产党党内法规制定条例》和《中华人民共和国立法法》有关法律法规位阶及内容规定的对比分析

党内法规		国家法律法规	
位阶	内容规范	位阶	内容规范
党章	党章党的根本大法，是最根本的党内法规，是制定其他党内法规的基础和依据，对党的性质和宗旨、路线和纲领、指导思想和奋斗目标、组织原则和组织机构、党员义务和权利以及党的纪律等作出根本规定	宪法	《中华人民共和国立法法》中无规定
准则	准则对全党政治生活、组织生活和全体党员行为作出基本规定	法律	立法权限、立法程序以及法律解释和其他规定
条例	条例对党的某一领域重要关系或者某一方面重要工作作出全面规定	行政法规	有关权限、程序和其他规定
规则	规则、规定、办法、细则对党的某一方面重要工作或者事项作出具体规定	地方性法规	有关权限、程序和其他规定
规定		自治条例和单行条例	有关权限、程序和其他规定
办法		国务院部门规章	有关权限、程序和其他规定
细则		地方政府规章	有关权限、程序和其他规定

《中国共产党党内法规制定条例》对不同位阶党内法规制度所具备的应然功能的界定造成了党内法规制度"重功能而轻形式"的现状，这一点反映在党内法规制度解释之中则引起了两种功能的延续：一是党内法规制度解释的政治属性强于法律属性，即政治导向和价值引领的作用被强化而法律体例的格式规范被弱化，这一点党内法规制度本身也具备；二是党内法规制度解释的政治宣传功能加强而漏洞填补功能削弱，即让党员群众更好地理解和更多地支持党的执政行为，这一点在党内法规制度不断完善自身建设、不断修正自身缺陷的趋势下将更为明显，这也印证了当法律法规足够完善时根本不需要解释的理论假设。

（二）动态化的解释原理：为何发展解释

法律解释有一个十分重要的理论流派，即动态解释理论（Dynamic Interpretation Theory）。动态解释理论认为执法者和司法者需根据社会环境的改变而动态地解释法律，"立法原意"并非权威依据。换言之，法律解释并不是一个"死扣"法律法规文本文字的过程，而是一个基于各种价值判断、基于各种逻辑推理所演绎总结的过程。①

对党内法规制度解释而言，能够进行动态的解释是其不断融入中国共产党新的执政理念与治国要求的保障。国情变化与党情发展日新月异，执政者不可能通过频繁地制定党内法规制度或者多次地修改党内法规制度以保证各种规范能够与时俱进，因而只能通过合理地解释予以弥补。这种弥补集中体现在两个方面：一是填漏补缺，作为补偿机制避免党内法规制度陷入钱穆制度陷阱；二是左右逢源，作为一种弹性化解释模式而使得党内法规制度能够与时俱进。（如图2－5）

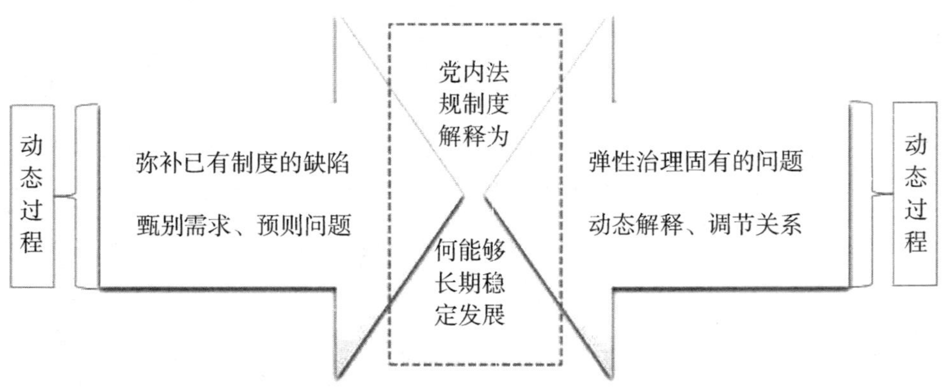

图2－5　党内法规制度解释长期发展的原因分析

1. 填漏补缺：党内法规制度解释是一种补偿机制

（1）补偿机制理论分析框架

钱穆制度陷阱（Qian－Mu System Trap）解释了以制度填补制度漏洞的弊端，其认为越来越繁密的制度积累，往往造成前后矛盾，制度越繁密越容易生

① 参见陈林林、王云清：《法律解释的动态理论》，《国外社会科学》2013年第6期。

歧义，越容易出漏洞，而执行新制度的人往往在分歧争执中敌不过固守旧制度的人，因而越来越失去效率。① 当前乃至今后相当长的一段时间，我们都无法让每一部法律法规尽善尽美，更无法让党内法规制度十全十美，当我们发现一个法律漏洞或者发现一个制度空缺，就通过制定新的法规制度以弥补现有不足显然是不可行的，大量的法律法规叠加、繁杂的制度规范重合必然会导致国家治理、政党治理以及党内治理的瘫痪。

分析党内法规制度解释的填漏补缺功能，需要从漏洞存在的现实、漏洞存在的原因、漏洞存在的影响以及漏洞填补的方式等角度着眼。

（2）法制补偿：甄别问题——发现原因——填补空缺——防微杜渐

党内法规制度解释作为一种补偿机制，其功能如下。

一是梳理并甄别出哪些党内法规制度需要进行解释。这是党内法规制度解释的前置性问题，因为并非所有的党内法规制度都需要解释，对不需要进行解释的党内法规制度如其文义已经十分明确且有效适用的党内法规制度予以强行解释，不仅会造成不必要的资源浪费，也会出现政出多门、法规冗杂的制度弊端。党内法规解释自身具备的甄别功能，也是党内法规制度解释需求的关键所在，换言之，一项党内法规制度是否需要进行解释，一则依赖于该项党内法规制度的制定主体的需求，二则依赖于该项党内法规制度的执行主体的需求，三则依赖于该项党内法规制度的解释主体的需求，这与党内法规制度解释权的划分相一致，即不能完全依赖党内法规制度制定主体和执行主体所作出的解释需求，因为其可能由于各种原因不想解释、忽视解释或者懒于解释，因而要与“是否需要进行解释的实际情况”，即密切联系党内法规制度的解释主体而得出结论。

二是填补已经出现的漏洞并预防可能出现的问题。个案解释与系统解释相结合是党内法规制度解释的原则之一。一方面，法律法规解释乃至党内法规制度解释需要对现实中频发的典型个案予以指导，如司法系统的案例指导制度，这在党内法规制度解释的实际操作中也存在，如《中共中央纪委法规室对关于适用〈中国共产党纪律处分条例〉第30条的处分批准程序问题的请示的答复》，其援引了“某党员干部2004年因过失犯罪被法院判处2年有期徒刑”的案例予

① 参考百度百科有关钱穆制度陷阱的定义。https：//baike. baidu. com/item/钱穆制度陷阱

以指导。这种个案解释一方面针对具体的事件予以精准应用，其次也可将类似的个案解释汇编成系统的案例指导集或者规范的答复解释册，从而可最大限度地避免党内法规制度解释的零散。另一方面，党内法规制度解释需要具备一定的预测功能，即能预见未来可能出现的一定范围内的党内法规制度的适用问题，通过合理的解释防止这些问题的产生或者减少公共利益的损害。当然，这种预见并非盲目、大胆地揣测和怀疑，而是立足当前已经出现的问题进而对其发展的动向予以研判，如此一来，既可削弱党内法规制度贯彻执行的阻力，又能提升党内法规制度自身的科学化与民主化水平。

2. 左右逢源：党内法规制度解释是一种弹性治理

（1）弹性治理理论分析框架

弹性治理（Elastic Governance）是对治理理论的延伸与发展，其强调一种弹性化、自由化的、灵活化的自我调整、自我选择与自我管理，是组织内部各要素之间协调一致的产物。

弹性治理主要包括以下核心要素：（1）治理的理念。必须体现治理的精神，治理视阈下的法律解释乃至党内法规制度解释是一个由共同的目标支持的活动，换言之，再有指导中心的前提下，各个参与主体、各个参与对象必须对这一过程及其结果予以认同。（2）手段的多样。弹性化的治理方式不能局限于死板的固有手段，凭借参与主体的多元必须创新治理的方式方法。一是参与方式的多元化，即可通过不同的渠道影响、干预或者直接参与治理的过程；二是行为方式的多元化，集中体现在通过政治、经济、文化等多种渠道提升自身治理行为的影响力，以实现治理目的；三是监督行为的多元化，即通过各种各样的监督渠道对自我治理行为以及其他治理主体的行为予以监督。（3）方法的自由。不同治理主体在法定规则范围内可去采取任何有利于治理目的实现的方法，其前提是这种方法本身合法合理且不违背公共道德以及不损害公共利益。①

（2）弹性治理：主体多元——机制灵活——方法多样——动态治理

按照这种理论思路，党内法规制度解释的治理过程的要义也就明晰了，主要有主体多元、机制灵活和方法混合三个方面。

一是解释的主体是多元的。任何有能力、有意愿、有可能对党内法规制度

① 参考百度百科有关弹性管理的定义。https：//baike. baidu. com/item/弹性管理/1313908

进行解释的组织和个人均可以对其进行解释，唯一的区别就是不同主体是否是经过法定授权，这对应正式解释和非正式解释两种解释类型，但是即使没有法定授权，民间的解释力量于解释影响也不容忽视。

二是解释的机制是灵活的。不存在放之四海皆准的解释机制设计，但是也不允许鱼龙混杂的解释机制设计。换言之，党内法规制度解释不能拘泥于法律解释机制设计固有的“圈子模式”，也不能仅着眼党内法规制度所限定的党的内部些许规则，其既要联系实际，尤其是要联系不同条文、不同案件的特殊情况，又要放眼国家法治体系建设的大局、全面从严治党的大局、党内法规制度建设的大局，运用灵活的解释机制应对层出不穷的新形势、新情况和新问题。

三是解释的方法是混合的。这种混合性体现在两个方面：一是党内法规制度解释一般采取多种解释方法，即使是针对一个案例或者一条规定的解释也往往是多种解释方法综合运用的产物；二是不同解释主体在自身能力、法定权限允许的范围内可以采取任何方法进行解释，即方法选择的过程和结果是自由的。当不同主体所选择的解释方法不同的时候，其对党内法规制度条文的理解乃至最后的解释结论就会产生差异，因此，如何选取最恰当、最合理最有效的解释结论，就需要一种筛选或者调和机制。（如图 2－6）

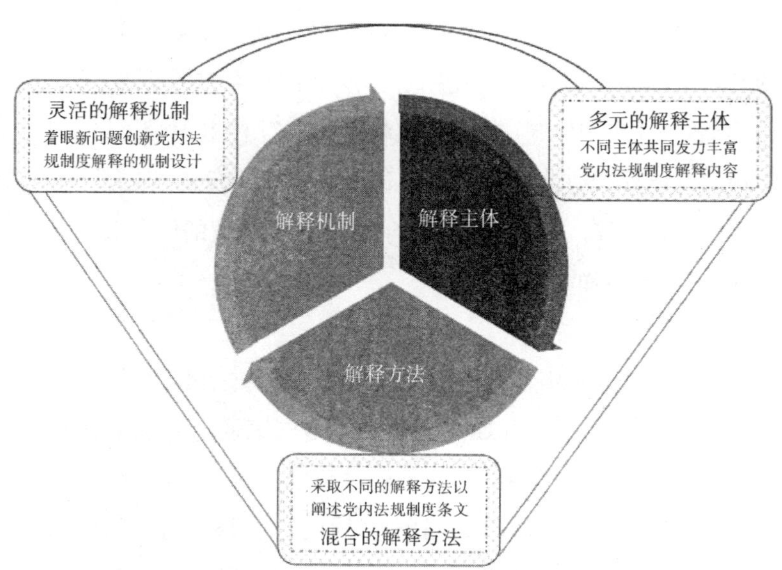

图 2－6　治理视阈下党内法规制度解释“主体－机制－方法”的三维要义

动态的法律解释理论（Dynamic Legal Interpretation Theory）也体现了弹性治理在法律解释领域的渗透。（如图 2－7）

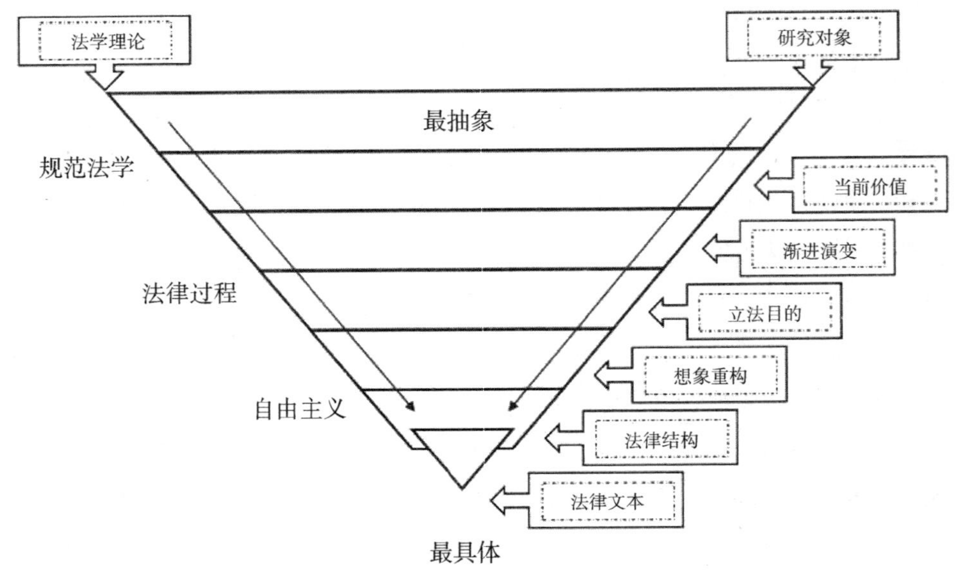

图 2－7　动态党内法规制度解释思维模式图①

采用动态的解释原则去解释党内法规制度有两个现实渊源：首先，党内法规制度的制定者不是圣贤，其仅能结合其所在的社会环境开展立法立规活动，其可预见的范围有限；其次，党内法规制度的执行者也不是圣贤，其对制定者的意图的理解可能存在扭曲。正是由于这两种客观现象的存在使得党内法规制度适用不好的问题频发，进而不得不要求党内法规制度的解释者分析新的问题、考虑新的环境、做出新的理解。

二、政策分析理论：审视党内法规制度解释工作过程与目标

宏观来看，公共政策（Public Policy）是指国家通过对资源的战略性运用，以协调经济社会活动及相互关系的一系列政策的总称，是公共权力机关经由政治过程所选择和制定的为解决公共问题、达成公共目标、以实现公共利益的方案，其作用是规范和指导有关机构、团体或个人的行动，其表达形式包括法律

① 参见陈林林、王云清：《法律解释的动态理论》，《国外社会科学》2013 年第 6 期。

法规、行政规定或命令、国家领导人口头或书面的指示、政府规划等。① 基于公共政策制定主体的层次划分，政党组织作为公共政策体制内的主体，其所制定一系列规章制度必然是公共政策，换言之，党内法规制度是公共政策，党内法规制度解释也是公共政策。界定了党内法规制度解释的政策学范畴，则可通过政策分析的理论和模型考量党内法规制度解释工作开展的实际情况。

公共政策分析理论（Public Policy Analysis Theory）给我们提供了审视公共政策制定过程以及实施效果的一套标准。这套标准涉及公共政策的规划、制定、执行、评估、纠偏、监督以及终结等一系列要素。(如图 2－8)

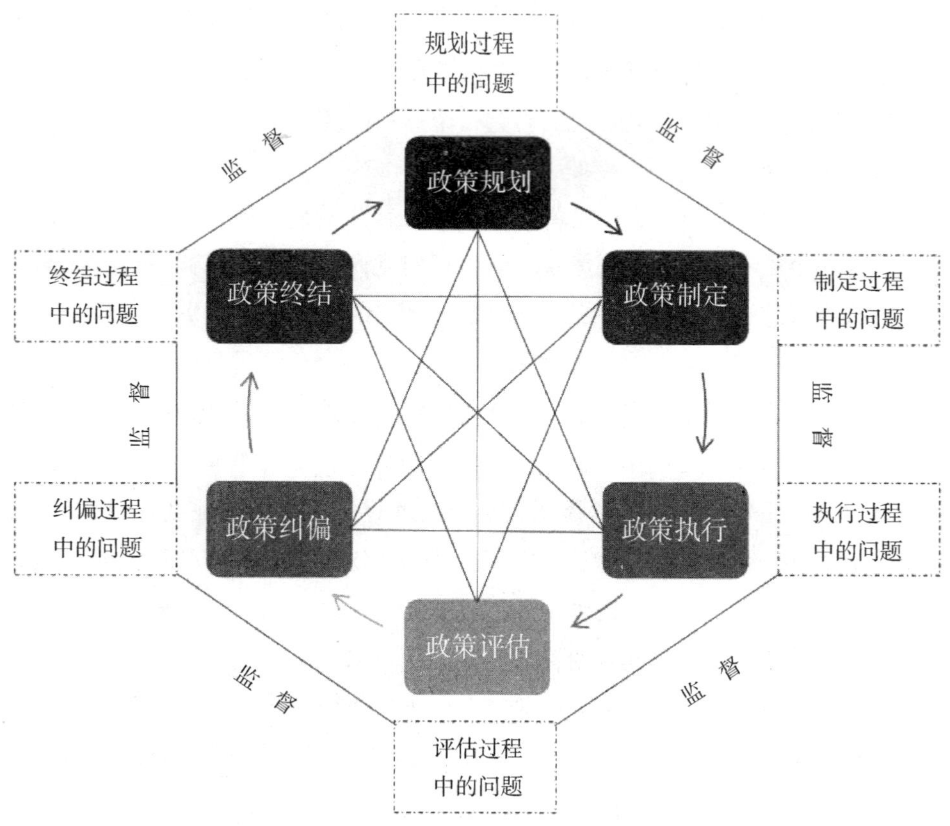

图 2－8 党内法规制度解释的政策过程分析模型

我们研究法律解释或者党内法规制度解释，往往仅局限于形式如何规范、

① 参考 MBA 智库百科有关公共政策的定义。https：//wiki. mbalib. com/wiki/公共政策

内容如何完善以及方法如何优化等静态方面，而忽视了基于解释过程考量的“伊始——目标规划”以及“终结——循环往复”的动态延续。

总而言之，研究党内法规制度解释问题，不能仅着眼于党内法规制度解释的形式要件，更要针对党内法规制度解释的工作程序，分析每一个可能出现差错的环节，进而为党内法规制度解释法治化建设终极目标的实现甄别出其潜在的问题、规划出可行的策略。

（一）流程化的工作模式：如何分析过程

党内法规制度解释是一个完整的过程，其是由规划、制定、执行、评估、纠偏、监督以及终结等一系列要素构成的开源的循环体系，其循环的动力来源于不同主体、不同力量乃至不同制度之间的博弈。

1. 表里循环：党内法规制度解释是一个连贯体系

（1）政策循环理论分析框架

党内法规制度解释作为广义的公共政策，其并不是一个单次封闭的垂直过程，而是一个循环往复的连贯体系。因为任何党内法规制度都存在被解释的需要或者被解释的可能，而这种需要和可能会随着社会经济的发展不断增强，当已有的解释不能迎合现实的发展，那么就会引起两个政策过程的改变：一是废止原来的党内法规制度解释，重新对党内法规制度条文进行新的阐述；二是修改现有的党内法规制度解释，予以适当修改。显然，在法律解释领域，后者并不现实，其往往是制定新的解释而废止旧的解释。党内法规制度解释亦如此，如2014年《中共中央组织部关于〈党政领导干部选拔任用工作条例〉若干问题的答复意见》颁布实施后，便废止了此前于2005年印发的关于《党政领导干部选拔任用工作条例》若干问题的答复意见（一）和（二）。

结合前文所述的政策分析的一般过程，可见党内法规制度解释也是一个从规划开始，经过制定、执行、评估、纠偏、监督等一系列过程，最后走向终结，然后重新规划的连贯的循环体系。

（2）流程分解：规划制定——执行实施——监督评估——纠偏终结

党内法规制度解释工作的流程分解需要着眼以下七点。

一是党内法规制度解释的规划过程。规划所要解决的问题是为什么要制定公共政策，是基于现实原因，还是基于决策者的考量？在党内法规制度解释问题上，就是回答为什么这个党内法规制度需要解释，为什么那个党内法规制度需要说明？包括如何规划以及规划依据在哪等问题。明晰了这些问题，党内法规解释才是有价值的。①

二是党内法规制度解释的制定过程。即要明确由谁制定、如何制定等问题。公共政策从无到有是一元制定还是多元参与？是封闭制定还是开源讨论？应用在党内法规制度解释上，也是考量其“由谁解释”和“如何解释”的问题。需要引起重视的问题是，公共政策的制定过程并不是公共政策合法化的过程，也就是说制定出来的公共政策、解释出来的文本内容可能也不合法。

三是党内法规制度解释的执行过程。制定好的公共政策在通过合法的渠道颁布后，便面临着执行的问题。这一过程需要明确执行的主体、执行的对象以及执行的方式，应用在党内法规制度解释中，存在两个特别明显的问题：一是执行的对象，即党内法规制度解释的适用范围，其是针对个案的针对性解释还是可以推广至更大的领域并作为普适性解释加以运用；二是执行的方式，即通过何种手段落实解释的内容，包括如何发文、如何适用等问题。

四是党内法规制度解释的评估过程。评估不仅是党内法规制度解释工作过程中的一环，其也渗透在党内法规制度解释的规划、制定以及执行等其他环节中。党内法规制度解释评估的重点：一是对制定形式是否符合规定、是否完备的评估，二是对制定内容是否合理、是否合法的评估。若评估结果显示党内法规制度解释存在缺失或者存在严重错误，则需及时进入纠偏或者终结程序。

五是党内法规制度解释的纠偏过程。所谓纠偏就是及时对党内法规制度解释在适用过程中出现的问题或者评估结果显示的不足予以完善或者弥补，以达到解释程序合规、解释内容合理的最佳状态。党内法规制度需要修改，党内法规制度解释同样需要修改，但是由于解释自身具备较强的灵活性，因此往往以新的解释替换旧的解释以实现纠偏。

六是党内法规制度解释的监督过程。与评估过程类似，党内法规制度解释的监督也贯穿在党内法规制度解释工作的全过程。换言之，无论是规划还是制定、无论是执行还是评估、无论是纠偏还是终结，都需要完善并且严格的监督

① “为什么这个党内法规制度需要解释”的问题区别于党内法规制度为什么需要解释的本质问题，前者回答的是作为个体的党内法规制度存有不足或者条文不清而需要解释的原因，后者则是针对党内法规制度解释的功能和价值。

机制予以规范和制约。

七是党内法规制度解释的终结过程。党内法规制度解释的终结并不意味着党内法规制度解释的结束，其是旧的解释退出历史舞台而新的解释萌发孕育的新开始。一方面，及时清理过时的、无效的党内法规制度解释文件，以推动党内法规制度体系精简化建设发展；另一方面，及时制定新的解释以弥补清理后所产生的法规制度漏洞，以推动党内法规制度体系系统化、全面化建设发展。

以上七个程序环环相扣并且相互影响。其中，党内法规制度解释的制定、执行以及终结程序是学界学者乃至实务专家所容易观察到的，作为党内法规制度解释的“表”；规划、评估、监督以及纠偏程序往往不易被外界察觉而具备隐匿性，因而其作为党内法规制度解释的“里”——党内法规制度解释工作程序“表里”结合、内外循环，共同构建起党内法规制度解释的体系框架。（如图2－9）

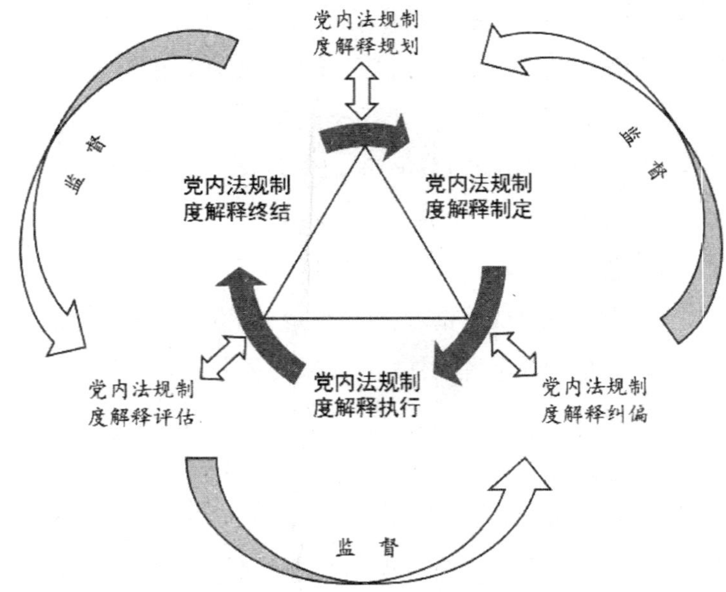

图2－9　党内法规制度解释“表”－“里”循环体系

2. 内外制衡：党内法规制度解释是一个博弈过程

（1）政策博弈理论分析框架

博弈论（Game Theory）又称对策论，其将激励结构间的相互作用予以公式化的数学表达，并认为社会参与主体间的竞争活动即为博弈行为，博弈的构成要件有局中人、行动、信息、策略、收益、均衡以及博弈结果等。①

其中，局中人、策略和收益是最基本要素，局中人、行动和博弈结果被统称为博弈规则，博弈的过程有合作博弈、非合作博弈以及信息博弈，博弈的结果有正和博弈、零和博弈以及负和博弈。

（2）多元博弈：利益博弈——制度博弈——权力博弈——主体博弈

公共政策的制定本身就是一个政策博弈的过程，发现什么问题、制定哪些政策、回应哪些需求以及维护哪些利益均是不同参与主体之间博弈所产生的结果。维护并增进公共利益是公共政策产生以及消亡的最终目的，决策者通过公共政策调整社会中的利益关系进而提升部分主体的利益获取、削减部分主体的利益所得，这一过程不仅需要充足的政治资源以进行不同主体间的经济权衡，更需要坚实的博弈力量以维护自身在博弈过程中既有以及可获取的那部分利益。在党内法规制度解释工作过程中，也涉及利益关系的调整，因而也就存在博弈的可能，这些博弈主要涉及党内法规制度与党内法规制度解释之间的博弈（制度博弈）、党内法规解释制定权与党内法规解释执行权之间的博弈（权力博弈）以及党内法规解释执行者与执行对象之间的博弈（主体博弈）三个方面。（如图 2－10）

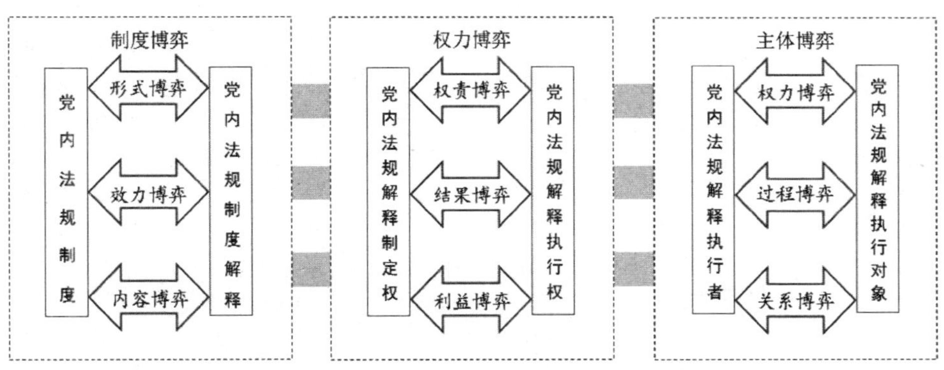

图 2－10　党内法规制度解释所存在的三组博弈及其关系梳理

① 参考 MBA 智库百科有关博弈论的定义。https：//wiki. mbalib. com/wiki/博弈论

综合来看，党内法规制度与党内法规制度解释之间的博弈本质上是一种制度博弈，这种博弈关系极其微妙。一方面，在产生顺序上，先有党内法规制度然后才有党内法规制度解释，这意味着党内法规制度解释必须服务于其所对应的党内法规制度，这与“忠于法规文本”原则相一致，两者若博弈党内法规制度占有绝对优势，因为两者之间为“母子关系”而非“并生关系”。另一方面，在效力发挥上，党内法规制度解释与党内法规制度具有同等效力①，这意味着党内法规制度解释一旦制定出台便发挥着与党内法规制度相同的功能，其地位也与党内法规制度趋近。

若党内法规制度解释具体阐释党内法规制度的内涵和外延，即解释服务于原文，这种博弈可看作是合作博弈，其产生的结果为“双赢”：一是党内法规制度得到准确阐释并且可以准确适用，二是党内法规制度解释的效用能够得以全面发挥。（如图 2－11）

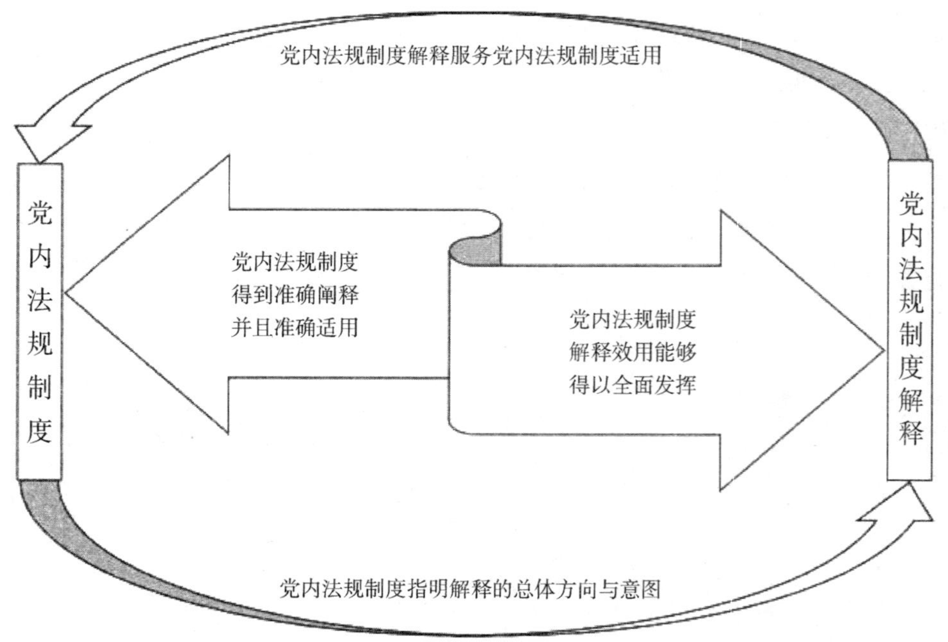

图 2－11　党内法规制度解释与党内法规制度合作博弈关系及其结果

① 有关党内法规制度解释和党内法规制度之间的效力关系问题，详见后文论述。

若党内法规制度解释超出了党内法规制度制定原意的最大范畴，会产生两种结果：一是正和博弈，即党内法规解释的预测性过强或者纠正力太大，其超出了党内法规制度原文所限定的范围，但是两者的终极目的相一致，党内法规制度解释虽与党内法规制度有内容上的差别，但是通过这种解释可以维护和增进公共利益；二是负和博弈，即党内法规制度无法牵制党内法规制度解释，党内法规制度解释也不服务党内法规制度，两者内容相悖、相抵、相斥，致使执行者在选择如何适用时出现冲突。（如图 2－12）

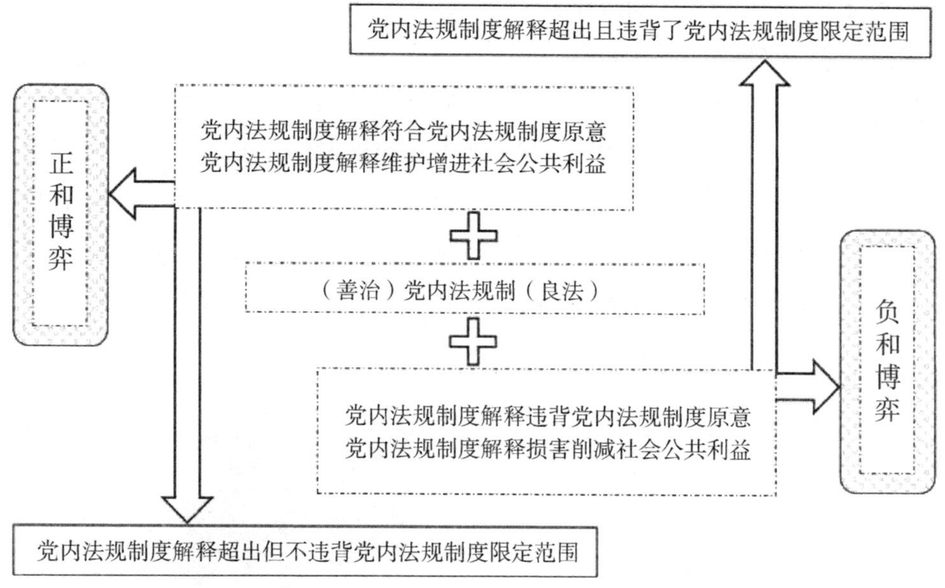

图 2－12 党内法规制度解释“正和－负和”博弈模型及关系

如前所述，我国党内法规制度解释存在“自我授权”和“慷慨授权”等乱授权的问题，由此产生的博弈关系则更为微妙。授权解释意味着在一定程度上党内法规制度的制定主体并不是解释主体，其将解释权授予到其他执行者或者监督者手中，当执行者和监督者能够准确把握党内法规制度的文义与意图，博弈结果也是“正和多赢”；但是如果执行者和监督者不能理解或者歪曲理解党内法规制度的文义与意图，那么制定出来的解释就没有价值可言了，其结果也趋向于“负和多亏”。此外，更值得我们关注的是党内法规制度解释的制定主体制定好解释文件后便交由执行主体予以实施，若执行主体怠于或者抵制党内法规制度解释的适用，执行权与制定权的抗衡便出现了。显然，这对党内法规制度的贯彻执行与精准适用也是极其不利的。

（二）合法化的程序内容：怎样衡量标准

政策合法化（Policy Legalization）是指经政策规划得到的政策方案上升为法律或获得合法地位的过程。政策合法化是政策制定过程的重要阶段，又是政策执行的前提和基础。

政策合法化有三个要旨：（1）政策合法化是政策执行的前置条件，即只有合法的政策才能够颁布实施，任何没有经过法定程序规制而颁布出台的政策文件不具备合法性。需要区别两种情况：一是程序不合法的政策未必内容不合法；二是程序合法的政策内容未必合法。（2）政策合法化是一个吸收民众参与决策、加强政治沟通与协调的过程，也是一个决策择优，对决策方案不断修改、完善，对不良方案过滤、淘汰的过程，更是一个坚持由法定的决策主体，依照法定权限和程序进行决策，对决策行为实施法制监督的过程。（3）政策合法化以政策的法治建设为终极目标，在引入法治方式的基础上更注重法治理念的融合，即政策合法化是一个从形式法治走向内容法治的持续过程。（如图2－13）

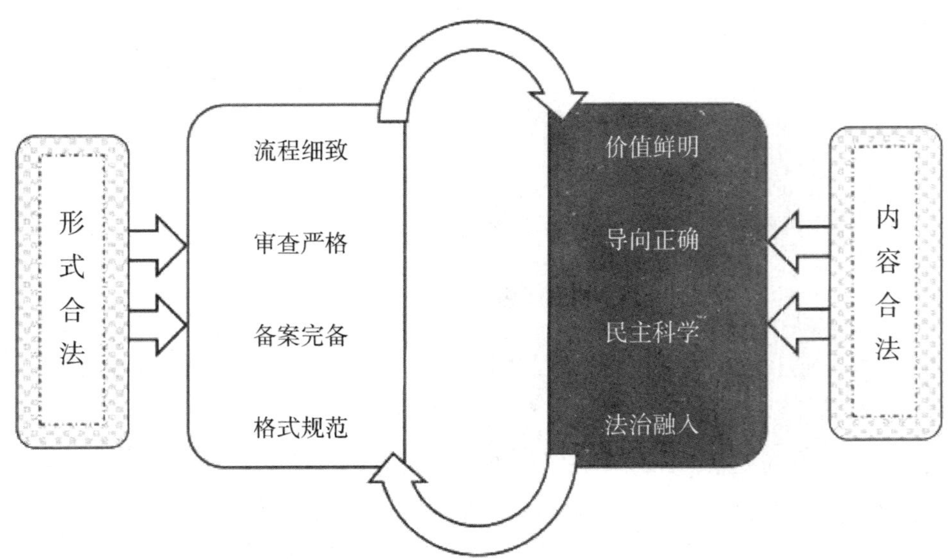

图2－13　公共政策合法化的形式要件与最终目标

1. 程序合法：党内法规制度解释是一种法制方式

（1）法制建设理论分析框架

党内法规制度解释作为公共政策也必须经过合法化的形式与内容审查，这种审查着重考量两方面内容：一是党内法规制度解释的工作程序是否合法，二是党内法规制度解释的内容文本是否合法。在公共政策分析领域，能够实现合法化审查目标的途径有三种：（1）政策的法律化，即将公共政策上升为更高形态的法律法规，这是其性质的变化；（2）权力机关的批准，即权力机关对政策制定的形式和内容予以认可；（3）有关部门的审查，即负有审查责任的机关对政策制定的形式与内容进行审核查证。①

（2）程序法制：流程严格——释法转化——审核批准——备案审查

如前所述，党内法规制度解释工作有着既定的程序，能否严格按照既定的程序制定出台规范的解释文件，不仅关系着党内法规制度解释自身的合法性，更关系着其在党内法规制度法治化建设以及国家法治建设中的地位认可与功能发挥。不断加强制度建设是"坚持党要管党、全面从严治党"的利器。党要管党、党要治党在很大程度上依靠的就是严密而且科学的党内法规制度体系，脱离了制度保障的党内治理就如同无本之木、无源之水。换言之，党内法规制度是中国共产党开展政治建设、思想建设、组织建设、作风建设、纪律建设以及反腐倡廉建设的重要方式依托。党内法规制度解释的根本作用同党内法规制度相同，均是为中国共产党优化其自身的党内治理模式所服务，其服务功能实现的前提便是通过合法的程序予以表达。②

与政策合法化的途径相同，党内法规制度解释程序的合法化也有三种主要途径。

一是党内法规制度解释上升为党内法规制度。从表面上看，这种情况并不多见，因为作为党内法规制度延伸的党内法规制度解释只能阐述党内法规制度

---

① 参考 MBA 智库百科有关政策合法化的定义。https：//wiki. mbalib. com/wiki/政策合法化

② 如前所述，党内法规制度解释分为正式解释与非正式解释。其中，非正式解释并非是非官方做出的解释，哪怕是中央机关以及其他党组织做出的解释，只要是没有经过法定的程序审查均是非正式的解释。换言之，党内法规制度解释正式与否，不以主体身份是否官方为标准，而是以程序是否合法为标准。当然，一般只有被授权的官方机关才有权做出解释。

条文而不能超出其限定范围。然而，这仅是将党内法规制度解释作为党内法规制度的附属产物所推理得出的，其忽视了党内法规制度解释具有的漏洞填补功能。在当前我国党内法规制度体系仍不健全、仍不完善的背景下，作为填补党内法规制度漏洞与空缺的党内法规制度解释，有着双重的身份：当部分党内法规制度漏洞太多，已有的党内法规制度解释也无法弥补的情况下，修改完善旧的党内法规制度或者制定出台新的党内法规制度便成为必然，此时的党内法规制度解释便是修改旧法的参考或者制定新法的蓝本。由此，党内法规制度解释上升为党内法规制度便成了可能。

二是党内法规制度解释经过权力机关的批准。对党内法规制度解释而言，有权对其批准的主体为党中央及其授权的党组织，这实际上同党内法规制度解释的备案审查程序相一致。首先，党内法规制度解释的制定主体，即制定权的所属机关，需要批准党内法规制度的制定流程与规范内容。其次，党内法规制度解释的执行主体，即执行权的所属机关，其无法否决党内法规制度解释的效力，但是却不得不承担起党内法规制度解释贯彻落实的责任，其要批准党内法规制度解释具体的适用范围与执行方式。最后，根据《中国共产党党内法规和规范性文件备案审查规定》的相关要求，“具有普遍约束力、在一定时期内可以反复适用”的党内法规制度解释也需备案，并要对其内容与形式进行审查。备案审查程序有一定的否决权，《中国共产党党内法规和规范性文件备案审查规定》第十九条明确提出“报备机关未在规定时限内纠正问题或者报告有关纠正措施，且无正当理由的，审查机关可以作出撤销相关党内法规和规范性文件的决定”，这意味着党内法规制度解释虽然由享有解释权的解释机关予以负责，但是上级党组织保留了相对的审批权。

三是党内法规制度解释经过有关部门的审查。前文已经论述党内法规制度解释的备案审查程序，需要补充的是制定主体与执行主体同样享有一定的审查权，只不过区别在于制定主体的审查是前置性的自我审查，可以通过自我修改予以完善，而执行主体的审查多为问题提出与意见反馈，以后置性的建议为主。

2. 内容合法：党内法规制度解释是一种价值认可

（1）价值导向理论分析框架

价值导向（Value Orientation）是指社会或群体、个人在自身的多种具体价值取向中将其中某种取向确定为主导的追求方向的过程。对组织而言，价值导向是确定激励机制的基础，通过树立标杆、奖励绩优，来明确组织鼓励的行为，传递组织倡导的价值导向。① 公共政策是统治阶级价值导向的集中体现，其代表了统治阶级的意志与主张，科学、民主与法治理念的全面融入是新时期公共政策核心价值导向的内在要求。党内法规制度解释也应把科学化、民主化以及法治化的价值理念融入其中。

党内法规制度的科学化、民主化以及法治化建设是全面提高中国共产党执政能力的一项重要措施，其有着深刻的现实意义。首先，党内法规制度科学化建设是指在科学的决策思想指导下，按照科学的党内法规制度发展规律，严格遵循科学的工作程序，运用科学的方法制定党内法规制度，使其条文间的关系内外协调。其次，党内法规制度民主化建设是指在党内法规制度制定过程中充分发扬民主，广泛听取意见，按照民主程序进行决策，主要体现在党内法规制度的公正平等与公开透明。最后，党内法规制度法治化建设是指党内法规制度能够与国家法律法规密切衔接，集鲜明的政治性、彻底的人民性、系统的科学性以及充分的开放性等特点于一身。党内法规制度解释同样是中国共产党依法执政、科学执政、民主执政的制度基础，也需融合科学化、民主化与法治化价值理念。(如图2－14)

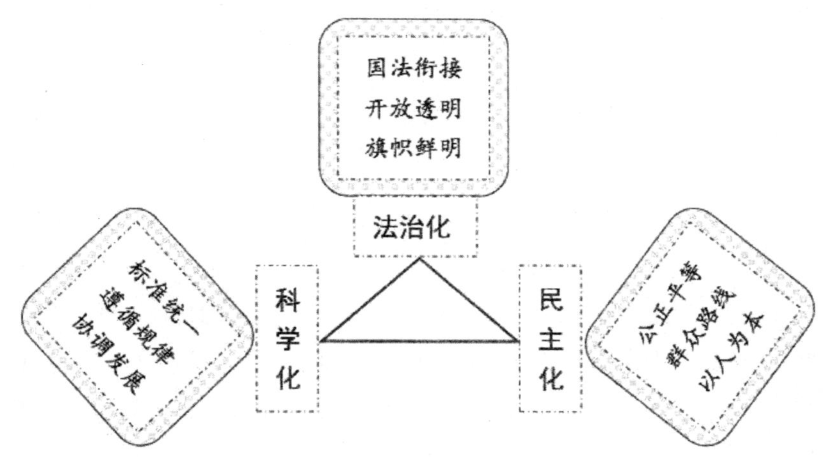

图2－14　党内法规制度解释的内容及价值导向“民主－科学－法治”三维分析框架

---

①　参考百度百科有关价值导向的定义。https：//baike. baidu. com/item/价值导向/2660066

(2) 内容法治：旗帜鲜明——标准科学——正义平等——公开透明

党内法规制度是将党的内部治理行为与治理观念合法化的产物，党内法规制度解释则是进一步阐述这种合法化过程、进一步丰富党内法规制度内涵与外延的基础保障。作为中国共产党自我管理、内部治理的制度依据，党内法规制度乃至党内法规制度解释必须有鲜明的政治导向，党内法规制度以及党内法规制度解释的政治导向鲜明而且正确了，才能为党的其他各方面建设筑起坚实的藩篱。

在旗帜鲜明的基础上，党内法规制度解释的内容着重考量标准科学、正义平等与公开透明等几个方面。

一是党内法规制度解释内容的科学化。一般而言，科学化强调的是过程和手段，即要遵循事物发展的特定规律。除此之外，内容合理也是科学化建设的应有之义。对党内法规制度解释而言，内容的科学化主要依赖于科学的解释方法，有了科学的解释方法才能有科学的解释结论。首先，党内法规制度解释应善于发掘与运用现有的各种法律法规解释方法，综合文义解释、体系解释、历史解释、限缩解释、扩张解释、反面解释乃至社会学解释等多种解释方法的长处，避免单一刻板的方法运用。其次，党内法规制度解释方法的选择需有一定的标准，但是也不宜生搬教条、硬套方法，应当根据具体的党内法规制度条文的特殊性以选择适用的解释方法。

二是党内法规制度解释内容的民主化。一般而言，民主化也主要体现在决策参与的过程之中，即强调多元主体的平等参与与协同共治。然而，对党内法规制度解释而言，其既有着党内法规制度的特殊性——坚持党的群众路线，又具有法律法规的一般属性——法律面前人人平等。因此，作为党的群众路线的延伸，党内法规制度解释也应贯彻以人为本、执政为民的理念，不仅需要在程序上坚持“从群众中来，到群众中去”的方针路线，更应当在内容里体现平等、公正等一系列法治理念。此外，这种民主化的建设要求，也体现在一系列非正式解释的普及应用，即广大党员群众能够正确、合理地解读党内法规制度条文并且拥护正式的党内法规制度解释。

三是党内法规制度解释内容的法治化。法治建设是目的，其不仅需要融入民主、科学的理念，更需要融合创新、协调、绿色、开放、共享等五大发展理念。在党内法规制度与国家法律法规密切衔接的当前，建立两者良好的互动关系、协调两者规范的内容体系，也是党内法规制度解释所应当追求的目标。有关法治建设的理论分析，将在后文予以细致呈现。

三、机制设计理论：精准党内法规制度解释机制分解与问题

所谓机制（Mechanism），是指协调事物各方关系并使其协同运作的具体方式方法，在社会学中的内涵可以表述为“在正视事物各个部分的存在的前提下，协调各个部分之间关系以更好地发挥作用的具体运行方式”。

机制设计理论（Mechanism Design Theory），是针对实现过程、为了完成既定目标的规则或者制度设计。机制设计理论与博弈论相互关联，在博弈规则即社会环境特定的情况下，人们采取何种手段、运用何种方式方法达成既定目标，即为机制设计。①

通常而言，机制设计理论包括激励相容原理（Incentive Compatibility）、信息显示原理（Revelation Principle）以及目标实施原理（Implementation Principle）三部分，其中激励相容即为正向激励机制的设计、信息显示同完全信息博弈，即为信息的对称，实施原理则为具体的选取某种激励方式以达成某种既定的社会目标。

党内法规制度解释机制设计，主要内涵是其为了达成特定党内法规制度解释目的而进行的制度选择，即通过何种解释机制的设计以实现既定的解释目标。运用机制设计理论精准定位党内法规制度解释工作的内在缺陷与问题根源，旨在通过党内法规制度解释目标设置与结果实现两者之间对应程度的差异分析，探求现行党内法规制度解释机制设计的弊端。

（一）相容化的激励机制：如何协调冲突

激励相容原理（Incentive Compatibility），通俗地讲就是在机制设计时力求让组织激励与个人激励相一致。一方面，社会活动中的人均为理性人，其在进行公共选择的时候力求个人利益最大化，这种基于自身利益最大化的个人激励也

① 机制设计理论可以看作是博弈论和社会选择理论的综合运用，简单地说，如果我们假设人们是按照博弈论所刻画的方式行为的，并且我们设定按照社会选择理论对各种情形都有一个社会目标存在，那么机制设计就是考虑构造什么样的博弈形式，使得这个博弈的解就是那个社会目标，或者说落在社会目标集合里，或者无限接近于它。

是每个个体参与社会活动的基本动力；另一方面，组织目标的设计影响着组织目标实现机制的选择，而为了实现同一目标组织也可能采取“正向激励”与“负向激励”两种激励选择，如“奖”与“惩”的制度规定。①

社会参与中的每个个体都有其自身的价值偏好，这种价值偏好难以以硬性制度强制或柔性教育感化的方式予以改变。因此，个人与组织间的目标冲突不可避免。② 撇开个人与组织所掌握的资源多少、优劣的不同因素，如何通过机制设计的选择让目标冲突的个人与组织在实现最终社会目标上达成一致，这是机制设计理论激励相容原理的核心与根底。

1. 目标协同：党内法规制度解释是一个调和过程

(1) 目标协调理论分析框架

目标协调原理（Principle of Goal Coordination），是指一定治理范围内不同参与主体的目标相同或一致，当每个参与主体的目标与整个组织的目标相同或一致时，最终的结果才能达到预期的规划目标。③

如前所述，在治理过程中，组织与组织之间的目标、组织与个人之间的目标、组织内部每个参与主体之间的目标可能相同，也可能不一致。但是对于整个政策制定实施的终极目标而言，只有各个参与主体的目标协调一致得以实现，才有可能达到共赢。也正是由于这种不协调现象的客观存在，才会致使党内法规制度解释出现机制设计失衡的弊端。

前文分析了党内法规制度解释的规划者、制定者、执行者以及管理对象等四个参与主体，换言之，党内法规制度解释工作总目标存在四个子目标：(1) 规划目标、(2) 制定目标、(3) 执行目标、(4) 被管理者的个人目标。(如图 2-15)

---

① 参考 MBA 智库百科有关激励相容的定义。https://wiki.mbalib.com/wiki/激励相容

② 个人与组织目标间的冲突类型多样，有根本目标上的冲突、有子目标的冲突。如广为流传的一则经典案例，在战争中，将军与士兵的目标既有一致的地方，也有相异之处。打赢战争，减少伤亡，是将军与士兵的共同愿望。相异之处在于目标的排序：将军以赢得战争为第一，减少伤亡为第二，而士兵则以自身安全为第一，赢得战争为第二。若不解决这类问题，战场上所有士兵均会后退，导致战争失败。此类问题也存在于企业或其他类型的组织中，也体现在党内法规制度解释工作中。

③ 参考 MBA 智库百科有关目标协调法的定义。https://wiki.mbalib.com/wiki/目标协调法

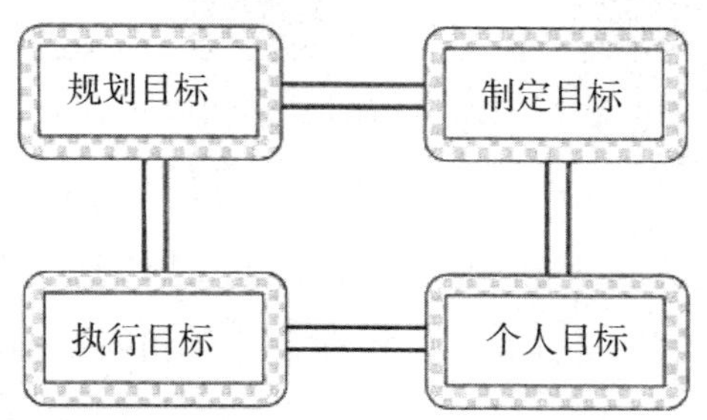

图 2－15　党内法规制度解释“规划－制定－执行－个人”四维目标体系

（2）调和矛盾：规划统筹——制定实施——贯彻执行——个人接受

在党内法规制度解释工作开展的过程中，不同主体的参与目标是显而易见的。

对规划者而言，规划目标是基于党内治理的宏观视阈做出的，规划者需要立足中国共产党制度建设的现状，分析政治建设、思想建设、组织建设、作风建设、纪律建设以及反腐倡廉建设成效与不足，进而规划哪些方面需要解释，哪些方面不需要解释。立足更宏观的视角，规划者甚至要决定党内法规制度“立、改、废、释”四个工作维度中那个需要着重加强，哪个无须着重强调。① 在授权解释的过程中，规划者能够将解释权授予其他组织，但是很难将基于整体性考量的解释目标转移到其他主体的理解范围与能力范围内，换言之，制定主体与执行主体的能力限制了其对党中央大政方针的认知与理解。因此，这种看似不是目标冲突的理解缺失，实际上引起了不同主体之间，尤其是上下级之间的决策矛盾。

对制定者而言，理想状态的制定目标即为制定出形式规范、内容合理、适

① 规划者的规划是有倾向和侧重的。《中央党内法规制定工作五年规划纲要（2013－2017年）》和《中央党内法规制定工作第二个五年规划（2018－2022年）》中虽然分别提出“解释评估机制建立健全并有效运行”和“坚持立改废释并举”的要求，但其多是针对“亟待制定”和“有待修改”的党内法规予以规划，即针对党内法规的“立、改”问题，却没有对在党内法规实施过程中那些亟须系统解释的普遍问题加以考量。相比党内法规的清理即“废”的问题，党内法规解释也未有与其类似的阶段性工作规划，如《中共中央办公厅关于开展党内法规和规范性文件清理工作的意见》等，以及针对性工作任务，如《中共中央关于涉党和国家机构改革党内法规和相关文件专项清理的决定》等。这一问题将在后文予以详细论述。

用准确的党内法规制度解释。但是现实的问题是，制定者既要贯彻规划者的指示、理解规划者的意图，又必须在自由裁量的范围内立足党内法规制度条文并结合实际问题作出恰当的解释，如此理想化的过程在现实中很难实现。一方面，部分被授权的解释机关并非党内法规制度的制定者，其对制定者的立规原意、条文内的含义理解往往是不全面的，因而目标的相同性难以实现。另一方面，各自解释、商请解释、会同解释等涉及多个解释主体的党内法规制度①，不同主体在具体解释党内法规制度文本的时候可能存在理解上的偏差或者业务上的陌生，内部的矛盾进而影响了外部的工作。

对执行者而言，其主要目标便是贯彻党内法规制度解释的内容要求，让概括、抽象的党内法规制度得到基层组织乃至党员群众的理解与认可。然而，党内法规制度解释的执行位于整个政策过程的末端，因此其地位较为被动。一方面，经由基层党组织请示上级党委乃至中央的典型案例与特殊问题，制定主体解释后的文本若依旧抽象而难以理解，或者解答回复内容较为隐晦，反之又对执行主体的条文理解与法规适用设阻。另一方面，作为理性人的执行主体，也有着自身的价值取向，“上有政策、下有对策”以及“地方主义、各自为政”的现象可能存在，致使制定者与执行者的目标冲突更为明显。

对被管理者的对象而言，其与规划者、制定者以及执行者的目标冲突往往是个人价值观与集体价值观的冲突，这种冲突多为情绪上的不服或者行为上的对抗，在此不予详细论述。②

当然，以上主体间的矛盾并非是对抗性的不可调和的矛盾，其实际上是碍于格局与能力不同所产生的目标偏离。这种偏离其自身又是双向的：一方面，

① 党内法规制度各自解释、商请解释、会同解释等解释机制较为多见，如《中国共产党巡视工作条例》即为“中央纪委会同中央组织部解释”，《中国共产党工作机关条例（试行）》即为“中央办公厅商中央组织部、中央机构编制委员会办公室解释”，《公职人员政务处分暂行规定》即为“中央纪律检查委员会、国家监察委员会负责解释”。

② 任何事物都存在矛盾，矛盾也是推动事物发展的内在动力。对于某一对象的特殊问题适用某一党内法规制度条文的解释，往往要请示中央，如《中央纪委关于〈关于如何对青海省西宁市质量技术监督局党组成员、纪检组长侯××同志实施党纪处分批准权限的请示〉的答复》，答复的处置结果过于严苛，势必会造成被管理者的不满，但是这种情绪化的不满所引发的原因是合法合规合理的解释，因而不应作为完善党内法规制度的问题依据。

这种现实中的偏离反过来会对“元目标”的设定造成偏离，导致“元决策”的失误；另一方面，这种偏离也会反过来影响政党系统内部每个组织和个人的利益选择，加剧不同主体目标之间的事实偏差。

既然这些目标冲突是客观存在的，且又是不可避免的，那么党内法规制度解释的过程实际上就是不断调和规划者、制定者、执行者以及相对人目标的过程，即通过合理的利益识别与利益传输机制，使得党内法规制度解释既能贯彻党中央的精神指示，又能满足现实问题的有效解决。

2. 结论整合：党内法规制度解释是一个权衡机制

（1）政策权衡理论分析框架

权衡理论（Trade - off Theory）就是在负债的税收利益和预期破产成本之间权衡。① 在公共政策学的领域，政策的权衡依旧存在。所谓政策权衡（Policy Trade - offs），实质上就是政策间的博弈，但是这种博弈不同于简单的制度博弈、主体博弈和权力博弈，其主要涉及两个方面：（1）政策结果的实现问题。即在给定组织目标的前提下，通过一系列政策制度的制定、执行以及纠偏等过程能否达到预期的效果，通俗地讲，就是“应然结果”与“实然结果”之间的差异以及为什么存在这些差异。（2）政策文本的去留问题。一项政策的终结可能并非仅是这项政策已经过时所导致的，必然还存在其他原因，如决策主体的喜好、突发事件的推动等等。

对党内法规制度解释而言，其结果的实现问题以及文本的去留问题均与自身的机制设计相关，但是还有一个细节，就是党内法规制度解释结论的统一，即不同主体的解释②或者运用不同方法所得出的解释结论不同而需要权衡问题，涉及三个方面：（1）采用谁的解释或者不采用谁的解释，（2）不同的解释结论是否可以权衡和调整，（3）权衡和调整的依据即整合的标准是什么。（如图 2 - 16）

① 参考 MBA 智库百科有关权衡理论的定义。https：//wiki. mbalib. com/wiki/权衡理论

② 包括规划主体的意见、制定主体的解释、执行主体的反馈以及非正式的解释主体的解读与理解。

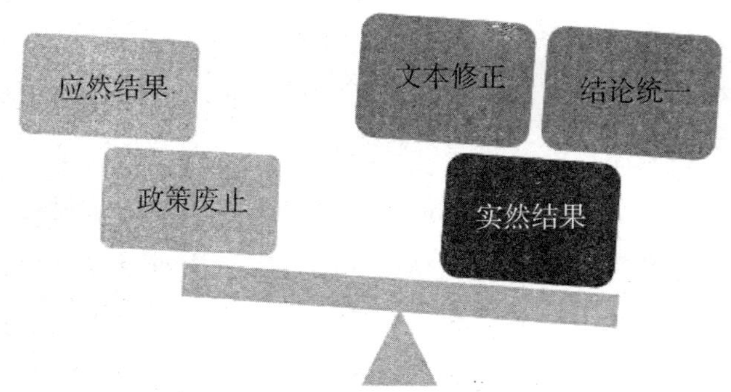

图 2－16　党内法规制度解释“结果－存废－结论”权衡的机制设计要点

（2）避轻就重：结果实现——政策去留——利弊权衡——结论统一

如前所述，党内法规制度解释各个参与主体目标之间存在偏差。如果说目标之间的冲突导致了党内法规制度解释的激励不相容，那么应然结果与实然结果之间的差异，则是造成当前党内法规制度解释规范化建设缺失、工作开展难成体系的问题根源。

首先，党内法规制度解释的实然结果远未达到应然结果的预期追求。从传统法学世代沿袭的解释传统，揭示了“法无解释，不得适用”的规则与规律，换言之，任何成文的法律法规都需要解释，任何系统的法律法规体系都有解释体系予以支撑。党内法规制度亦如此。一方面，宏观来看，党内法规制度解释为了党内法规制度体系系统化建设而存在，但是却又以零散、混乱等不规范形式干扰了党内法规制度体系的合理建设，应然结果与实然结果的差异对立且明显。另一方面，微观而言，党内法规解释的主体有着细微的目标差异，不同目标对应着不同的结果，比如：（1）规划者想着如何全面规划或者重点规划某一领域的解释，但是对制定者和实施者而言却有可能是不需要的；（2）制定者想着如何完美地制定解释政策，但是执行者却想着如何简便而且有效地解决问题，存在“理想”与“现实”的冲突。因此，结果之间的差异便更为突出了。

其次，党内法规制度解释有“生命期限”，也应及时评估内容并做好清理与废止工作。现行大量于 20 世纪八九十年代制定的党内法规解释，不得不引起我们的反思。一方面，过时落后的党内法规制度解释必然需要清理，如果党内法规制度解释不能适应新时期的党内法规制度建设需要或者解决新的现实问题，废止是必然的。另一方面，部分内容仍可适用当前问题，但是部分内容却落后的党内法规制度解释如何取舍，是修改完善，还是废止新制，则需要进行权衡。此外，党内法规制度解释的产生可以概括为三种情况：（1）决策主体的意识，（2）现实问题的积累，（3）突发事件的刺激。如同法律解释中的立法解释，立法者有权对其立法目的与立法原因予以阐述，但是现实中更多的却可能是法律法规在具体适用过程中就相关问题作出的解释，换言之，突发问题、临时问题是党内法规制度解释的滥觞。当然，当这种问题积累的足够多，形势足够严峻，系统的立法解释便应运而生了。

此外，解释方法的复杂性以及解释主体的多样性，共同造成了党内法规制度解释结论的冗杂，然而其中的矛盾却是能够得以正式应用的解释往往只有一种，因此就必须整合各种解释结论以满足每个解释主体的解释意愿并确保解释结论的合理、合法。这一权衡过程需要着眼四个方面：（1）保证每个主体的解释利益，（2）尊重每个主体的解释意愿，（3）综合每个方法的解释长处，（4）保证最终结论的合法合理。

（二）同质化的实施原理：如何达成目标

目标实施原理（Implementation Principle）是指在给定社会目标的前提下，是否能设计出激励相容的机制、是否能运用高效便捷的方式方法来实现这一目标，其核心在于目标的实施，即为了实现目标所采取的各种手段。目标实施原理不同于目标管理理论（Management by Objective Theory）和目标设置理论（Goal Setting Theory），其重视既定的目标如何实施、现有的政策如何执行，是过程理论的延伸。①

对党内法规制度解释而言，目标与结果的联系渠道，除了完善的机制设计，还依赖于采用何种手段、运用什么方法。前文粗浅地阐述了党内法规制度所涉及的正式解释、非正式解释、规范性解释、个别性解释以及文法解释、逻辑解释、系统解释、论理解释、字面解释、限制解释和扩充解释等方法的内涵，结合会同解释、商请解释、自行解释以及各自解释等工作手段的特点，本书将详细论述不同工作手段与方式方法的利弊及其对实现党内法规制度解释目标的影响。

---

① 参考 MBA 智库百科有关目标管理和目标设置的定义。https：//wiki. mbalib. com/wiki/目标管理；https：//wiki. mbalib. com/wiki/目标设置

1. 短中取长：党内法规制度解释是一场方法角逐

（1）公共选择理论分析框架

公共选择理论（Public Choice Theory）是运用经济学的分析方法来研究政治决策机制如何运作的理论。对党内法规制度解释而言，这种选择的过程有两个核心维度：（1）理性经济人假设。每个参与主体都是理性的经济人，上至党政组织，下至党员群众，均是为了利益而进行各种选择。因此，建立起一套能约束和监督决策者的有效机制，政治决策才能符合公共利益最大化要求。（2）偏好显示机制。决策于民和决策为民均要建立在有效获取民众的需求之上，因此，必须有一套把人民的利益和要求由下而上及时传达的机制，重大决策让群众知情、让群众讨论和参与，决策才会符合人民的利益和要求。①

从公共选择的视角看，选择党内法规制度解释的手段和方法也是一场利益和偏好的角逐。一方面，先于党内法规制度解释发展而起的法律解释，因其体系化的完备而诱使党内法规制度解释参考其所运用的一般方法，因为在解决相似的事物中选择已有的方法总比自行创造方法要花费较少的物质和时间成本。②另一方面，凡是方法均有优劣，解释不同的党内法规制度条文、分析不同的现实问题需要进行方法上的比较，这种比较又受两方面干扰：一是决策主体的意识，二是基层民众的喜好。

（2）方法选择：内在联系——外在表现——利弊分析——取长补短

基于现实，有限的党内法规制度、有限的解释主体、有限的解释方法、有限的适用对象以及有限的突发问题，五个有限性的加总致使党内法规制度解释成了一场各方力量的角逐③。其中，解释方法的角逐是关系着解释结论是否妥当的决定性因素。

在党内法规制度解释方式方法的选择上，如何在既定目标不变的前提下采

---

① 参考 MBA 智库百科有关公共选择理论的定义。https：//wiki. mbalib. com/wiki/公共选择理论

② 党内法规学作为一个新兴学科，或者作为传统法学学科的新延伸，其在发展过程中必然需要借鉴法学研究的方法和思路，这种倾向在实务界如此，在学界如此，在理论界亦如此。法律解释学的研究范式以及研究框架均较为完备，其实践成果也极为丰硕，存在哪些解释方法、运用那种解释方法已成定论，其对党内法规制度解释方法的甄选，必然会形成参照与借鉴。

③ 前文进行的博弈分析，就是典型的党内法规制度解释的力量角逐。

取更有效的手段准确阐述党内法规制度条文、精准党内法规制度适用，并使得应然目标与实然目标相一致，是从目标实施原理角度审视党内法规制度解释机制设计的关键一环——党内法规制度解释方式方法与解释目标和解释结果之间是否协同，是否起到了承上启下的衔接作用。换言之，即党内法规制度解释方式方法是否依据解释目标所设计，已有的方式方法是否有助于实现既定目标；其次，这种方式方法在实际实施的过程中是否产生偏离、能否产生偏离等等。这些问题除了能影响党内法规制度解释的结论以外，同时也会反过来制约党内法规制度解释目标的设定，即有限的方式方法必须服务于有限的目的目标，两者一旦脱节则会一损俱损、一伤多伤。

如前所述，正式解释、非正式解释、规范性解释、个别性解释和会同解释、各自解释、商请解释、自行解释以及文法解释、逻辑解释、系统解释、论理解释、字面解释、限制解释和扩充解释等作为党内法规制度解释的方法依据有着各自的利弊，因此在具体方法的选择上就要有所区别、有所针对，以做到“法尽其用、式尽其能”。（如表2－2）

表2－2 党内法规制度解释方式方法利弊分析

层次	方式方法	党内法规制度解释方式方法的利弊分析与具体问题	
宏观	正式解释	利弊分析	◆法定授权的解释主体进行的解释，有着法定的权力保障；正式解释往往比较权威，形式也比较合规规范，其对非正式解释起着积极的引领作用 ◆授权的主体可能并非制定主体，因而部分正式解释可能出现违背党内法规制度原文的情况；正式解释比较死板，碍于程序与体例可能会滞后
		具体问题	怎样确定正式解释的主体？如何规范正式解释的程序？如何实现正式解释的效力？怎样划分正式解释的范围？如何引领非正式解释的发展？

续表

<table>
<tr><th>层次</th><th>方式方法</th><th colspan="2">党内法规制度解释方式方法的
利弊分析与具体问题</th></tr>
<tr><td rowspan="6">宏观</td><td rowspan="2">非正式
解释</td><td>利弊
分析</td><td>◆不享有法定授权的主体进行的解释，较为灵活多样，可以针对突发性问题进行临时性的答复；运用范围广，是民众表达诉求与意见的重要方法
◆权力保障不够，难以贯彻执行；程序规范不足，形式体例不统一；效力推广不便，造成适用上的困难；与正式解释相悖时难以有效调和</td></tr>
<tr><td>具体
问题</td><td>怎样确定非正式解释的主体？如何规范非正式解释的程序？通过何种渠道有效获取民间解释的内容？怎样有效满足非正式解释主体的表达诉求？</td></tr>
<tr><td rowspan="2">规范性
解释</td><td>利弊
分析</td><td>◆适用范围广的解释，往往是正式解释，效力较大较强；具有普适作用与引领作用，集针对性与广泛性等功能于一身；密切服务于条文原意
◆只能对有关的法律、法规作出说明，而不能增加新的内容；解释范围相对较窄，解释授权较为苛刻；不能针对突发性的问题做出及时的解释</td></tr>
<tr><td>具体
问题</td><td>怎样确定规范性解释的范围？哪些主体享有规范性解释的权力？能否提升规范性解释的时效？阐释具体条文时能否遵从立法立规者的原意？</td></tr>
<tr><td rowspan="2">个别性
解释</td><td>利弊
分析</td><td>◆适用范围窄的解释，往往是正式解释；专门机关享有的特定解释权，具有极强的针对性，仅对特定案件有效；可确定具体法律关系和责任义务
◆仅针对个案而不具备广泛的适用性；仅在限定的具体情况范围内有法律效力而无广泛的拘束力；适用对象是单一的；解释授权较为苛刻</td></tr>
<tr><td>具体
问题</td><td>如何确定个别性解释的特定主体范围？如何选择具体的适用案件？如何限制个别性解释的效力？怎样规范个别性解释的程序？如何提升效率？</td></tr>
</table>

续表

<table>
<tr><th>层次</th><th>方式方法</th><th colspan="2">党内法规制度解释方式方法的
利弊分析与具体问题</th></tr>
<tr><td rowspan="8">中观</td><td rowspan="2">会同解释</td><td>利弊分析</td><td>◆涉及多主体的联合解释，可有效整合各个解释主体的力量；解释结论适用范围广；解释结论针对性强，可联合具体的工作部门立足实际问题
◆解释权责归属分散，联合解释易出现相互推诿的弊端；谁牵头、谁落实等问题不明确；就同一条款的解释不同部门之间易产生分歧</td></tr>
<tr><td>具体问题</td><td>如何确定需要哪些部门会同解释？如何分配每个解释主体的解释任务？如何落实不同解释主体的解释责任？如何协调解释主体之间的分歧？</td></tr>
<tr><td rowspan="2">各自解释</td><td>利弊分析</td><td>◆涉及多主体的单独解释，提高党内法规制度的适用范围；不同解释主体的解释结论多样；解释结论的影响范围大，有广泛的拘束力
◆解释权责归属分散，各自解释易出现相互推诿、各自为政的弊端；哪些条款归谁解释不明确；就同一条款的解释不同部门之间易产生分歧</td></tr>
<tr><td>具体问题</td><td>如何划分不同解释主体的解释任务？如何确定联合解释的内容范围？如何强化各自解释的主体责任？如何落实各自解释的具体应用？</td></tr>
<tr><td rowspan="2">商请解释</td><td>利弊分析</td><td>◆涉及多主体或者不同领域同级部门之间的解释，可提高解释自身的合法性、科学性；解释结论更实用，实务部门参与使得适用性强
◆解释权责归属分散，同级部门之间易出现推诿回避等弊端；商请过程过长会影响解释的时效性；商请部门熟悉具体实务但可能对条文陌生</td></tr>
<tr><td>具体问题</td><td>如何确定商请解释的范围？如何协调跨领域、跨部门的协同解释工作？如何明确不同解释主体的权责归属？如何提升解释结论的适用性？</td></tr>
<tr><td rowspan="2">自行解释</td><td>利弊分析</td><td>◆单一主体作出的解释，不会出现释出多门的现象，保证解释的独立性；权责归属明确，解释范围明确；解释结论更忠于党内法规制度条文
◆解释主体单一，以我为主、特立独行的现象可能存在；既是裁判员又是运动员，难以做到有效的监督；解释结论忠于条文但广泛的适用性不足</td></tr>
<tr><td>具体问题</td><td>如何确定自行解释的范围？如何有效监督自己制定自己解释的权力？如何加强解释程序的规范性审查？如何提高解释结论的适用范围？</td></tr>
</table>

续表

层次	方式方法	党内法规制度解释方式方法的利弊分析与具体问题	
微观	文理解释	利弊分析	◆最基本的解释方法，文理解释忠于原文；能够准确理解党内法规制度条文的字面含义；方便执行者以及民众的有效理解；解释形式和程序简便 ◆仅针对条文而容易忽视条文本后的意图与精神；脱离党内法规制度的精神实质而断章取义或陷于形式主义；以文释文，解释结论片面化
		具体问题	如何确定哪些条文适用文理解释？如何做好文理解释与其他解释方法的结合与协调？如何提升文理解释结论的可适用性？
	逻辑解释	利弊分析	◆运用逻辑方法分析党内法规制度结构、内容、适用范围、概念之间的联系，解释方法更科学，解释结论更合理；解释结论易被广泛接受和适用 ◆逻辑推理演绎的范围难以受到有效规制；解释结论易脱离党内法规制度文本；不同主体的推理过程和推理结果可能不一致
		具体问题	如何确定哪些条文适用逻辑解释？如何做好逻辑解释与其他解释方法的结合与协调？如何统一或者规范不同主体的推理过程和演绎方法？
	系统解释	利弊分析	◆以联系的观点解释党内法规制度，将某一党内法规制度与其他党内法规制度相联系，便于协调各条文之间的关系；避免片面孤立地理解条文内容 ◆解释工作难度大、程序多；联系其他党内法规制度易出现联系过渡或者联系不足等问题；解释主体自身能力有限，难以真正全面地理解阐释
		具体问题	如何确定哪些条文适用系统解释？如何做好体系解释与其他解释方法的结合与协调？如何精准发现条文间的关系？如何理解条文间的关系？
	论理解释	利弊分析	◆结合事件案例与时代背景，按照立法精神与逻辑推理，不拘泥于字面含义的解释；机动性强，针对性强，适用性广；解释程序严谨、结论合理 ◆解释过程相对复杂；内在的扩张、限缩、历史、比较等方法选择多样，解释结论可能不统一；可能背离党内法规制度条文原意；推理困难
		具体问题	如何确定哪些条文适用论理解释？如何做好论理解释与其他解释方法结合与协调？如何着眼具体案件？如何严谨推理流程？如何统一解释结论？

2. 取重放轻：党内法规制度解释是一场过程管理

（1）过程管理理论分析框架

过程管理（Process Management），即通过各种手段对组织管理中的每个节点、每处细节、每种机制进行质量控制，通过对每个过程细节的控制与管理，最终实现管理质量与管理效能的提升。通常而言，过程管理需要一套系统的组织业务流程设计，并通过问题发现与信息反馈系统的协同机制运作，不断实现组织的变革与更新。过程管理的核心要点有四个方面：（1）过程管理是对全局的管理。即要着眼整个工作的全过程，而不是选取某一环节。（2）注重核心环节的把控。即对每一工作流程的关键点或者机制之间的衔接处予以细致优化和严格控制。（3）需要及时反馈意见。流程的设计并非是十全十美的，执行者需要及时反馈执行过程中的得失成败，作为后续工作的经验教训。（3）优化组织目标的设置。即通过流程的设计与规范进而调整并优化组织目标的设置。（如图 2－17）

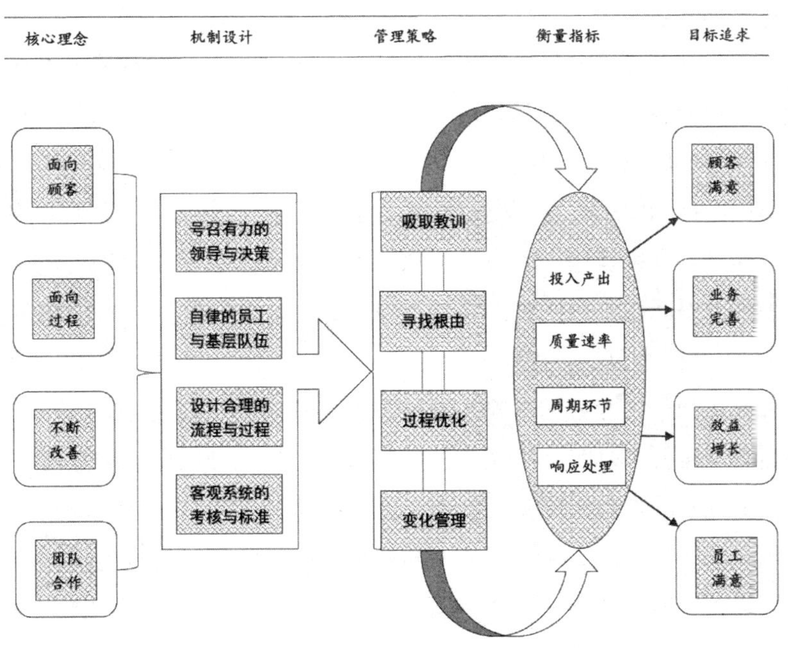

图 2－17 过程管理的一般理念、机制、策略、指标以及目标设计①

① 图 2－17 过程管理的一般理念、机制、策略、指标以及目标设计是参考企业管理过程的一般认识所绘出，源于网络有关过程管理的思路图。党内法规制度解释的过程管理则需要在借鉴企业过程管理的有益经验，结合党的制度建设的特殊性进行融合与创新。

对党内法规制度解释而言，工作的过程以及解释的过程也至关重要。一方面，着眼党内法规制度建设的全局，有利于规划者制定出适合当前发展需要的党内法规解释工作方案，并准确定位党内法规制度解释的功能及其在党内法规制度“立、改、废、释”四维工作中的地位，便于体系化的党的制度建设的统一协调发展。另一方面，过程的管理便是节点的控制，党内法规制度解释工作需“抓大放小、取重放轻”，即既要立足整体全局，又要针对关键核心。

（2）过程控制：立足全局——着眼核心——过程反馈——目标完善

党内法规制度解释目标实现的过程，即为党内法规制度解释的过程管理，其可通过完善党内法规制度解释工作流程的具体设计，甄别出其中的核心问题并建立健全党内法规制度解释自身的问题发现与信息反馈系统，不断从组织内部与机制内部完善党内法规制度解释。

相比目标管理而言，过程管理更有利于实时纠偏与适时控制。一方面，党内法规制度解释各个主体的目标是明确的，在党中央的有力领导与全面指挥下，其在推进国家社会经济发展与维护人民群众利益等方面的根本追求也使得党内法规制度解释的落脚点与归属点本身并无问题与偏差。因此，最易出错、最易影响的并非目标的设置，导致目标与结果出现偏差的原因往往是由于目标实施的过程与中间控制阶段存在问题。相比目标的设置与纠偏，过程的管理与控制要显得更为真实和可操作，因为目标规划也无法全面预测党内法规制度解释工作中的种种突发问题，只能在工作过程中依靠方法的完善与程序的规范“兵来将挡、水来土屯”，但是过程管理易受党内法规制度解释规划、制定、执行以及被管理者等各种行为因素的影响。另一方面，党内法规制度解释的核心，在于能否全面发现需要进行解释的党内法规制度、能否准确阐释党内法规制度的条文含义、能否精准党内法规制度解释的适用，即存在三个核心的机制设计：（1）党内法规制度解释的识别机制，（2）党内法规制度解释的实施机制，（3）党内法规制度解释的适用机制。对实施机制和适用机制而言，已有工作程序、工作方法以及工作范围的明确决定了党内法规制度解释的实施和适用不会出现太大的偏差。因此，可能出现差错的便是识别过程，因为决策者可能意识不到党内法规制度解释的重要价值，可能尚未发现党内法规制度解释的现实问题，也可能无法寻出哪些党内法规需要解释、哪些党内法规制度解释需要修正。识别是前置的工作过程，如果无法做到精准识别，那么有再完善的程序设计、再合理的方式方法，也对加强党内法规制度解释工作于事无补。

精准识别依赖于过程反馈，要点如下。

一是党内法规制度制定者与执行者的反馈，即对党内法规制度制定与执行情况的反馈：（1）哪些党内法规制度尤其是试行的党内法规制度仍不完善，哪些条文依旧存在缺陷和不足；（2）党内法规制度执行过程中存在的问题与阻碍，哪些党内法规制度条文在执行过程中理解不清或者存在争议；（3）制定建议或者执行建议的反馈，即直接反馈需要修改、需要解释的党内法规制度及其条文。

二是党内法规制度解释主体的反馈，即对解释过程、解释方法以及解释结论等情况的反馈：（1）解释过程存在的问题，如商请、联合是否便捷，审议、审核是否严格等，着重反馈工作程序有待完善之处的建议；（2）解释方法存在的问题，党内法规制度能否参考法律解释的方法并加以运用，解释过程能否整合不同方法的长处、克服每种方法的短处；（3）解释结论存在的问题，解释结论是否忠于原文、是否合乎原意，解释结论能否被执行者与规划者认可。

三是其他方面的反馈，涉及层面较多，但是最关键的是党员群众的反馈：（1）党员群众对党内法规制度的理解与看法，包括认知情况与拥护情况以及其对党内法规制度的解释；（2）党员群众对党内法规制度解释的理解与看法，能否通晓解释文本的含义；（3）党员群众对解释过程、解释方法以及解释结论的认可情况，包括党员群众对解释过程以及解释方法优化完善的意见建议。

通过一系列意见建议的反馈，反之优化党内法规制度解释的工作程序与方式方法，提升解释结论的适用性，进而对党内法规制度解释工作目标的完善提供实际参考。①

四、法治建设理论：完善党内法规制度解释建设思路与策略

所为法治（Rule of Law），是指一种治理方式和治理理念，其有着两方面的

① 当然，反馈的内容重要，但是反馈的过程更为重要。一方面，当党内法规制度解释规划者、制定者、执行者以及被管理者的意见和建议得到集中统一，在理想状态下，就意味着党内法规制度解释工作过程中的问题得到了充分的明确，那么反馈给每一个问题所属环节的责任主体，问题的解决便顺水推舟。另一方面，要有规范的程序和畅通的渠道帮助不同主体反馈意见和建议，这比发现问题更为重要，决策者是否接收意见建议只是表面，更深层次的是如何让这种问题汇总和意见反馈的程序合法化。

深刻内涵：一是实质意义上的法治，其强调“法律至上”“法律主治”“制约权力”“保障权利”的价值、原则和精神，是“良法善治”理念的具体延伸；二是形式意义上的法治，其强调“依法治国”“依法执政”“依法办事”的治国方式、制度及其运行机制，即治国理政的重器和利器必须是“良法”。实质意义的法治与形式意义的法治必须有机结合，两者相互融入、相互完善、相互促进，才能根本服务于法治建设的需求。①

国家治理现代化的实现依靠党的有力领导，党的有力领导则依赖于体系健全的党内法规制度体系。“国家治理现代化的本质是国家治理法治化，国家治理法治化的重要环节是党的治理规范化，党的治理规范化的关键则是党内法规体系化”（周叶中，2017），诚然，党的治理规范化是实现国家治理现代化的保障，党内法规体系化是党的治理规范化的基础，只有坚持中国共产党的领导，国家治理才能明确政治方向和发展任务，只有完善党内法规制度体系，党的治理才有章可循、有本可依。

党内法规制度解释作为党内法规制度体系的重要组成，同样需要坚持法治建设的发展路线。一方面，党内法规制度解释必须是“良法”，即党内法规制度解释自身内容需要严守法的程序、遵循法的精神、融入法的理念，要按照法治的方式规范党内法规制度解释的制定、执行、评估、监督乃至清理过程。另一方面，党内法规制度解释应当得到妥善地执行和实施，还应当得到被管理对象的遵守和认可。党内法规制度解释的法治建设需要着重考量以下两点：（1）加强监督，即规范解释权的使用，明确解释权的归属；（2）注重衔接，即在梳理党内法规制度与国家法律法规关系的基础上做好党内法规制度解释与法律法规解释的衔接②

---

① 参考 MBA 智库百科有关法治的定义。https：//wiki. mbalib. com/wiki/法治

② 当前，法治理念已经渗透到政治经济以及社会文化的方方面面，法治理论也与不同领域的治理行为和治理理念有机结合，诸如国家治理法治化、政党治理法治化、政府治理法治化以及社会治理法治化的建设发展，无不体现出法治的价值导向与现实追求。然而，法治的表现的显而易见的，但是法治的渗透却是无声无色的。前文论述的法律解释理论、政策分析理论以及机制设计理论，无不彰显出党内法规制度解释法治建设的要义。因此，本书对法治建设理论的阐述，仅限前文尚未涉及的部分，如权力的监督和制约（对应党内法规制度解释责任机制的理论分析）以及党内法规制度解释同法律法规解释的衔接（对应党内法规制度解释衔接机制的理论分析）。

（一）体系化的控权方式：如何限权监督

行政自制理论（Theory of Administrative Self - control）是指在促进政府与公民之间和谐发展，强调政府自我控制的一种行政法理论，亦被称之为“控权新说”。① 所谓控权（Power Control），主要集中在行政领域，与之相关的是行政授权，而授权本身就是对权力的制约与控制。通常而言，权力的控制有以下几种形式：(1) 加强权力监督，通过建立惩罚机制予以控制；(2) 通过正向激励，通过奖励机制予以约束；(3) 分散权力，通过权力的分割予以限制；(4) 通过权力限制权力，即通过设置对等的权力予以控制与制衡。

行政需要控权，执政自然也需要。中国共产党的执政过程，伴随着对执政权的持续监督与不断完善。一方面，中国共产党的执政基础来自人民群众的拥护，执政权由人民授予，因此需要受到人民的监督；另一方面，中国共产党的执政经验表明，“党要管党，从严治党”既是历史的需要，更是现实的需求，因此必须加强自我的监督。党内法规制度的制定权以及党内法规制度的解释权作为中国共产党执政权力的重要组成，也应受到有效的规制。

1. 责任划分：党内法规制度解释是一种约束机制

(1) 责任约束理论分析框架

责任约束（Resposibility Restraint）是指组织的上级主管部门和综合管理部门通过建立一定形式的责任机制或制订一系列的规章制度，明确规定组织和员工的职责、任务、权限和完成任务的工作程序等，据以规范和限制组织行为的一种约束机能。② 党内法规制度解释的责任约束，体现在两个方面：(1) 自我约束。即明确划分自身责任，借以规范自身工作；(2) 约束其他。即通过自身权力的外部影响，监督其他主体的行为。

对党内法规制度解释的授权，不应当脱离党内法规制度解释的现实及其责任，要切实根据不同主体的履职情况、能力范围以及责任关系分类、分级、分层地差别化授权；而对党内法规制度解释权的监督，同样不能脱离不同解释主体责任的大小异同，应在加强考责、问责、追责的基础上同时强化党内法规制

---

① 参考 MBA 智库百科有关行政自制理论的定义。https：//wiki. mbalib. com/wiki/行政自制理论

② 参考 MBA 智库百科有关责任约束的定义。https：//wiki. mbalib. com/wiki/责任约束

度解释的内部管制和外部制约。明确并解决了党内法规制度解释的责任划分问题，才能明确党内法规制度解释权的授予以及如何监督。

（2）明责归属：履责机制——考责机制——追责机制——问责机制

党内法规制度解释的责任与其解释的工作程序相对应，分为规划责任、制定责任、执行责任以及监督责任，但若从责任监督的自身发展过程来看，可具体分为五个方面：（1）明责，（2）履责，（3）考责，（4）追责，（5）问责。（如图2－18）其中，明责即为明确责任的划分，其是履责、考责、追责和问责的前提和基础。

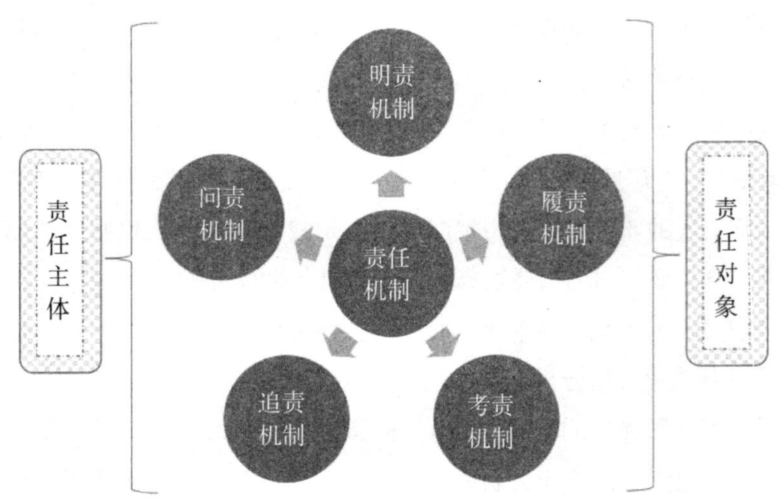

图2－18　党内法规制度解释责任机制设计分析

一是如何履责。履责是党内法规制度解释工作开展的前提。党内法规制度解释的履责，核心在于制定者是否及时解释、执行者是否贯彻执行。一方面，大量党内法规制度规定“本XX由XX会同有关部门负责解释”，如《党政机关国内公务接待管理规定》第二十五条“本规定由国家机关事务管理局会同有关部门负责解释”，其中“有关部门”的界定较为模糊。这种模糊的责任归属，会引起“门难进、脸难看、事难办”等相互推诿与相互扯皮的弊病，致使解释责任难以切实履行。另一方面，大量答复性解释由上级党组织作出并由下级党组织落实，但是答复性解释以函复公文发出后，基层党组织是否真正的予以贯彻落实缺少有力的监督和有效的反馈。

二是如何考责。党内法规制度解释的落实情况应当作为党的制度建设考核的主要内容，尤其是规划者的规划责任、制定者的制定任务、执行者的执行情况，均需要纳入党内法规制度建设工作的绩效评估体系。党内法规制度解释的考责需要落实两项任务：（1）前置性的考核指标体系设计。即要设计出党内法规制度解释工作责任清单，并根据责任清单设计具体的绩效考核指标。（2）后置性的考核结果的有效运用。即要将考核的结果纳入奖励惩戒、人员调动乃至组织调整的激励机制设计环节。

三是如何追责。党内法规制度解释工作需加强对工作失误乃至履责懈怠等问题的追究，严格落实首问责任制和限时办结制，主抓“牛鼻子”、紧抓“关键人”，对牵头解释的主体予以严厉的责任倒查与追究，同时规范工作人员工作行为，严格办事时限规定，防止推诿扯皮，避免耽误党内法规制度解释工作的落实。

四是如何问责。《中国共产党问责条例》明确了对“党的领导弱化”“党的政治建设抓得不实”“党的思想建设缺失”“党的组织建设薄弱”“党的作风建设松懈”“党的纪律建设抓得不严”“推进党风廉政建设和反腐败斗争不坚决、不扎实”“全面从严治党主体责任、监督责任落实不到位”等十一种问题的问责情形。（如表2－3）

2. 权责匹配：党内法规制度解释是一种权力延伸

（1）权力监督理论分析框架

权责匹配（Accrual Match）即权责对等（Accrual Peer），是指在一个组织中的管理者所拥有的权力应当与其所承担的责任相适应。权责对等的内涵包括以下几方面：（1）管理者拥有的权力与其承担的责任应该对等。所谓“对等”就是相互一致。不能拥有权力，而不履行其职责；也不能只要求管理者承担责任而不予以授权。（2）向管理者授权是为其履行职责所提供的必要条件。合理授权是贯彻权责对等原则的一个重要方面，必须根据管理者所承担的责任大小授予其相应权力。管理者完成任务的好坏，不仅取决于主观努力和其具有的素质，而且与上级的合理授权有密切的关系。（3）正确地选人、用人。上级必须委派恰当的人去担任某个职务和某项工作。人和职位一定要相称。应根据管理者的素质和过去的表现，尤其是责任感的强弱，授予其适合的某个管理职位和权力。（4）严格监督，检查。上级对管理者运用权力和履行职责的境况必须有严格的监督、检查，以便掌握管理者在任职期间的真实情况。①

表 2－3 党内法规制度解释工作的主要问责方式及内容要求②

层次	问责方式	内容要求
对党组织的问责（对党内法规解释责任主体的问责）	检查	党内法规制度解释责任主体作出书面检查并及时改正；对履行职责不力、情节较轻的，应当责令其作出书面检查并切实整改
	通报	对党内法规制度解释责任主体予以一定范围内的通报批评；对履行职责不力、情节较重的，应当责令整改，并在一定范围内通报
	改组	对党内法规制度解释责任主体进行改组，使其有责任、有能力进行解释；对失职失责，严重违反党的纪律、本身又不能纠正的，应当予以改组
对党的领导干部的问责（对党内法规解释责任人的问责）	通报	对党内法规解释责任人予以通报批评；对履行职责不力的，应当严肃批评，依规整改，并在一定范围内通报
	诫勉	对党内法规解释责任人予以诫勉谈话；对失职失责、情节较轻的，应当以谈话或者书面方式进行诫勉
	组织调整或者组织处理	对党内法规解释责任人予以组织调整；对失职失责、情节较重，不适宜担任现职的，应当根据情况采取停职检查、调整职务、责令辞职、降职、免职等措施
	纪律处分	对党内法规解释责任人予以纪律处分；对失职失责应当给予纪律处分的，依照《中国共产党纪律处分条例》追究纪律责任

党的十八届六中全会明确提出："监督是权力正确运行的根本保证。"权力监督既是权力配置的内在要求，也是权力规范运行的重要保障。通常而言，法治视阈下的权力监督分为四个层面：（1）监督立法权。即加强对立法者的监督，

① 参考百度百科有关权责对等原则的定义。https：//baike. baidu. com/item/权责对等原则/1605847？fr = aladdin

② 表中有关问责方式的分类划分，参考《中国共产党问责条例》第八条"检查""通报""改组""诫勉""组织调整或者组织处理"以及"纪律处分"等问责方式的具体规定。

明确权力的来源与责任的归属，规范立法权的行使。(2) 监督执法权。即监督执法者的执法行为，设置权力清单让公权暴露在阳光下以接受社会公众的广泛监督。(3) 监督司法权。加强对案件的审查和审理工作的监督，坚持司法公开、司法公正。(4) 监督监督权。“打铁还需自身硬”，整合纪检监督、监察监督、审计监督、人大监督、民主监督以及法律监督等权力监督力量。①（如图2－19）

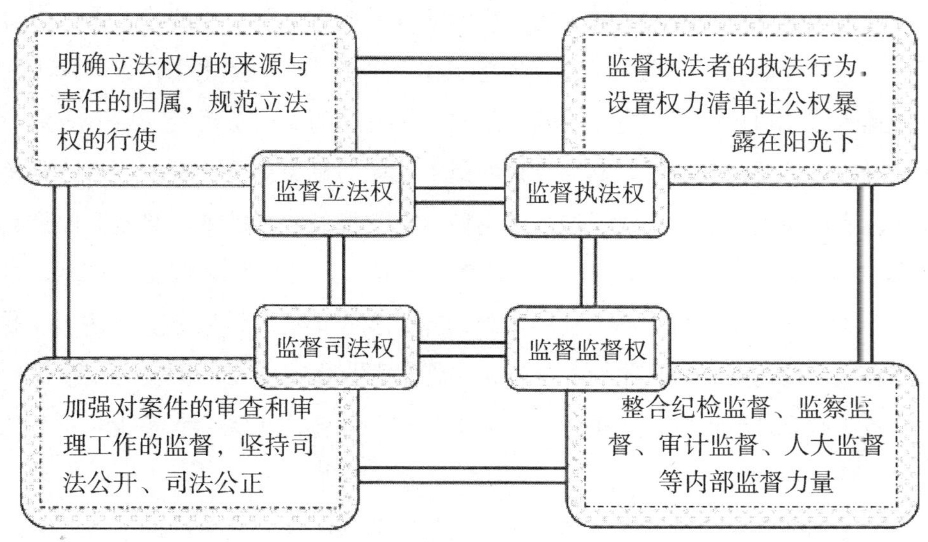

图2－19 法治视域下权力监督的四维分析

党内法规制度解释是党内“立法权”的组成，又是党内“监督权”的补充②，因此，加强对党内法规制度解释权的监督需要着重从“监督立法权”和“监督监督权”两方面入手，即要明确责任的分配以及权力的归属。

① 参考中国共产党新闻网刊文：《权力监督的法治维度》，朱全宝、郑晗，2016－11－02。http：//theory. people. com. cn/n1/2016/1102/c40531－28826958. html

② 首先，党内法规制度解释是对党内法规制度条文含义的阐释，制定出来的解释文件与党内法规制度具有同等的效力，其也是一种立法立规活动，因此，党内法规制度解释权也是党内“立法权”的组成。其次，党内法规制度旨在规范党的各方面建设，规范党的各方面权力的行使，党内法规制度解释作为党内法规制度的延伸自然也具备权力规范的功能，因此，其也是党内“监督权”的补充。

(2) 限权监督：责任分配——权力归属——内在监督——外在制约

如前所述，党内法规制度解释的责任与其解释的工作程序相对应，即分为规划责任、制定责任、执行责任以及监督责任。在明确了责任归属的基础上完善履责、考责、追责以及问责的机制设计，基于权责匹配的原则，进而规范党内法规制度解释的授权形式以及授权内容，

一是规范党内法规制度解释的授权形式以及授权内容。党的建设涉及方方面面，党的政治工作、组织工作、思想工作、宣传工作、文化工作、群众工作以及监督工作边界清晰、内容明确，因此其相对应的党内法规制度则有着业务上的独立性以及内容上的专业性，其解释由相应的机关部门负责才具有较强的操作性和适用性，若由其他不相关的主体进行解释，解释的结论势必会脱离具体的工作实际。因此，在党内法规制度解释权的授予上，要么遵循“谁制定谁解释”的原则，要么将解释责任落实到具体的实务部门，以做好自行解释、联合解释或者商请解释的具体划分。当无法将解释权下放至基层的实务工作部门或者授予到党外的行政工作机构，则应由最相关的党内机关牵头负责，由其他部门具体落实。①

二是加强党内法规制度解释的自我监督。党内法规制度解释的自我监督对应着备案审查与审核审议工作机制，换言之，党内法规制度解释的自我监督涉及两个层面：(1) 自身工作形式和内容的监督。形式上的监督以流程的规范为核心，除了前文程序法制的规范内容，备案审查与审核审议过程的监督关系着党内法规制度解释结论的合理性与合法性，是否每一件党内法规制度解释的内容都经过形式审查与内容审核、其又是否提交中央备案，这些问题若不明确，自我监督便无从谈起。(2) 自我监督权力的监督。备案审查与审核审议的主体是否主动承担起监督的责任，置问题于源头治理、化危机于决策伊始，是监督

① 从现实来看，部分党内法规制度并未明确自身解释权的归属，尤其是晚于《中国共产党党内法规制定条例》制定出台的部分党内法规制度，其也并未按照第二十九条的相关内容明确解释权的归属，问题可能存在于两个方面：一是党内法规制度自身过于复杂，或者过于抽象，或者其内容涉及党的各个方面的建设，因而无法确切地规定解释主体；二是由于党内法规制度自身具备的溢出效应，其权力调整的范围超出了党内机关的解释范围，因而无法将解释权下放至基层的实务工作部门或者授予到党外的行政工作机构，致使无法确切地规定解释主体。

党内法规制度解释自我监督权的主要目的。换言之，后置性的备案审查只是托底性的监督保障，前置性的审核审议才是党内法规制度解释质量能否提升的重要关口。审核审议权是否精准落实，有无不审查的空缺、有无不备案的疏漏以及有无乱审查的越权，均是自我监督权力的监督要点。

三是加强党内法规制度解释的外在制约。狭义来看，党内法规制度解释需要受到除了党的制度建设以外的党内其他形式的监督，如党内巡视巡察工作的监督。党内巡视巡察虽以政治巡视为纲，但是监督的领域必然涉及党的制度建设的各项工作，党内法规制度解释工作便是其监督的重要内容。因此，要将党内法规制度解释主体的履职情况予以重点巡视巡察，尤其是省级党委自行解释工作的责任倒查，其解释了多少、实施了多少、反馈了多少，均是取证的要点。广义来看，党外监督也应引起重视，诸如社会舆论的监督，既是非正式解释的主要渊源，又对正式解释主体的权力行使以及解释结论的规制形成有形或者无形的制约。

（二）系统化的内外衔接：如何融会贯通

如前所述，党内法规制度解释的功能有内外之分：（1）于内部，协调党内法规制度与党内法规制度之间的关系，即通过解释确保党内法规制度在具体适用上能够相互配合、相互促进，避免出现冲突、重复、竞合以及空缺等问题。（2）于外部，联系法律法规解释以协调党内法规制度和国家法律法规之间的关系，确保国家法治体系下的依规治党与依法治国的有机统一。

换言之，由于党内法规制度自身的特殊性，使得其解释的功能内化在了党内治理的特定领域，并起着贯通不同领域的发展需要和建设成果的重要作用。作为中国共产党内部的法规和制度，其调整范围以及调整对象应当是党的组织以及党员，但是中国共产党是中国特色社会主义的领导核心，党的大政方针影响着整个国家、整个社会，党内法规制度的溢出效应（Spillover Effect）使得党内法规制度不仅调整着党的组织和党员的言行举止，还影响到国家治理、政府治理、社会治理乃至公民个人行为规范等方方面面。① 因此，党内法规制度解释也具备了这种特性。

1. 内部释放：党内法规制度解释是一种内化机理

（1）内化机制理论分析框架

在心理学领域，内化（Internalization）是在思想观点上与他人的思想观点相一致，自己所认同的新的思想和自己原有的观点、信念结合在一起，构成一个统一的态度体系。这种态度是持久的，并且成为自己人格的一部分。最成熟的内化水平称为“自我同一性”，它反映了将内射和认同共同塑造到自我和他人的一致性形象中。② 组织也有内化，组织内部的内化以及组织之间的内化注重两个核心过程：（1）对某一制度、某一理念、某一行为的认可，（2）组织内部要素或者组织之间有相互沟通的联系渠道。

党内法规制度解释也是一个完整的体系，包含规划主体、制定主体、执行主体以及管理对象等构成要素，其内部化的效应受两方面影响：（1）法律解释理念的渗透与认可。即党内法规制度与法律法规无异同样需要进行解释，“不解释则不得适用”。（2）解释主体间的配合与联系。即党内法规制度解释的不同主体之间不是彼此隔绝的，其相互之间通过某种机制或者某种渠道凝聚汇合成一个整体。③

① 回归到前文关于党内法规概念的界定问题，大量党内法规不仅调整着党的组织和党员的言行，其也对党外组织和群众予以规范。这种党的内部治理的效力扩张到党的外部治理，如国家治理、政府治理、社会治理等领域，便是内部效力的外部化。在经济学领域，外部性即溢出效应，是指一个人或一群人的行动和决策使另一个人或一群人受损或受益的情况，分为正外部性（Positive Externality）和负外部性（Negative Externality）。正外部性是某个经济行为个体的活动使他人或社会受益，而受益者无须花费代价，负外部性是某个经济行为个体的活动使他人或社会受损，而造成负外部性的人却没有为此承担成本。对党内法规制度而言，内部效力的外部化也会有正外部性和负外部性两种结果，如党内巡视巡察监督的强化必然会对国家监察监督形成示范，进而推动国家监察监督的深入发展。

② 参考百度百科有关内化的定义。https：//baike. baidu. com/item/内化/10735318

③ 对法律解释理念的认可可以与前文解释制度的依赖和解释功能的延续相联系。但是与之存在的差异是制度的依赖和功能的认可是对顶层规划者而言的，其不能完全代表非正式主体如群众的认可。换言之，党的制度建设是为了更好地执政，执政是为了更好地为人民服务，按照这种推理，党内法规制度解释归根结底还是需要得到广大群众的认可与拥护。当然，我们不否定党内法规制度解释其他的合法性来源。

（2）外因内释：外部渗透——内部认可——外部困境——内部解决

前文已然论述了党内法规制度解释的制度依赖和功能延续，法律解释有形或者无形的渗透使得“法无解释、不得适用”的观念深入人心。一方面，最初开展党内法规制度研究的一大批学者大都由宪法与行政法学学者所构成，其对法律解释的认识转移至对党内法规制度解释的思考，换言之，这是法学研究范式在党内法规制度研究领域的渗透。另一方面，随着党内法规制度的去神秘化①，民众接触党内法规制度的范围有了较大的拓展，认知党内法规制度的能力有了很好的提升，大量非正式的解释层出不穷，其既对党内法规制度正式解释的发展予以外在推动，同时又对采取何种方法解释、运用何种视角理解等问题逐渐达成共识。

党的建设是一个极大的范畴，建设领域之广、功能范围之大均会使其面临不可避免的问题。但是，中国共产党已经是领导国家发展、带头解决问题的金字塔的顶端力量，不可能有凌驾于中国共产党、凌驾于人民群众之上的其他国家治理力量。因此，有关党的内部建设等各方面的问题，乃至党外的问题对党的内部造成的影响，都只能依靠中国共产党自身而无法凭借外部力量。由此不难看出，党内法规制度解释是解决党的制度建设问题的内部手段，这些问题不仅包括中国共产党自身的执政问题，还包括外部严峻形势的考验。②（如图2－20）

---

① 近年来，伴随着党内法规制度的公开以及党务工作的公开，党内法规制度的神秘面纱逐渐被揭开。如《中国共产党党内法规制定条例》第二十三条明确规定规定：“党内法规经批准后一般应当公开发布。”

② 外部性内部化，看似拗口的表述其实有着深刻的内涵。企业治污问题就是典型的外部性内部化，即在厘清治污责任的前提下，遵循“谁污染、谁治理”的原则，将环境污染的负外部效应通过合理的制度创制和机制设计实现内部化，使企业自身承担起治污的成本。外部性内部化也合乎“谁制定、谁解释”的党内法规制度解释的制定原则，但是更为重要的是，中国共产党执政所面临的内部风险和外部风险均不能转嫁给其他主体，仅能由中国共产党自身予以“内部化解”。显然，通过制定党内法规制度及其相关解释便成为这种“内部化解”的重要基石和主要手段。

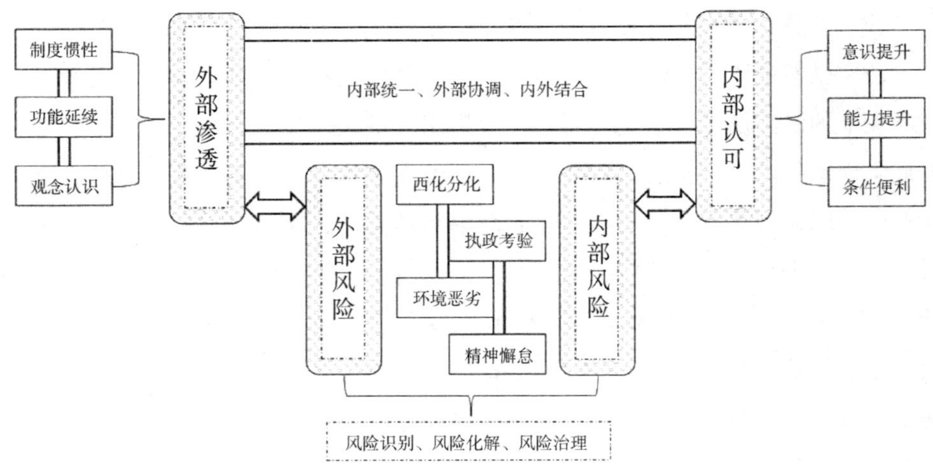

图 2－20　党内法规制度解释“外因内释”机理分析

然而，这也引起了党内法规制度解释功能的另一种争论，即能否通过正式或者非正式的自我解释，阐述自己的执政理念、丰富自己的执政思想乃至巩固自己的执政基础。这似乎超出了法律法规解释应然功能的范畴，但是由于党内法规制度本就比国家法律法规具有更强的政治属性，因此，这种自我解释的行为应当视为中国共产党贯彻“良法善治”理念的重要形式，而不是“王婆卖瓜、自卖自夸”式的政治口号宣传。

2. 外部影响：党内法规制度解释是一种示范效应

（1）效力溢出理论分析框架

着眼正外部性的实现，党内法规制度解释的引领作用两个方面：（1）党的内部引领。党的内部引领又可分为两个方面，一是通过党内法规制度解释引领党内法规制度的建设发展，即通过解释发现党内法规制度的漏洞与缺陷，以“释”推“改”、以“释”促“立”；二是通过党内法规制度解释完善党的制度建设，进而推动政治建设、组织建设、思想建设、作风建设、纪律建设以及反腐倡廉建设，使其内在统一于党的制度建设的规范框架之下。（2）党的外部引领。党的外部引领又可分为两个方面，一是强化党内法规制度解释同法律法规解释之间的衔接，推动国家法治体系的系统完善；二是通过党内法规制度解释向外界准确地阐述党的内部治理方针与策略，以公开促稳定、以透明促认可，夯实中国共产党的执政基础。①

（2）内力外释：制度完善——系统建设——内外衔接——基础夯实

党内法规制度解释的外部影响集中体现为一种示范效应，表现在两个方面：（1）内部的党内治理法治化的示范，（2）外部的国家治理法治化的示范。

一是党内治理法治化的示范效应。即通过党内法规制度解释体系的完善，推动党内法规制度建设的总体进程。党内治理法治化的基础是党内法规制度体系规范化，如果能有效规范党内法规制度解释的工作过程，必然会对党内法规制度的创制形成良性示范，从而会形成“自下而上”“由小至大”的党的制度建设发展思路，避免过于强调宏观建设而忽视了微观落实。对党内法规制度解释责任机制的完善而言，从紧抓最基层的履职主体，进而上升至最顶层的规划决策，这种责任倒查式的问责机制也会对层层压实全面从严治党主体责任的机制设计形成良性示范。

二是国家治理法治化的示范效应。依规治党与依法治国是实现国家治理法治化的两个重要支柱。在宏观层面，依法治国与依规治党的有机统一在于协调党内法规制度与国家法律法规之间的关系，但是在微观领域，各种规范性文件乃至各种基础政策的密切衔接，才能真正促使党内法规制度与国家法律法规统一在中国特色社会主义法治体系之中。一方面，解释与解释之间的对接更为可行、更为具体，相比两者的解释，党内法规制度与国家法律法规显得更加抽象、更加概括，抽象概括条文的衔接往往只有形式而缺少细致可行的内容，因而远不如更具操作性的解释之间的衔接效用。另一方面，执政的效果必须有充足的认可，否则执政的基础边便是不牢固的。党员群众对党内法规制度的理解本身就是党内法规制度解释的外部溢出，党员群众的理解夹杂着其自身的价值评判，如何将这些价值评判柔性地转化为对正式的党内法规制度解释以及中国共产党

---

① 传统法学研究的部分学者不认可党内法规是法学意义上的“法”，其对党内法规制度的法治完善更持一种怀疑的态度。这种排斥可能源于党内法规制度的研究开辟了法学研究的新领域，进而触动了既有研究者的利益，比如党内法规制度研究套用或者参考法学研究的范式、党内法规制度解释运用或借鉴法律法规解释的方式方法。对这些学者而言，此可视为党内法规制度解释的负外部效应。但是，我们认为负外部效应的产生不以个人的主观意识而存在，当“良法善治”的法治理念渗透到党内法规制度建设的方方面面，党内法规制度解释的正外部性趋强而负外部性趋弱。

执政理念、执政行为的认可，也是党内治理外部化以及党外治理内部化不得不重视的一个维度。（如图2－21）

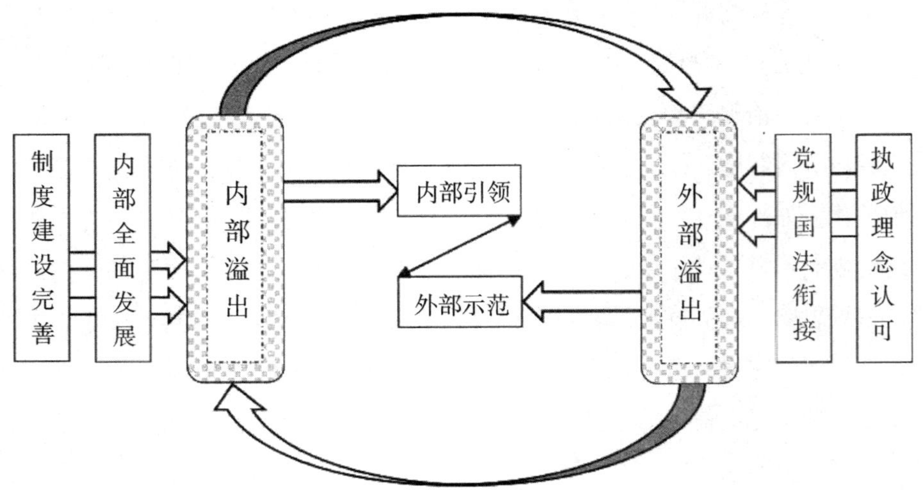

图2－21 党内法规制度解释效力溢出的原因及关系分析

第三章　党内法规制度解释的关系梳理

如前所述，党内法规制度解释并非是一个独立的个体，其与党内治理以及国家治理、政府治理、社会治理之间的联系十分密切。分析党内法规制度解释存在的问题，不能脱离当前中国共产党治国理政的新背景，更不能忽视国情乃至世情的变化和发展。

我国党内法规制度建设面临着新的形势，而且这种形势不仅限于党内，国内乃至国际政治、经济与文化的变化与发展也是不可忽视的关键要素。国际形势的风云变幻，无疑也会对国内政治、经济与文化的发展造成冲击，而这种冲击本身就具有双面性——机遇与挑战并存。

宏观而言，党内法规制度解释所处的时代背景影响着其自身发展的方向与轨迹。改革开放四十年来，我国的经济、政治、文化、社会等方面都取得了巨大的发展，但是同时也给中国共产党带来了执政考验、改革开放考验、市场经济考验、外部环境考验等四大考验以及精神懈怠危险、能力不足危险、脱离群众危险、消极腐败危险等四大风险。微观而言，党内法规制度解释服务于党内治理制度化、规范化与法治化的现实需求，且着重针对反腐、反贪工作的重大现实问题，新需求的迎合以及新问题的解决，使得党内法规制度解释二作不得不做出针对性的调适。（如图3－1）

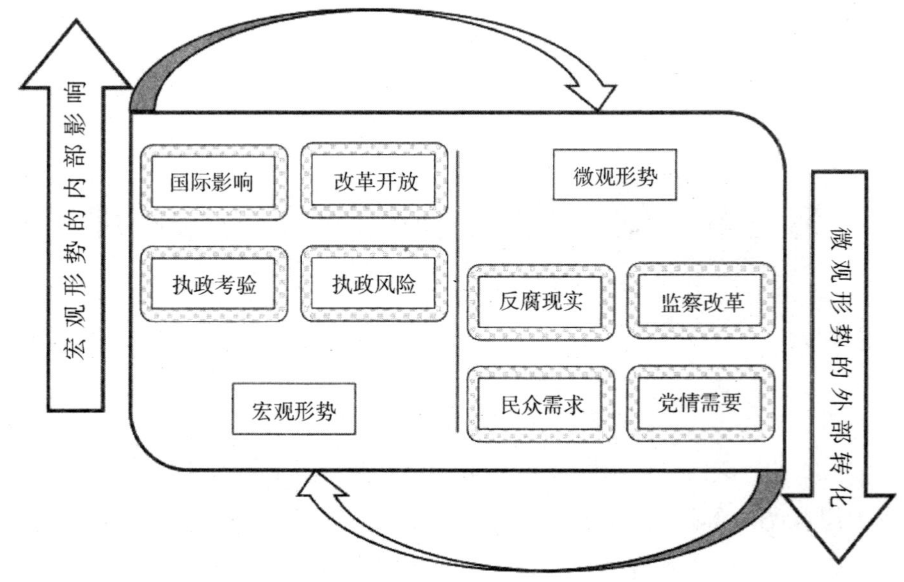

图3－1　党内法规制度解释“宏观－微观”内外形势辨析

外部形势的变化也引起了内部关系的调整。自党内法规制度形成了自己独特的话语体系后，其与国家法律法规的碰撞便层出不穷。如何理顺党内法规制度同国家法律法规之间的关系，如何看待党内法规制度解释同国家法律法规解释之间的关联，不仅是学界学者关注的焦点，更是党内法规制度建设实务工作部门所亟待解答的难题。

一、形势辨析：党内法规制度解释面临的新形势

党内法规制度解释既处于党内法规制度建设链条的末端，又位于社会主义法治体系建设环节的节点，同时也在国际环境的影响下面对着新的挑战、融入了新的要求。当前，我们必须要以发展的观点、联系的观点看待党内法规制度解释所面临的新形势，进而梳理其内外关系。

（一）国内形势：从理念到需求

党内法规制度解释所面临的国内新形势，主要从思想观念、改革收获、监察体制以及反腐态势等方面加以理解。（如图3－2）

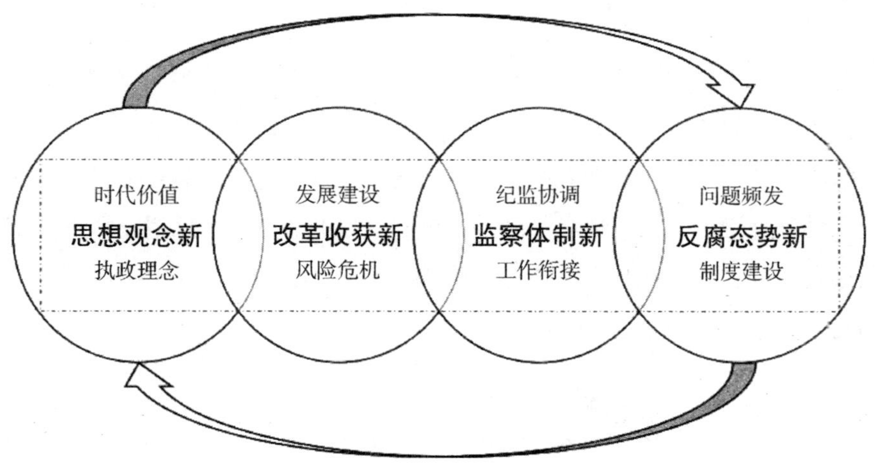

图 3-2　党内法规制度解释面临的国内新形势

1. 思想观念新：党内法规制度解释的新内涵

党的十八大以来，以习近平同志为核心的党中央形成了一系列治国理政新理念、新思想、新战略。党的十九大把习近平新时代中国特色社会主义思想确立为我们党必须长期坚持的指导思想，实现了党的指导思想的又一次与时俱进，这在我们党的历史上、中华民族历史上具有里程碑意义。习近平新时代中国特色社会主义思想是当代中国的马克思主义，是引领中国特色社会主义新时代的纲领、旗帜和灵魂，其核心要义是坚持和发展中国特色社会主义，其丰富内涵集中体现在“八个明确”，其实践要求高度概括为“十四个坚持”，深刻回答了新的时代条件下“中国之问”“时代之问”“人民之问”“执政之问”，为解决当代中国前途命运问题提供了科学理论指引。①

党内法规制度解释工作在坚持以马列主义、毛邓思想和理论、“三个代表”重要思想以及科学发展观为指导的基础上，贯彻融入了习近平新时代中国特色社会主义思想。“四个全面”的战略布局的提出，加快了依法治国和依规治党战略部署的建设进程，其中全面从严治党、严格依规治党既是核心内容，更是战略举措，其为全面深化改革、全面依法治国以及全面建成小康社会提供了坚实

① 资料来源于新华网刊文《习近平新时代中国特色社会主义思想是解决当代中国前途命运问题的科学理论指引》，中共四川省委书记彭清华，2018-06-21。http://www.xinhuanet.com/local/2018-06/21/c_129898141.htm

的政治基础和组织保障。

党的治国理政理念的更新，反映在党的制度建设上，集中表现为创新、协调、绿色、开放与共享五大发展理念的广泛渗透以及富强、民主、文明、和谐、自由、平等、公正、法治、爱国、敬业、诚信、友善等二十四字社会主义核心价值观的全面融入。党内法规制度解释顺党内法规制度建设而生，自然也融入了新的发展理念以及社会主义核心价值观的价值导向，这是党内法规制度解释法治化发展的新形势。（如图3－3）

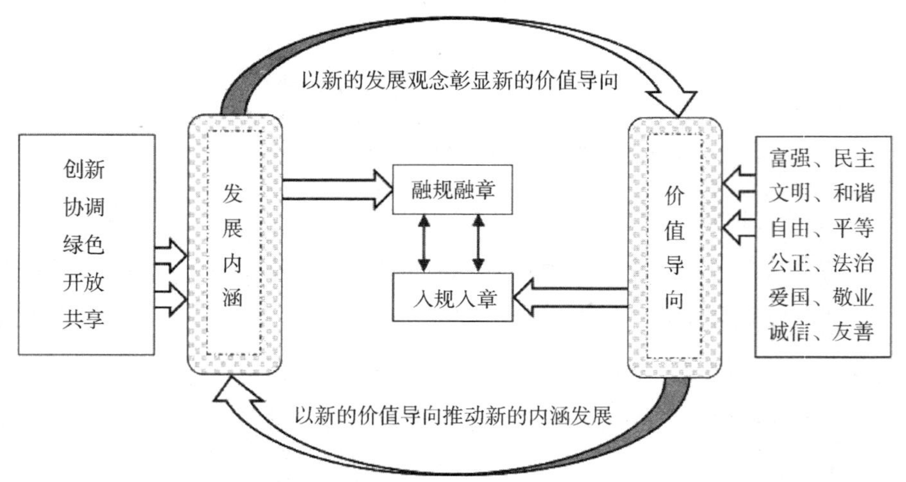

图3－3 党内法规制度解释的新发展内涵与新价值导向

当前，在坚持和完善中国特色社会主义制度、推进国家治理体系和治理能力现代化的进程中，党内法规制度解释被赋予了新的内涵。一方面，党内法规制度解释承担着完善党内法规制度体系的重任，肩负着将党内法规制度的优势转化为党内治理和国家治理效能的职责。另一方面，党内法规制度解释作为一种弹性化、灵活化的制度治理手段，能够与时俱进地融入新的治国理政理念，其是推进国家治理体系现代化建设的微观路径。

2. 改革收获新：党内法规制度解释的新基础

改革开放四十年来，中国由一个贫困大国发展为当今世界第二大经济体，经济、政治、文化、社会方面等都取得了巨大的发展，从而对党的领导、党的建设以及党的纪律提出了新的要求。中国的GDP从1978年的0.3645万亿元增长到2017年的82.7万亿元，年均增长约9.5%，在世界经济中的占比从1.8%

提高到15%左右。人均国内生产总值从381元增长到59660元，以震惊世界的速度大踏步迈入中等偏上收入国家行列。今天的中国已成为世界第二大经济体、第一大工业国、第一大外汇储备国，成为推动世界经济发展的重要力量。①

改革开放带来的发展建设，不仅为党内法规制度解释工作的开展提供了充足的物质基础，也为党内法规制度解释工作夯实了政治根基。一方面，社会主义民主政治建设进程不断加快，人民代表大会制度、中国共产党领导的多党合作和政治协商制度、民族区域自治制度、基层群众自治制度不断发展完善；另一方面，民众参政议政的热情不断高涨、参政议政的能力不断提升，其能够接触到党内法规制度文件，并且乐于、善于、能于解释党内法规制度文本，这极大地促使了党内法规制度解释的多元化发展。

改革开放的新收获，巩固了中国共产党治国理政的民主政治基础，丰富了党内法规制度体系建设的文化内涵，同时也予以了充足的物质基础保障。然而，我们在善用改革开放的成果时，也不能忽视改革开放带来的信息泄露、环境恶化、文化冲击等诸多挑战与风险。

3. 监察体制新：党内法规制度解释的新思路

党的十九大报告指出："深化国家监察体制改革，将试点工作在全国推开，组建国家、省、市、县监察委员会，同党的纪律检察机关合署办公，实现对所有行使公权力的公职人员监察全覆盖。制定国家监察法，依法赋予监察委员会职责权限和调查手段，用留置取代'两规'措施。"国家监察体制改革逐渐深化后，反腐败资源力量得到有效整合，集中统一、权威高效的反腐败体制和法治监督体系初步成型。

以党内监督全覆盖带动国家监察全覆盖，以党的纪律检查体制改革为国家监察体制改革打下基础、作出示范，是当前建立健全党内法规制度体系不可忽视的新要求。在政治逻辑上，深化国家监察体制改革是加强党的全面领导、厚植党的执政基础的必然要求和内在要义，在实践逻辑上，深化国家监察体制改革重要论述是推动全面从严治党向纵深发展、夺取反腐败斗争压倒性胜利的行

---

① 资料来源于搜狐网刊文《改革开放40年 中国人如何收获幸福感?》，2018－07－03。https：//www. sohu. com/a/239075265_ 110617

动指南,① 无论发展何种国家监察制度，无论完善何种国家监督体系，党内法规制度乃至党内法规制度解释的建设发展都不能脱离这一现实背景。

中央纪委与国家监察委联合办公后，两者联合发布的党内法规制度解释问题亟须引起关注并加以解决。如前所述，党内法规制度可以联合解释、各自解释，如何明确中央纪委与国家监察委联合制定的党内法规制度的解释责任归属，有待实务部门在实际工作中加以探索并有效规制。

4. 反腐态势新：党内法规制度解释的新需求

一家不治，何以治一方。党的十八大以来，党中央明确提出了加大反腐工作力度、创新反腐工作体制的新要求。党内法规制度解释是党内法规制度体系的一部分，也需要不断地进行创新，以适应新型的反腐体制。党内法规制度解释运用法律解释理论把党内法规制度的规则、条例、准则等更加科学化、具体化，合理化，有助于为构建与时俱进、体系完备、科学合理、内部统一、外部协调的党内法规制度体系，为当今反腐创新机制提供更加科学有力的理论保证，并作为党风廉政建设和反腐败斗争这个中心的一把利剑，为党的廉洁性和纯洁性建设作出卓越贡献。

在面对反腐高压的严峻形势下，党内法规制度解释有利于加强党对反腐败斗争的统一领导；通过职能整合，集中反腐败的资源和力量，形成一整套集中、权威、高效的反腐新体制，党要管党的思想更加深入到每位共产党员的心中，可以从思想上对共产党员形成威慑力。

习近平总书记曾强调，目前我党所面临的反腐败斗争的形势严峻，反腐败斗争与党风廉政建设是长期的、复杂的、艰巨的任务。从党的十八大到十九大，以习近平同志为核心的党中央，坚决惩治腐败的旗帜立场始终如一，遏制腐败蔓延势头的目标任务从未动摇。全党同志、全体人民见证了反腐败斗争从胶着状态到压倒性态势正在形成、压倒性态势已经形成的历史转变。“透明国际”所发布的“清廉指数”得分越高表示该国腐败程度越低，其中“0”表示“极度腐败”,“100”表示“非常清廉”，全球平均“清廉指数”为43。2016年中国评

① 资料来源于《中国纪检监察报》官网刊文《习近平总书记关于深化国家监察体制改革重要论述的内在逻辑体系》，中央纪委国家监委第六纪检监察室吴旭明，2018-04-19。http://csr.mos.gov.cn/content/2018-04/19/content_61463.htm

分为40，在评估的176个国家和地区中排名第79位，虽然较之14、15年有所改善，但当前腐败滋生的土壤依然存在，反腐败斗争的形势依然十分严峻复杂。① 党内法规制度和党内法规制度解释作为深化全面从严治党的制度抓手，在国家反腐形势日益严峻的情况下必然迎来更严格、更全面、更具体等新的发展。

（二）国际形势：从被动到主动

立足全球化的视角，党内法规制度解释与我国的新型国际地位、新型国际关系、新型国际话语以及新型国际挑战密不可分。（如图3－4）

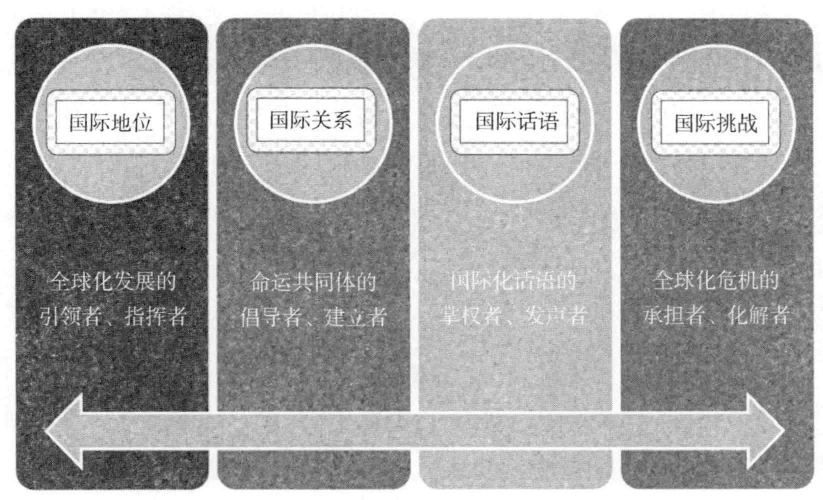

图3－4 党内法规制度解释面临的国际新形势

1. 国际地位新：全球化发展的引领者、指挥者

目前的全球化是经济发展、利益分配、资源消耗以及环境保护等多方面都不平衡的非均衡的全球化，而且当前全球经济和贸易均呈现持续低迷状态，全球化的发展受到阻碍。在国家保护主义与“逆全球化”思潮抬头的背景之下，中国在向世界各国抛出合作共赢的橄榄枝。

随着全球化中心逐渐由西方发达国家向发展中国家转移，中国在推动全球

① 文中仅列举了2016年中国清廉指数排名，2017年和2018年的相关数据缺失。数据资料来源于新浪微博刊文《2016年中国清廉指数排名79位较上年有所提升》，2017－02－14。http：//blog. sina. com. cn/s/blog_ 96e6b7cf0102x2re. html

经济结构不断转型升级、全球经济治理更加公平合理方面做出巨大贡献。中国的和平崛起对于整个世界都有重要的意义，中国现已由全球化的参与者、受益者、追随者转变成全球化的引领者、指挥者、推动者。在意愿方面，中国向世界亮明了全方位开放的态度，向世界展现中国积极推动全球化、拓展国际合作、为世界发展提供中国动力的开放姿态；在能力方面，中国已经在全球治理中发挥出更大的作用，中国近年来为全球治理与推动经济全球化方面提出了多项务实有效的主张，《纽约时报》《赫芬顿邮报》等外媒称“站在全球化钟摆运动的重要节点，中国正经历从全球化受益者到全球化贡献者和引领者的转变，未来世界将继续搭乘中国发展的‘顺风车’”；在机会方面，中国引领并抓住了新的全球化机遇，英国“脱欧”、美国对多边治理和维持全球运转毫无兴趣、中国的“一带一路”的合作倡议都是新的全球化机遇。因此，在推动新型全球化进程中中国已然具备成为引领者的条件。中国在新型全球化的引领作用主要从重构国际规则、“一带一路”倡议、科学技术创新、强化国际投资、开放国内市场、布局全球人才等方面体现。

党内法规制度解释作为开放性的党的治国理政方针的凝练和总结，既对中国人民展示，又向国外民众宣扬。因此，如何通过完善的解释体系促进国外政党以及国外民众对中国共产党执政方针的理解和认可，是当前党内法规制度解释工作完善不可忽视的国际因素。①

2. 国际关系新：命运共同体的倡导者、建立者

在外交关系上，习近平总书记提出构建以合作共赢为核心的新型的国际关系，积极开创良好的具有中国特色的大国外交局面，逐渐形成了新型国际关系、人类命运共同体、亲诚惠容的周边外交、正确义利观及国家总体安全观等一系列重要外交理念，并创造性地展开了“一带一路”倡议、亚投行建设、丝路基金设立等重大外交实践。

---

① 基于全球化视角的考量，党的制度建设或许有着更为深刻的含义。通常而言，党内法规制度以及党内法规制度解释的溢出效应往往限于政党内部或者国家内部，但是在全球化的背景下，尤其是各国执政党之间执政经验的交流与分享乃至合作，党内法规制度以及党内法规制度解释溢出的范围就更为广泛了，溢出的影响自然也就有了新的内涵。我们虽然不能将自己国家执政党的执政理念强加给其他国家，但是可以通过政治宣传与价值引领提升国际上的执政认可度。

“一带一路”倡议的提出，创新了国际合作与全球治理的模式，建立起了“全球伙伴关系网”，共同应对如全球气候变暖、全球经济复苏、恐怖主义等全球性挑战，使中国与沿线各国的联系更加紧密，促进亚欧非大陆沿线地区经济快速增长，改变全球经济政治的空间布局和活动方式及其流向，为世界范围内的均衡发展做出新的贡献，打造“一荣俱荣、一损俱损”的利益共同体。亚投行的建设进一步加强了区域经济的合作化，使亚洲各国合作不断加深，通过增强利益纽带巩固亚洲各国之间的关系。

这种新型的国际关系同时也对党的领导也提出了更高的要求，加强党的廉洁性建设必须要有一定的制度、规章加以规范，党内法规制度解释对党的规章、制度乃至一些琐碎的规范性文件进行更加科学有力的解释，从而使得每个党组织和党员在面对各种关系，处理各种事情时都有章可循。中美关系、中日关系以及中朝关系的微妙变化，影响了各国政党之间执政经验的交流与沟通，党内法规制度以及党内法规制度解释作为中国共产党的“制度名片”也备受影响。① 此外，党内法规制度解释在调和中国共产党与国外执政党交流关系中也起到了精准阐释和精准对接的重要作用。

3. 国际话语新：国际化话语的掌权者、发声者

中国在政治、经济、科技、军事、文化等方面的飞速发展，向世界展现了中国的实力，提升了中国的国际地位和威望，实力和地位的提升也为中国在国际上赢得了巨大的话语权，使中国的声音成为世界上不可忽视的大国之声。

独具优势和世界意义的中国模式和中国道路不仅对世界格局产生影响，也为世界和平作出了巨大贡献。中国正在用自信且具有亲和力的声音向世界解释中国理念、中国理论、中国制度，打破西方社会关于“中国不会生产思想”的谬论。中国文化的传播，让世界了解并认同中国和中国文化，使中国的国际话

---

① 就执政党之间的交流沟通而言，中日执政党交流机制开始于2006年，但从2009年开始，中国共产党和日本执政党之间的交流中断了约6年，2014年11月举行的中日首脑会谈中，双方确认了重新恢复两国执政党交流机制的共识。2015年3月24日，日本执政的自民党干事长谷垣祯一、公明党干事长井上义久和全国政协副主席、中共中央对外联络部部长王家瑞举行会谈，双方一致同意，恢复自2009年中断的中日执政党交流机制。在会谈之前，王家瑞对日本执政党代表团说：“能够面对面地相互说真话，增进双方对于各项政策和主张的理解，是十分重要的事。”

语权得到质的提升。在中国当今的外交工作中，中国积极参与到具体的国际事务之中，积极融入国际社会这个大家庭之中，“共同繁荣，打造人类命运共同体”“合作共赢，构建新型国际关系”“以史为鉴，维护世界和平与发展”等一系列外交理念和实践，将“中国态度”越来越多地纳入世界整体发展进程中，显著提升着中国国际话语权。

党内法规制度以及党内法规制度解释，是中国共产党治国理政的主要话语，其彰显了中国理念、中国理论以及中国制度的核心内容。党内法规制度解释对党内法规制度条文的阐述不仅能使条文自身在中国国内得以适用，更可以让全世界的国家、政党以及民众倾听中国共产党贯彻全面从严治党、坚持依法执政、发扬党内民主的政治话语。

4. 国际挑战新：全球化危机的承担者、化解者

随着当前全球化趋势和信息化程度的进一步加深，世界各国之间的竞争日趋激烈，中国与世界各国的联系也日益紧密，形成了“你中有我，我中有你”“一荣俱荣，一损俱损”的休戚与共的命运共同体。

21 世纪以来，面对全球气候变化、金融危机侵袭、国家恐怖主义等全球性的新挑战，世界各国都难以独善其身，只能互相合作、同舟共济、共渡难关，中国共产党不仅积极倡导国际合作、积极应对国际新挑战，还不断通过完善自身的建设和监督，以增强党对全球性危机的承受和解决能力，从而更好地承担国际上应该承担的责任和义务。当前国际形势虽总体稳定，但由于美国肆意干涉他国内政、能源和资源的竞争以及个别国家和极端势力铤而走险违反国际政治公约，导致国际形势局部动荡。面对局部动荡的国际形势，中国共产党向世界发出和平发展之声，向受难国伸出救苦救难之手，并向自身敲响警惕反省之钟，时刻铭记“打铁还需自身硬”的从严治党、从严管党的规律。

中国作为世界上最大而且发展最好的社会主义国家，国家意识形态与发达资本主义国家存在巨大的差异，但是中国自古以来都遵循“以和为贵”的邦交理念。中国的大国意识强烈，切实地担负起国际责任，在国际上倡导求同存异，在张扬个性中求取共性，增加和谐因素、尊重各国的社会制度、政党制度以及发展道路，在利益谋取上互相包容，在治理理念上相互借鉴，以不断促进世界和谐发展，深化各国之间的利益交融、合作互助的格局。

二、关系梳理：党内法规制度解释调整的新关系

在厘清了党内法规制度解释所面临的内外形势后，可进一步梳理党内法规制度解释的内外关系。一方面，着眼宏观领域，党内法规制度体系与国家法律法规体系、党内法治建设体系与国家法治建设体系等之间的关系，影响着党内法规制度解释体系的发展方向。另一方面，着眼微观领域，党内法规制度解释与党内法规制度、党内法规制度解释与法律法规解释等之间的关系，左右着党内法规制度解释体制机制和方式方法的构成与优化。（如图3－5）

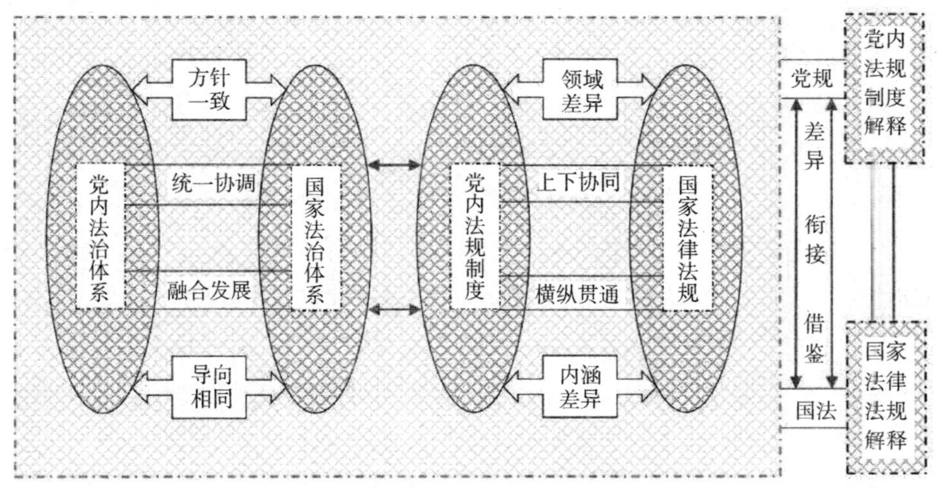

图3－5 党内法规制度解释“宏观－微观”关系梳理

（一）宏观视阈：党内法规制度体系与国家法律法规体系、党内法治建设体系与国家法治建设体系

党内法规制度解释体系的完善过程，其实就是党内法规制度体系的建设过程，也是党内法治建设体系和国家法治建设体系的发展过程。党内法规制度解释如果不置于体系化的建设思路而审视其自身与国家法律法规的衔接，是毫无意义的。换言之，统一在依法治国本体要求下的党内法规制度体系与国家法律法规体系的关联，对丰富党内法规制度解释内涵、更新党内法规制度解释理念有着重要的影响。

1. 党内法规制度体系与国家法律法规体系

（1）内部衍化：党内法规与党内制度、党内法规与规范文件

理顺党内法规制度体系与国家法律法规体系之间的关系必须从党内法规制度体系自身的构成要素着手，唯此，才能精准分解党内法规制度解释体系的构成及其与国家法律法规体系的衔接所在。

前文已对党内法规、党内制度、党内规范性文件、党内法规制度以及党内法规制度体系的概念与内涵予以界定①，在此基础上可进一步梳理其相互之间的关系。

一是党内法规与党内制度之间的关系。从两个概念产生的时间看，先有党内制度而后有党内法规。党内制度自中国共产党产生之日便初具模型，其以一种模糊性的制约体系的姿态逐渐被党的组织和党员所认可、所遵循，由此逐渐衍化成框架明晰、内容明确的成文制度。党内法规是党内制度发展到一定时期的高级形态，党内法规是更为抽象、更为概括的党内制度的有机组合或者集中统一。从制定的主体看，党内法规只能由省级以上党组织制定，而党内制度的制定主体可以是党的各级组织。换言之，党内制度调整的党内关系无论在时间上还是在空间上，均比党内法规更为宽泛，其灵活性、适用性与操作性也比党内法规更强。从概念的外延看，党内制度的外延明显大于党内法规，党内制度不仅包含党内法规，还包括党内规范性文件、党内惯例等。

二是党内法规与党内规范性文件之间的关系。从制定主体看，党内法规的制定主体只能是省级以上党组织，规范性文件的制定主体更为广泛，既包括党内法规的制定主体，还包括党的其他组织。从文件名称看，党内法规的名称是特定的，分别是党章、准则、条例、规则、规定、办法、细则，而规范性文件的名称一般为决议、决定、意见、通知等。从表述形式看，党内法规的内容应当用条款形式表述，而规范性文件一般不用条款形式表述。从内容看，党内法规通常要对违规责任及其追究作出明确规定，规范性文件则不一定要作出这方面的规定。从审核批准程序看，党内法规更为严格，一般要求采用会议审议批准方式，而规范性文件多采用领导传批方式。从效力看，同一主体制定的党内

---

① 详见第一章党内法规制度解释的基本原理中“党内法规制度解释的核心概念与内涵要义”部分。

法规与规范性文件，前者效力一般高于后者。①

由此，也引发了一个疑问：作为党内规范性文件的党内法规制度解释，其效力与党内法规制度相同，还是弱于党内法规制度？根据《中国共产党党内法规制定条例》的规定，党内法规的解释同党内法规具有同等效力，但是已有的工作表明大量党内法规制度解释多以党内规范性文件的形式存在，如XX答复的意见，若根据“同一主体制定的党内法规与规范性文件，前者效力一般高于后者”的认识，党内法规制度解释效力的大小便产生了冲突，这对党内法规制度解释的适用是极为不利的。

（2）外部共生：党内法规与国家法律、党的纪律与国家监察

先有中国共产党，才有中华人民共和国。换言之，先有了党的纪律、党内法规，才有了国家法律。② 执政党的内部规章制度，势必会影响整个国家的治理理念与治理形态，由此引起的党内法规与国家法律的衔接、党的纪律与国家监察的对接问题便不容忽视。

一是党内法规与国家法律之间的关系。党内法规是国家法律建设的重要保障，党内法规和国家法律都是党的治国理政方略的集中体现，唯独不同的是党内法规着眼党的内部，更强调对自身的治理和约束。对国家法律而言，其立法的依据和源头之一便是“将成熟的党内法规制度适时地经过法定程序上升为国家法律”。在区别上，一是两者调整对象不同，党内法规主要调整的是党内关系和党内生活，国家法律法规主要调整的是社会关系和社会秩序；二是两者制定机关和制定程序不同，党内法规是由省级以上党组织按照《中国共产党党内法规制定条例》规定的程序制定的，而国家法律法规是由全国人大及其常委会、国务院等根据《中华人民共和国立法法》规定的程序制定的；三是两者适用范围不同，党内法规适用于党组织和党员，国家法律法规适用于一切公民、法人和其他组织；四是两者实施方式不同，党内法规主要以党的纪律作为实施保障，

① 资料来源于中国共产党新闻网刊文《党内法规与相关概念的区别》，2013－08－29。http：//cpc. people. com. cn/n/2013/0829/c64387－22737341. html

② 这里的党内法规并不是制度意义上或者学术意义上的党内法规，其是一种模糊性的概念。党内法规这一概念的提出及其认同较晚，但是我们不能否认它的真实存在，在党内法规概念形成之前，党的纪律、党的规章、党的制度都是党内法规的集中体现。

国家法律法规主要依靠国家强制力保证实施。①

二是党的纪律与国家监察之间的关系。党的纪律涉及政治纪律、经济纪律、组织纪律、廉洁纪律、群众纪律、工作纪律和生活纪律等方方面面，是党的组织和党员必须遵守的行为规则，是中央纪委进行纪律检查工作的根本依据。国家监察不是行政监察、反贪反渎和预防腐败职能的简单叠加，而是在党直接领导下，代表党和国家对所有行使公权力的公职人员进行监督，既调查职务违法行为，又调查职务犯罪行为，其与党的纪律检查有着本质上的差异。然而，两者存在密切的联系。国家监察体制改革实现了党内监督与国家监督、党的纪律检查与国家监察的有机统一，通畅了纪法衔接的渠道、清除了党内党外监督的死角。② 中央纪委与国家监察委合署办公后，纪检监察机关既是党的监督执纪问责机关，又是国家执法部门，纪律审查和监察调查的相互配合体现了党的纪律与国家监察之间的密切衔接。

2. 党内法治建设体系与国家法治建设体系

（1）内在需要：党内法治体系与党内治理体系

党的十八届四中全会首次提出“建设中国特色社会主义法治体系”的论断，标志着中央的法治思想从“法制体系”到“法治体系”的深化和发展。党内法规制度体系是中国特色社会主义法治体系的重要组成，也是党内法治体系的基础与保障。

首先，民主化、科学化与法治化的治理理念集中体现在党内治理领域便是党内法治体系的系统建设与全面发展。党内法治体系以完备的党内法规制度体系为基础，以高效的法治实施体系、严密的法治监督体系为保障，通过党内立规、执规、督规、释规的有机结合推动党内治理走向法治化的新阶段。一是党内治理主体的多元化和党内治理方式的民主化可推动党内法治体系建设能够汲取各个方面的力量与各个主体的长处，避免一头独大、一家独言；二是党内治理手段的法治化和党内治理结构的网络化可有效提升党内法治体系发展建设的

① 资料来源于中国共产党新闻网刊文《党内法规与相关概念的区别》，2013－08－29。http：//cpc. people. com. cn/n/2013/0829/c64387－22737341. html

② 资料来源于中共云南省纪律检查委员会、云南省监察委员会官网刊文《深化监察体制改革做好法纪衔接的建议》，2017－12－21。http：//www. jjjc. yn. gov. cn/info－45－45039. html

科学性；三是民主化、科学化与法治化的治理理念与治理方式对推动党内治理能力的高效化起着重要作用。(如图 3－6)

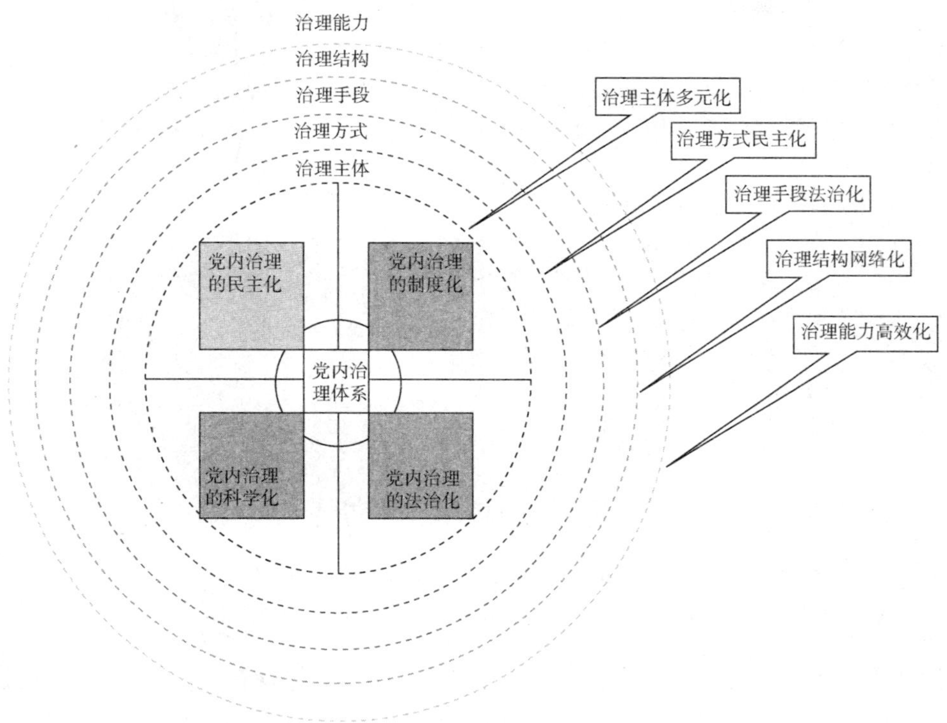

图 3－6 党内法治体系与党内治理体系的相互支撑关系

其次，党内法规制度解释既是党内法治体系的有机构成，同时又是党内治理手段的法治延伸。党内法治体系建设与党内治理体系建设，均离不开党内法规制度的完善和发展。一方面，法治的理念需要在党内法规制度以及党内法规制度解释文本中得到确切真实的体现，并且要融入党内法规制度“立、改、废、释”四维工作的各个维度，渗透在党内法规制度和党内法规制度解释规划、制定、执行、评估、纠偏、监督以及终结等每个程序。另一方面，法治的理念也要与党内治理的手段与方式密切结合，党内法规制度要因循民主的制定理念、严格科学的制定程序，党内巡视巡察监督以及党内民主决策建议等工作要植根党内治理法治化的“制度体系完善”“决策机制优化”“利益纠纷化解”以及“法治观念融入”等现实需要。(如图 3－7)

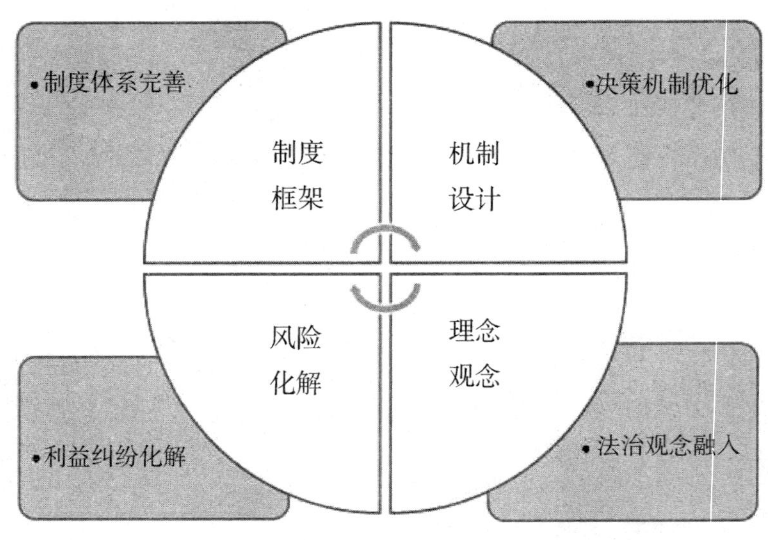

图 3－7　党内治理法治化的构成要素

（2）外在发展：党内法治体系与国家法治体系

如前所述，党内法规和国家法律是依法治国的“鸟之双翼、车之双轮”，其围绕着依法治国的基本方略呈现出一种共轭关系，并体现在功能目标、运行机制、制定程序、适用范围以及价值内涵之间的相互嵌入。①

既然党内法规制度是依法治国的重要维度，那么其所构成的党内法治体系也就与国家法治体系存在着密切的关联。

一是党的自身的法治意识和进程，直接决定着国家的法治意识和进程。没有党内法规，国家法律就显得极为单薄，也缺少了核心权力的有效保障。在推

① 参考李军《共轭关系：党内法规与国家法律》一文中的部分观点，载于《“新时代党内法规建设的理论与实践”学术研讨会暨首届全国党内法规机构建设论坛论文集》，2018－09－08。其认为党内法规与国家法律的共轭关系存在两个向度，即耦合度和内聚度。文中阐明：耦合度是对模块间关联程度的度量，内聚度是模块间功能强度的度量；党内法规与国家法律的耦合度是围绕依法治国这个本体所产生的关联程度，党内法规与国家法律的内聚度是围绕依法治国这个本体所产生的离散程度，这种离散程度体现了党内法规与国家法律的独立性；这种独立性体现在党内法规是义务本位、国家法律是权利本位，党内法规以集体主义为逻辑起点、国家法律以个人主义为逻辑起点，党内法规重视实体正义、国家法律重视程序正义，党内法规强调的是奉献和忠诚、国家法律强调的是信仰和维权，党内法规侧重整体意志实现、国家法律侧重个体意志实现。

进社会主义法治建设的伟大征程中，中国共产党始终发挥着根本性、全局性的领导作用，发挥着总揽全局、协调各方，引领依法治国正确政治方向的领导核心作用。“党要管党，从严治党”的执政意识、“决策于民，决策为民”的执政理念、“依法执政、依规治党”的执政要求反映在国家法治体系建设的伟大工程之中，便是依规治党与依法治国的统一与结合。

二是党内法规制度是党内法治建设的基础，同时也是社会主义法治建设的重要引领。坚持中国共产党的领导是中国特色社会主义最本质的特征，是中国特色社会主义法治建设之魂。中国共产党作为中国各项事务的领导核心，其内部法规对国家各个方面的建设影响甚大。全面推进依法治国，必须努力形成国家法律法规和党内法规制度相辅相成、相互促进、相互保障的格局，唯此，才能高屋建瓴地对国家法治体系的建设予以宏观谋划。

（二）微观视阈：党内法规制度解释与党内法规制度、党内法规制度解释与法律法规解释

如果说党内法规制度解释的概念界定是研究不得不解答的“元问题”，那么厘清党内法规制度解释与党内法规制度之间的关系便是由此而来的“根问题”。一方面，两者的关系梳理将回答党内法规制度解释的功能定位问题，有助于我们理解“为什么会存在党内法规制度解释”。另一方面，同为“解释”的党内法规制度解释和国家法律法规解释，两者的运作机理是否存有异同，是否可以借鉴国家法律法规解释的发展经验夯实党内法规制度解释的建设基础，这也是开展相关研究不可回避的首当其冲的难题。

1. 党内法规制度解释与党内法规制度

（1）时间先后：内容从属关系

如前所述，党内法规制度解释是针对党内法规制度条文所作的释义，其从属于党内法规制度，是党内法规制度衍化、派生的相对独立的体系。

因此，在生成顺序上，先有党内法规制度的出台而后有党内法规制度解释的制定，两者前后对应。① 依法理而言，“法无解释，不得适用”，这就要求党

① 党内法规制度解释必然对应相关的党内法规制度，但是并非所有的党内法规制度均有对应的解释。一方面，同一党内法规制度可能有若干不同的解释，多个党内法规制度也可能有一个共同的解释。另一方面，有些条文明确、实施可行的党内法规制度不需要进行解释，其次，党内法规制度解释不能独立存在。

内法规制度，尤其是那些执行力强、适用性广且与现实问题问题密切相关的党内法规制度必须做出相应的解释，否则无法具体适用。但是这仅是学理层面的推敲，现实中那些条文能够得以明确理解的党内法规制度无须解释，否则会造成条文理解复杂化、多样化、混淆化的弊端。

从功能发挥的内在关联角度看，党内法规制度解释的功能有二：一是具化、细化抽象、概括的党内法规制度文本，确保党内法规制度准确、有效地适用；二是填补党内法规制度漏洞，弥补党内法规制度制定、实施过程中的缺陷。由此可见，党内法规制度解释根本服务于党内法规制度，两者相辅相成。一方面，党内法规制度指引着党内法规制度解释的根本方向，这不仅体现在党内法规制度解释忠于党内法规制度原文这一个层次，还体现在党内法规解释的工作规定与制度需要通过制定大量的党内法规制度予以规范，如《中国共产党党内法规解释工作规定》以及《中共中央纪律检查委员会关于加强纪检条规解答工作的通知》等。另一方面，党内法规制度解释虽然无法越过党内法规制度自身的高度，但是其对立规原意的阐述以及漏洞空缺的填补可以加深人们对既有党内法规制度的理解与反思，进而推进新规的创制与旧规的修改。

（2）空间一致：效力平等关系

党内法规制度解释虽然从属于党内法规制度，但是在两者的效力关系上，党内法规制度解释与党内法规制度却是平等的。《中国共产党党内法规制定条例》中明确规定“党内法规的解释同党内法规具有同等效力”。因此，无论何种位阶的党内法规所对应的解释、无论何种形式与类型的党内法规解释乃至各类党内制度、党内规范性文件的解释，其效力同所对应的党内法规制度相同。

效力的一致性决定了党内法规制度解释在党内法规制度体系中的重要地位。然而，党内法规制度解释效力的层级划分问题需要引起关注。首先，党内法规有不同的位阶，按照法学的一般原理，下位法不得与上位法冲突，否则便是无效的。换言之，党章、准则、条例、规则、规定、办法和细则的效力是有梯级的，其各自的解释也有着效力层级的划分，下位阶的党内法规解释不得与上位阶的党内法规解释冲突。但是对党内制度和各种党内规范性文件而言，其自身的位阶划分本来就不明确，其解释之间的效力大小和层级梯度则更显得十分混沌。其次，党内法规制度的个别性解释，尤其是上级党组织对下级党组织针对特殊事项与特定案例的请示所做出的答复意见，其效力的适用与推广的范围不明确，具备解释功能的答复意见与正式的解释文件的效力往往存在差异，但是这种差异绝非制度与功能上的差异，而是程序与形式上的不同。①

2. 党内法规制度解释与法律法规解释

（1）领域不同：体系对立关系

党内法规制度与国家法律法规存在差异，党内法规制度解释与法律法规解释也存在差异。党内法规制度解释区别于法律法规解释，但是却不得不与法律法规解释相联系。

首先，就两者的差异性而言，党内法规制度解释的制定主体、意志主张、规范对象、立法技术、创制标准、运作机理、适用范围以及责任后果等方面与法律法规解释存在显著不同。党内法规制度“政治属性强、法律属性弱”的特点，也势必会反映在党内法规制度解释之上，造成了其与法律法规解释最根本、最基础的区别——在国家治理中的领域定位和价值追求。

其次，在两者功能的倾向性上，法律法规解释的功能主要集中在阐述条文原意与针对特定案件的法律法规条文的具体适用问题。然而，对党内法规制度解释而言，由于党内法规制度体系的建设仍处在起始阶段，存在大量的制度漏洞与法规空缺，因此，其应当注重“填补党内法规制度漏洞”的功能发挥。当然，有关党内法规制度如何适用具体案件的问题，也是其“具化、细化抽象、概括的党内法规制度文本”的功能所在，同样不得忽视。

从这一角度看，分别从属于党内法规制度和国家法律法规的党内法规制度解释和法律法规解释在解释目的、解释原则、解释程序以及解释方法等方面可能并不相通。

---

① 现存大量针对党内法规制度的答复意见，这些答复意见具备解释的功能，但是解释的特征却不明确。尤其是大量答复意见往往以批复、函复公文的形式发出，而非通过严格的制定审批程序予以颁布，这就导致了其适用范围仅限于请示的特定问题而无法推广至更广泛的领域。针对这一问题，可以通过及时汇总不同答复意见的内容，并制定成体系化、规范化的党内法规制度解释文件予以解决，如《中共中央组织部关于〈党政领导干部选拔任用工作条例〉若干问题的答复意见》便是对各种针对性案件适用问题的整合汇总。

（2）学科相融：导向相同关系

然而，党内法规制度与国家法律法规于差异之中仍有着密切的联系。一方面，党内法规制度与国家法律法规的差异并非相互对抗而是互为支撑的，两者价值取向的一致、规范对象的相融、功能发挥的互补、制度建设的衔接使其统一于国家法治体系之中（付子堂，2015）。

从学科角度看，融合政治学、法学等交叉学科属性的党内法规学“应当借鉴法学的立法技术思路和方法”（李林，2017），藉以完善自身的体系化建设。因此，法律法规解释可能为党内法规制度解释提供了学理研究与实践操作等方面的有益指导，两者存有差异但相互关联，彼此之间的制度框架、体系构成、方法原则等方面相互贯通、相互融合。首先，就解释的体系框架而言，健全解释制度、明确释权归属以及规范工作程序等均是党内法规制度解释和法律法规解释需要予以前置解决的问题。其次，就解释的方式方法而言，既定的方法已被法律法规解释所充分挖掘与运用，党内法规制度是法律语言的表达，也是各种规范性条文的汇总，其在文字属性上与法律法规并无太大差异。因此，党内法规制度解释也必须采用法律法规解释的一般方法。

此外，党内法规制度解释需要法律法规解释的补充，以弥补中国共产党外部治理的不足与空缺。反之，法律法规解释也需要党内法规制度解释的在政治方向上的有力指引，以确保国家的法律、法规、制度乃至政策不违背中国共产党的执政理念与执政宗旨。（如图 3 – 8）

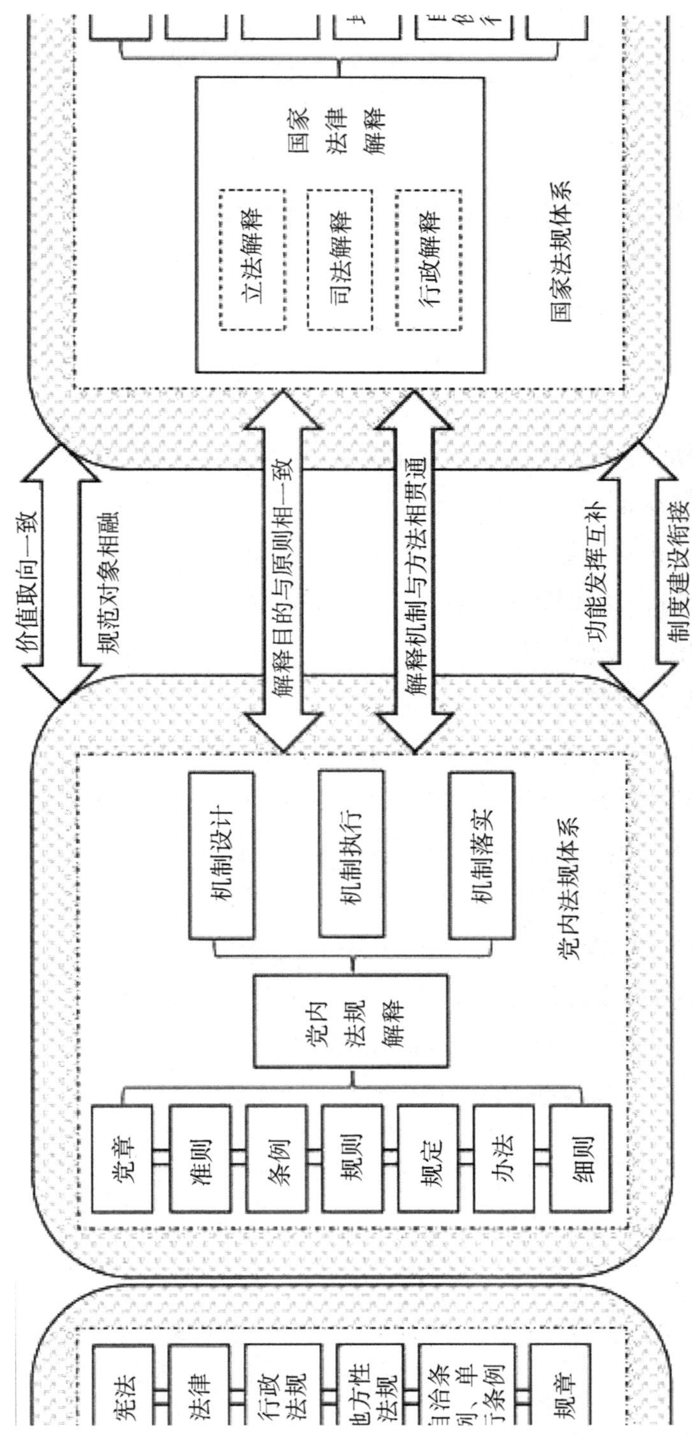

图 3-8 党内法规解释与国家法律解释的领域划分与关系梳理

第四章　党内法规制度解释的实证考察

因循上述思路，考析党内法规解释制度化、规范化、法治化建设的现状及问题必须立足现存党内法规制度中有关解释的具体条文规定，同时应对各类党内法规制度解释文件的文本内容加以考量，并通过与法律法规解释制度化、规范化、法治化建设的成效予以两相对比，以规范分析出当前我国党内法规解释存在的盲点、堵点、痛点与难点。

研究样本数量的选择对于能否精准地发现问题至关重要。为了提升研究问题与对策的可信度，我们不惜花费巨大的时间成本穷尽当前有关党内法规制度解释的相关规定和政策、国家法律法规解释的相关规定和政策以及各种党内法规制度解释文件，包括大量党内法规制度中有关解释的条款。其中，整理分析了党内法规制度解释的相关规定和政策 8 件，国家法律法规解释的相关规定和政策 10 件，党内法规制度 34 件，党内法规制度解释文件 67 件。①

通过对党内法规制度解释“量”与“质”两方面的分析不难发现，当前我国党内法规制度解释于宏观层面存在法规依据单薄、制度保障片面、体系重心失衡等不足，于微观层面存在体例形式混杂、释权归属分散、程序规范缺失等

① 文中所列举分析的党内法规制度文件、党内法规制度解释文件、党内法规制度解释的相关规定及政策、国家法律法规解释的相关规定和政策均通过各类数据库或者法律法规制度汇编等书目的检索获得。主要数据库和书目有：“中国共产党员网党内法规制度库”“中国共产党新闻网党内规章选编”“北大法宝法律法规库”以及《最新领导干部常用党内法规规范手册》《新〈中国共产党纪律处分条例〉“六大纪律”及纪法衔接常用法规手册》《中国共产党党内重要法规（2016 年版）》《中国共产党常用党内法规规范性文件汇编（2018 年版）》等。

弊端，这些问题既阻碍了党内法规制度解释体系的完善与发展，也影响了党内法规制度体系的整体建设进程。

一、党内法规制度解释的政策梳理及对比分析

党内法规制度解释工作能否有序开展，依赖于是否存在明确的制度规范与强力的制度保障。当前，我国党内法规制度解释的针对性规定较少，配套的制度与政策严重不足，这是我国党内法规制度解释制度化、规范化、法治化建设发展的最大阻碍。

（一）党内法规制度解释与国家法律法规解释的相关规定及其内容梳理

1. 党内法规制度解释的相关规定及内容梳理

有关党内法规制度解释的相关规定及政策如下。(如表4-1)

表4-1 党内法规制度解释的相关规定及内容梳理①

文件名称	出台时间	有关党内法规制度解释的主要内容
《关于党内政治生活的若干准则》	1980.02.09	◆“少数人闹事，党员必须按照党的政策向他们进行宣传解释，慎重处理，使事态平息；对他们提出的某些合理要求，要说服和帮助他们通过正常的途径解决” ◆明确提出了对党的政策进行解释的要求，解释的主体为党员，针对民众闹事等问题予以针对解释
《中共中央纪律检查委员会关于加强纪检条规解答工作的通知》	1993.04.22	◆“加强党的纪律检查条规建设，保证纪检条规解释、答复的准确性和规范性” ◆明确规定了中央纪委开展的党内法规制度解释工作的责任主体、主要程序以及形式体例等要求

① 表中部分文件并未全面公开，因此未对其内容予以呈现；部分文件发布时间不明确，因此无法精确到日。碍于资料搜集查询的能力与研究时间的限制，表中整理汇总的党内法规制度解释的相关规定及政策可能并不全面。

续表

文件名称	出台时间	有关党内法规制度解释的主要内容
《中国共产党党内法规制定条例》	2013. 05. 27	◆“中央党内法规解释工作，由其规定的解释机关负责。本条例施行前发布的中央党内法规，未明确规定解释机关的，由中央办公厅请示中央后承办”“中央纪律检查委员会、中央各部门和省、自治区、直辖市党委制定的党内法规由其自行解释”“党内法规的解释同党内法规具有同等效力” ◆党内法规制度解释的根本法规制度依据，明确了不同类型党内法规制度解释的责任主体、工作程序以及适用效力
《中央党内法规制定工作五年规划纲要（2013－2017年）》	2013. 11. 27	◆“党内法规工作的统筹规划机制、审议审核机制、动态清理机制、备案审查机制、解释评估机制建立健全并有效运行，不同领域、不同位阶、不同效力的党内法规相互衔接，党内法规的系统性、协调性、统一性明显提高”“做好党内法规解释工作，保证党内法规制定意图和条文含义得到准确理解” ◆对党内法规解释工作予以宏观规划，强调党内法规解释的重要性以及机制完善的主要思路
《中国共产党党内法规解释工作规定》	2015. 07. 06	◆“全面规范我国党内法规解释工作”（该文件未予以全面公开） ◆首部针对党内法规制度解释问题的所作出的较为系统全面的正式规定，标志着我国党内法规制度解释工作步入正轨，涉及党章、准则、条例、规则、规定、办法和细则等各个位阶党内法规及党内规范性文件的解释工作的规范
《关于新形势下党内政治生活的若干准则》	2016. 11. 02	◆“涉及全党全国性的重大方针政策问题，只有党中央有权作出决定和解释” ◆针对解释权的归属问题，明确提出了“涉及全党全国性的重大方针政策问题”的解释主体是党中央
《关于加强党内法规制度建设的意见》	2017. 06	◆“加强学习教育，加大党内法规宣讲解读力度，将党内法规制度作为各级党委（党组）中心组学习重要内容，纳入党校、行政学院、干部学院必修课程” ◆强调党内法规制度宣讲解读的重要性，间接地规范了非正式的党内法规制度解释工作的要求

续表

文件名称	出台时间	有关党内法规制度解释的主要内容
《中央党内法规制定工作第二个五年规划（2018－2022年）》	2018. 02	◆“坚持立改废释并举。坚持党内法规和规范性文件相得益彰。坚持党内法规同国家法律衔接和协调”（原件未予以全面公开） ◆将党内法规制度解释与党内法规制度的“立、改、废”予以同等重要考量，突出了党内法规制度解释的重要作用
《中国共产党党内法规制定条例》	2019. 09	◆“党内法规需要进一步明确条款具体含义或者适用问题的，应当进行解释。中央党内法规由党中央或者授权有关部委解释，中央纪律检查委员会以及党中央工作机关和省、自治区、直辖市党委制定的党内法规由制定机关解释。党内法规的解释同党内法规具有同等效力。” ◆党内法规制度解释的根本法规制度依据，强调了党内法规解释的重要性、必要性，规范了不同类型党内法规制度解释的责任主体、工作程序以及适用效力

通过上述文件的整理分析不难发现，党中央对加强党内法规制度解释重要性的认识较早，但是根本制度依据和配套性的制度政策极为匮乏。

2. 国家法律法规解释的相关规定及内容对比

如前文所述，国家法律法规解释体系的发展已较为健全，形成了“立法解释”“司法解释”和“行政解释”三位一体的解释框架。有关国家法律法规解释的相关规定较多，其主要典型文件与党内法规制度解释相关规定的对比如下。（如表4－2）

表4－2 党内法规制度解释与国家法律法规解释的根本依据、主要工作规定及其他主要规范性文件的对比

类型	层次	根本依据	主要工作规定及其他规范性文件
党内法规制度解释	中央党内法规自行解释	◆《中国共产党党内法规制定条例》	◆《中国共产党党内法规解释工作规定》（涉及各个位阶党内法规解释） ◆《中共中央纪律检查委员会关于加强纪检条规解答工作的通知》（针对中纪委党内法规解释）
	中央党内法规授权解释		
	其他党内法规自行解释		
国家法律法规解释	立法解释	◆《中华人民共和国宪法》（涉及宪法解释） ◆《中华人民共和国立法法》	◆《中共中央关于全面推进依法治国若干重大问题的决定》（涉及宪法解释） ◆《全国人民代表大会常务委员会关于加强法律解释工作的决议》
	司法解释	◆《中华人民共和国立法法》	◆《全国人民代表大会常务委员会关于加强法律解释工作的决议》 ◆《最高人民法院关于司法解释工作的规定》 ◆《最高人民检察院司法解释工作规定》 ◆《最高人民法院 最高人民检察院关于地方人民法院、人民检察院不得制定司法解释性质文件的通知》
	行政解释	◆《行政法规制定程序条例》 ◆《规章制定程序条例》	◆《全国人民代表大会常务委员会关于加强法律解释工作的决议》 ◆《国务院办公厅关于行政法规解释权限和程序问题的通知》

就有关解释的根本依据而言，《中国共产党党内法规制定条例》和《中华人民共和国立法法》中有关党内法规制度解释和国家法律法规解释的规定内容对比如下。（如表4－3）

表 4－3　《中国共产党党内法规制定条例》和《中华人民共和国立法法》中有关解释条文规定内容的对比①

名称	有关解释的条款规定数量	有关解释工作的具体规定					
		权力归属	工作程序				效力规定
			要求提出	草案拟定	审议修改	表决公布	
《中国共产党党内法规制定条例》	◆第六章“保障”第三十四条 ◆共一条、二款	◆中央党内法规由党中央解释 ◆中央党内法规授权有关部委解释 ◆中央纪律检查委员会以及党中央工作机关和省、自治区、直辖市党委自行解释	无规定	无规定	无规定	无规定	同党内法规具有同等效力
《中华人民共和国立法法》	◆第二章“法律”第四节“法律解释”第四十五条至第五十条；第六章“附则”第一百零四条 ◆共七条、十款、两项	◆全国人大常委会负责解释 ◆最高法、最高检可作出属于审判、检察工作中具体应用法律的解释，但须向全国人大常委会申请或报全国人大常委会备案	◆规定的下级（省级）人大常委会向全国人大常委会提出解释要求 ◆最高法、最高检遇有第四十五条第二款规定的情况，须向全国人大常委会提出解释要求	◆全国人大常委会相关工作机构研究拟订法律解释草案	◆全国人大常委会会议审议 ◆全国人大法律委员会审议、修改，提出草案表决稿	◆全国人大常委会全体组成人员过半数通过生效 ◆全国人大常委会发布公告予以公布 ◆最高法、最高检依法作出的解释应自公布之日起三十日内报全国人大常委会备案	同法律具有同等效力

① 表中仅就《中国共产党党内法规制定条例》和《中华人民共和国立法法》中有关解释工作的内容进行对比。《中华人民共和国立法法》中有关法律法规解释的规定仅限于立法解释和司法解释，并未涉及行政解释。《中国共产党党内法规解释工作规定》虽印发实施，但并未全面公开，因此，表中未对其进行分析。

两相对比不难发现，无论是宏观的政策规范还是微观的程序规定，党内法规制度解释均远不如国家法律法规解释那样完善。

（二）问题及困境成因分析

1. 党内法规制度解释缺少缜密的法规依据

（1）党内法规制度解释的根本依据不充分

《中国共产党党内法规制定条例》是党内法规建设的“根本法”，也是党内法规制度解释的根本依据。《中国共产党党内法规制定条例》第六章“保障”第三十四条中的二款对党内法规解释予以制度化的规范，而与其地位与功能相似的《中华人民共和国立法法》，有关法律解释的规定却有第二章“法律”第四节“法律解释”中的第四十五条至第五十条、第六章“附则”中的第一百零四条。对比《中国共产党党内法规制定条例》与《中华人民共和国立法法》中有关解释规定的具体条文，不难发现党内法规解释的条文篇幅、细致程度略显不足：在形式上，相比《中华人民共和国立法法》七条、十款、两项的法律解释条文数量，《中国共产党党内法规制定条例》仅有一条、二款，相关法规条文的简化不仅致使其自身过于概括笼统而缺少操作应用性，而且在一定程度上削弱了党内法规解释在党内法规体系中的地位；在内容上，《中国共产党党内法规制定条例》仅明确规定了党内法规的解释主体与效力，却未同《中华人民共和国立法法》一样进一步明确解释程序与规则，尤其是有关解释工作的具体程序如“要求提出”“草案拟定”“审议修改”和“表决公布”等“如何解释”的问题，这意味着不同的党内法规解释主体在没有明确的程序规范时很难保证其自身解释的质量，致使党内法规解释工作流于形式、浮于表面。换言之，“如何解释”“怎样解释”的问题没有根本的“法规依据”。

诚然，上述问题有的虽在《中国共产党党内法规解释工作规定》中得到部分解决，《中国共产党党内法规和规范性文件备案审查规定》也对党内法规及“具有普遍约束力、可以反复适用”的党内规范性文件的审查、备案与修改程序予以规制，但是缺少“根本法”的明确规定，而《中国共产党党内法规解释工作规定》和《中国共产党党内法规和规范性文件备案审查规定》自身位阶较低，其效力的发挥也受限，加之针对党内制度和党内规范性文件解释的规定极少，党内法规制度解释的规范化建设难有保障。

（2）党内法规制度解释的工作规定不健全

就不同层次的制度保障与具体规定而言，相比法律解释《全国人民代表大会常务委员会关于加强法律解释工作的决议》《关于司法解释工作的规定》《最高人民检察院司法解释工作规定》和《国务院办公厅关于行政法规解释权限和程序问题的通知》等法规制度对立法解释、司法解释和行政解释的系统化、分类化的规范与指导，党内法规制度解释的具体工作规定则更显“捉襟见肘”，缺少类似“关于党内法规制度解释工作的指导意见”等更为具体的党内法规或规范性文件，系统的党内法规制度解释工作制度尚未建立健全。

当前，能够对党内法规制度解释工作予以系统的规范和指导的文件仅有《中国共产党党内法规解释工作规定》和《中共中央纪律检查委员会关于加强纪检条规解答工作的通知》，伴随着党的制度建设的不断发展，大量党内法规制度不断制定、不断修改、不断清理，仅靠一个党内法规和一个党内规范性文件对党内法规制度解释予以规范是远远不够的。新形势下，党的纪律建设任务逐渐加重，中央纪委承担的工作责任也日益增多，国家监察体制改革后，中央纪委与国家监察委联合制定、联合发布的党内法规制度如何解释的问题也亟待明确。《中共中央纪律检查委员会关于加强纪检条规解答工作的通知》于1993年4月22日制定出台，其条文内容仅有四部分共428个字，时隔20余年，文件中的内容必然无法满足当前的需求：一方面，其有关“纪检条规”界定极为模糊，不符合当前党内法规制度相关概念的内涵与外延；另一方面，其“党的纪检机关与行政监察机关合署办公后，凡有关行政监察法规政策解答工作，仍按照《监察部关于加强监察法规政策解答工作的通知》的规定办理”等规定已过时，无法契合当前国家监察委成立后其与中央纪委联合办公的现实，因而无法针对性的规范中央纪委与国家监察委联合制定、联合发布的党内法规制度解释工作等具体问题。

此外，从名称上来看，《中国共产党党内法规解释工作规定》针对的是党内法规的解释工作，搜集整理的文件中并没有关于党内制度和党内规范性文件解释工作的具体规定，这也就导致了党内法规解释“一头独大”而党内制度、党内规范性文件解释“徒有其表”的失衡。

没有强力的制度保障与详细的制度规范，是党内法规制度解释工作存在问题的根本原因。

2. 党内法规制度解释缺少宏观的政策规划

（1）党内法规制度解释的宏观规划不完善

党内法规制度的制定、修改根据五年规划和年度计划统筹进行，党内法规制度解释亦不例外。

《中央党内法规制定工作五年规划纲要（2013－2017年）》和《中央党内法规制定工作第二个五年规划（2018－2022年）》中虽然分别提出“解释评估机制建立健全并有效运行”“做好党内法规解释工作，保证党内法规制定意图和条文含义得到准确理解”和“坚持立改废释并举”的要求，但其多是针对“亟待制定”和“有待修改”的党内法规制度予以规划，即针对党内法规制度的“立、改”问题，却没有对在党内法规制度实施过程中那些亟须系统解释的普遍问题加以考量，如在实际工作中普遍出现且意义重大的“不同领域、不同人员、不同性质的违纪行为适用《中国共产党纪律处分条例》的解释问题”等。而相比党内法规制度的清理即“废”的问题，党内法规制度解释也未有与其类似的阶段性工作规划，如《中共中央办公厅关于开展党内法规和规范性文件清理工作的意见》等，以及针对性工作任务，如《中共中央关于涉党和国家机构改革党内法规和相关文件专项清理的决定》等。换言之，过于注重党内法规制度的“立、改、废”问题，而如何精准党内法规制度适用的解释问题却没有引起足够的重视。

（2）党内法规制度解释的政策指导不切实

除了宏观规划的缺失，党内法规制度解释的政策指导也不健全。

《关于加强党内法规制度建设的意见》中既未系统地对党内法规制度解释工作予以指导，也未对党内法规制度解释体系的建设予以考量，其强调“加大党内法规宣讲解读力度”的要求仅限于理论学习与政策普及层面，而忽视了党内法规制度在贯彻实施中如何阐述、如何适用、如何执行的操作性问题；而其对各级党委及其党内法规工作机构所负职责的规定，也未将党内法规制度解释的具体职责予以层级上的划分。

《关于党内政治生活的若干准则》也存在同样的问题，“党员必须按照党的政策向他们进行宣传解释”的规定过于强调非正式解释的运用而忽视了正式解释的规范与发展，这一问题虽在《关于新形势下党内政治生活的若干准则》中得到部分解决，但是《关于新形势下党内政治生活的若干准则》特别强调的

“涉及全党全国性的重大方针政策问题，只有党中央有权做出决定和解释”的规定，也没有将党内法规制度解释工作的规范化建设落到实处，哪些问题属于“涉及全党全国性的重大方针政策问题”没有准确界定，党中央“如何做出决定和解释”、通过何种程序进行解释、是否需要特殊的授权解释、如何规范解释等一系列问题都没有得到明确，如此一来，更加混乱了党内法规制度解释工作的开展。

宏观规划与政策指导上的缺失，不仅限制了党内法规制度解释功能的充分发挥，而且难以弥补现有法规依据与制度保障不足的缺陷，致使党内法规制度解释工作流于形式、浮于表面。

二、党内法规制度解释的内容梳理及对比分析

党内法规制度解释工作依何开展，除了相关工作规定与政策规划外，还需根据每一件党内法规制度中有关解释条款的具体规定。分析党内法规制度解释存在的不足，更要结合当前已有的党内法规制度解释文件，通过对其格式体例与具体内容的分析，发现党内法规制度解释工作的微观问题。

（一）党内法规制度中有关解释条文及党内法规制度解释文件统计梳理

1. 党内法规制度中有关解释条文的统计梳理

根据《中国共产党党内法规制定条例》第十四条的规定，党内法规制度应当明确自身的解释机关。党内法规制度中对自身解释机关的规定，是规范其解释主体的依据所在。部分主要党内法规制度中有关解释条文的统计梳理如下。(如表4-4)

表4-4 部分典型党内法规制度的发文部门、规定解释主体及其解释机制分析

位阶	党内法规名称	出台时间	发文部门	解释主体	解释机制
党章	《中国共产党章程》	2017.10.24	中共中央	自身无规定	—
准则	《关于新形势下党内政治生活的若干准则》	2016.10.27	中共中央	自身无规定	—
	《中国共产党廉洁自律准则》	2015.10.18	中共中央	自身无规定	—

续表

位阶	党内法规名称	出台时间	发文部门	解释主体	解释机制
条例	《中国共产党纪律处分条例》	2018.08.26	中共中央	中央纪委	授权单独解释
	《中国共产党巡视工作条例》	2017.07.01	中共中央	中央纪委会同中央组织部	授权会同解释
	《中国共产党工作机关条例（试行）》	2017.04.12	中共中央	中央办公厅商中央组织部、中央编办	授权商请解释
	《中国共产党党组工作条例》	2019.04.15	中共中央	中央组织部会同中央办公厅	授权会同解释
	《中国共产党地方委员会工作条例》	2015.12.25	中共中央	中央办公厅商中央组织部	授权商请解释
规则	《中国共产党党委（党组）理论学习中心组学习规则》	2017.01.30	中央办公厅	中央宣传部	授权单独解释
	《中国共产党纪律检查机关监督执纪工作规则》	2019.01.01	中央办公厅	中央纪委	授权单独解释
	《统筹实施引导高校毕业生到农村基层服务项目工作部际协调机制议事规则》	2009.10.15	中央组织部、人力资源和社会保障部、教育部	—	—
规定	《公职人员政务处分暂行规定》	2018.04.16	中央纪委、国家监察委	中央纪委、国家监察委	自行联合解释
	《国家监察委员会管辖规定（试行）》	2018.04.17	中央纪委、国家监察委	自身无规定	—
	《党政机关国内公务接待管理规定》	2013.12.01	中央办公厅、国务院办公厅	国家机关事务管理局会同有关部门	授权会同解释

续表

位阶	党内法规名称	出台时间	发文部门	解释主体	解释机制
规定	《县以上党和国家机关党员领导干部民主生活会若干规定》	2016. 12. 23	中共中央	中央组织部	授权单独解释
	《山东省高等院校领导干部廉洁自律八条规定》	2008. 07. 12	中共山东省纪委、中共山东省委高校工委、山东省监察厅、山东省教育厅	—	—
办法	《中国共产党党内法规执行责任制规定（试行）》	2019. 09. 03	中共中央	中央办公厅	授权单独解释
	《国家监察委员会特约监察员工作办法》	2018. 08. 24	中央纪委、国家监察委	国家监察委	自行单独解释
	《中央直属垦区“部省双重领导、以省为主”管理暂行办法》	2018. 04. 03	农业农村部、中央编办、国家发改委	自身无规定	—
	《重庆市实施〈中国共产党党务公开条例（试行）〉办法》	2018. 04. 27	中共重庆市委	市委办公厅会同市委组织部	授权会同解释
	《重庆市实施〈中国共产党问责条例〉办法》	2017. 02. 17	中共重庆市委	市委负责解释，具体解释工作由市纪委承担	自行委派解释
	《关于落实党风廉政建设责任制的实施办法》	2013. 04. 07	中共山东省委、山东省人民政府	山东省纪委、省监察厅	联合授权各自解释
	《中共山东省委贯彻〈中国共产党巡视工作条例〉实施办法》	2016. 01. 23	中共山东省委	省委负责解释，具体工作由省委办公厅商省纪委、省委组织部承担	自行委派商请解释

续表

位阶	党内法规名称	出台时间	发文部门	解释主体	解释机制
细则	《全国高校文明校园测评细则》	2017.06.19	教育部办公厅、中央文明办秘书局	中央文明办、教育部	自行联合解释
	《党政主要领导干部和国有企业领导人员经济责任审计规定实施细则》	2014.07.27	中央纪委机关、中央组织部、中央编办、监察部、人力资源社会保障部、审计署、国资委	审计署	自行单独解释
	《关于组织人事部门对领导干部进行提醒、函询和诫勉的实施细则》	2015.06.28	中央组织部	中央组织部	自行单独解释
规范性文件	《关于统筹规范督查检查考核工作的通知》	2018.10.09	中央办公厅	—	—
	《关于加强文物保护利用改革的若干意见》	2018.07.06	中央办公厅、国务院办公厅	—	—
	《关于加强新时代人民政协党的建设工作的若干意见》	2018.10.14	中央办公厅	—	—
	《中央企业领导人员管理规定》	2018.09.29	中央办公厅、国务院办公厅	—	—
	《中共山东省纪委关于加强廉政文化建设的实施意见》	2007.03.21	中共山东省纪委	—	—
	《关于落实全面从严治党要求进一步加强省直机关党的建设的意见》	2016.09.14	中共山东省委办公厅	—	—

续表

位阶	党内法规名称	出台时间	发文部门	解释主体	解释机制
规范性文件	《四川省行政机关首问负责制度》	2008. 04. 27	中共四川省委办公厅、四川省人民政府办公厅	四川省政府法制办公室	联合授权单独解释
	《四川省行政机关限时办结制度》	2008. 04. 27	中共四川省委办公厅、四川省人民政府办公厅	四川省政府法制办公室	联合授权单独解释
	《四川省行政机关责任追究制度》	2008. 04. 27	中共四川省委办公厅、四川省人民政府办公厅	四川省监察厅	联合授权单独解释

以上党内法规制度既涉及党的中央组织以及中央纪律检查委员会、中央各部门所制定的党内规章制度，也包含省、自治区、直辖市党委制定的规范党组织的工作、活动和党员行为的党内规章制度。其中，包含大量党内制度和党内规范性文件，如中央办公厅印发的《关于统筹规范督查检查考核工作的通知》、中共山东省纪委制定的《中共山东省纪委关于加强廉政文化建设的实施意见》以及中共四川省委办公厅、四川省人民政府办公厅印发的《四川省行政机关首问负责制度》《四川省行政机关限时办结制度》和《四川省行政机关责任追究制度》等。

2. 党内法规制度解释文件的形式与内容分析

当前，可以直接获取的党内法规制度解释文件极为有限，但是通过分析可搜集到的党内法规制度解释文件，依旧可发现大量现实问题，如程序不规范、机制不健全、体系不完善、方法不得当等。党内法规制度解释文件的形式与内容分析如下。(如表4－5)

表 4－5 部分典型党内法规制度解释文件的形式与内容分析

文件名称	发文时间	发文文号	发文部门	核心问题	类型	格式
《中央纪委对中央直属机关纪委、中央国家机关纪委关于各部委司局级干部的党纪处分是否要报中直机关党委和中央国家机关党委的答复》	1987. 06. 20	中纪函〔1987〕41 号	中央纪委	纪律建设	请示性答复	层级标题式
《中央纪委办公厅对〈关于坚决查处共产党员索贿问题的决定〉中有关问题的答复》	1987. 09. 17	中纪函〔1987〕52 号	中央纪委办公厅	纪律建设	请示性答复	层级标题式
《中央纪委办公厅关于1977 年以后错受处理的党员工资问题对河北省纪委的答复》	1987. 12. 29	中纪办〔1987〕251 号	中央纪委	纪律建设	请示性答复	函复式
《中央纪委对中直机关党工委关于处分违纪党员批准权限修改意见的答复》	1988. 05. 13	中纪函〔1988〕12 号	中央纪委	纪律建设	请示性答复	函复式
《中央纪委办公厅对北京市纪委等关于在党的机关工作的党员干部非党干部和在其他机关中没有担任行政职务的党务干部受到撤销职务以上处分是否降低工资问题的答复》	1988. 07. 28	中纪办〔1988〕92 号	中央纪委办公厅	纪律建设	请示性答复	函复式
《中央纪委审理室关于党员因“文革”中错误受处分后的复查、复议问题的答复》	1989. 01. 19	中纪审〔1989〕13 号	中央纪委审理室	纪律建设	请示性答复	函复式
《中央纪委办公厅关于中纪发〔1990〕1 号文件第七条如何理解的答复》	1990. 09. 24	中纪办〔1990〕164 号	中央纪委办公厅	纪律建设	请示性答复	函复式

续表

文件名称	发文时间	发文文号	发文部门	核心问题	类型	格式
《中央纪委办公厅关于司法、监察机关已处理的需要给予党员党纪处分的案件纪检机关是否要立案的问题给江苏省纪委的答复》	1991.06.14	中纪办〔1991〕80号	中央纪委办公厅	纪律建设	请示性答复	函复式
《中央纪委办公厅关于患精神疾病的党员犯有错误应如何处理的答复》	1991.08.31	中纪办〔1991〕129号	中央纪委办公厅	纪律建设	请示性答复	层级标题式
《中央纪委办公厅关于对"利用职权与他人发生性关系"如何理解的答复》	1992.01.14	中纪办〔1992〕1号	中央纪委办公厅	纪律建设	请示性答复	函复式
《中央纪委办公厅关于党员违纪案件有关部门正在审理尚未作出处分决定前该党员可否作为党代表候选人问题的答复》	1992.11.16	中纪办〔1992〕176号	中央纪委办公厅	纪律建设	请示性答复	函复式
《中央纪委关于廉洁自律中退出的礼金、有价证券如何处理的答复》	1994.01.27	中纪法复〔1994〕1号	中央纪委	纪律建设	请示性答复	层级标题式
《中央纪委关于党政机关县（处）级以上领导干部廉洁自律"五条规定"适用范围有关问题的答复》	1994.02.23	中纪法复〔1994〕3号	中央纪委	纪律建设	请示性答复	层级标题式
《中央纪委对〈关于党政机关工会能否办公司的请示〉的答复》	1994.07.22	中纪法复〔1994〕5号	中央纪委	纪律建设	请示性答复	函复式
《中共中央纪委关于对〈中国共产党纪律检查机关案件检查工作条例〉第四十二条第一、二款如何理解的答复》	1994.09.12	中纪法复〔1994〕7号	中央纪委	纪律建设	请示性答复	层级标题式
《中央纪委关于清理领导干部使用的奔驰等进口豪华车时间界限问题的答复》	1994.11.03	中纪发复〔1994〕8号	中央纪委	纪律建设	请示性答复	层级标题式

续表

文件名称	发文时间	发文文号	发文部门	核心问题	类型	格式
《中共中央纪委关于对犯错误党员免予党纪处分的批准权限问题的答复》	1995.01.18	中纪法复〔1995〕2号	中央纪委	纪律建设	请示性答复	函复式
《中共中央纪委关于对〈中国共产党纪律检查机关案件检查工作条例〉中“征求同级党委意见”的规定如何理解的答复》	1995.01.18	中纪法复〔1995〕3号	中央纪委	纪律建设	请示性答复	函复式
《中央纪委关于清理汽车工作两个有关问题的答复》	1995.02.13	中纪发复〔1995〕4号	中央纪委	纪律建设	请示性答复	层级标题式
《中共中央纪委、中共中央组织部关于党员隐瞒入党前的错误行为如何处理问题的答复》	1995.03.01	中纪法复〔1995〕5号	中央纪委法规室	纪律建设	请示性答复	层级标题式
《中共中央纪委办公厅关于共产党员接受异性按摩应如何处理的答复》	1995.05.22	中纪办〔1995〕84号	中央纪委办公厅	作风建设	请示性答复	层级标题式
《中央纪委对宁夏区纪委〈关于领导干部廉洁自律中的两个问题的请示〉的答复》	1995.08.18	中纪法复〔1995〕7号	中央纪委	纪律建设	请示性答复	层级标题式
《中央纪委关于对四川省纪委两个政策性问题请示的答复》	1995.11.27	中纪法复〔1995〕8号	中央纪委	纪律建设	请示性答复	层级标题式
《中央纪委关于清车政策有关问题的答复》	1995.11.30	中纪发复〔1995〕9号	中央纪委	纪律建设	请示性答复	函复式
《中央纪委关于对共产党员参与以财物为媒介的手淫、口淫活动应如何处理的请示的答复》	1995.12.21	中纪法复〔1995〕10号	中央纪委	纪律建设	请示性答复	函复式
《中央纪委关于对企业厂长、经理在党政机关兼职问题的请示的答复》	1996.01.10	中纪法复〔1996〕1号	中央纪委	纪律建设	请示性答复	层级标题式

续表

文件名称	发文时间	发文文号	发文部门	核心问题	类型	格式
《中共中央纪律检查委员会关于对党章第四十条第一款所称的“特殊情况”如何理解的答复》	1996. 03. 05	中纪法复〔1996〕2号	中央纪委	纪律建设	请示性答复	层级标题式
《中共中央纪律检查委员会关于对犯有贪污、贿赂错误党纪处分的数额界限问题的请示的答复》	1997. 09. 01	中纪法复〔1997〕2号	中央纪委	纪律建设	请示性答复	层级标题式
《中央纪委办公厅关于对〈山东省纪委关于党员受到警告或严重警告处分在半年内又被选举担任高于原任职务问题的请示〉的答复》	1998. 04. 20	中纪办〔1998〕78号	中央纪委办公厅	纪律建设	请示性答复	函复式
《中共中央纪委关于对江西省纪委办公厅关于解释〈中国共产党纪律处分条例(试行)〉第一百四十五条的请示的答复》	1999. 10. 26	中纪法复〔1999〕1号	中央纪委	纪律建设	请示性答复	函复式
《中共中央纪律检查委员会办公厅关于对湖南省纪委〈关于奥迪 V6 小轿车问题的请示〉的答复》	1999. 10. 29	—	中央纪委	纪律建设	请示性答复	函复式
《中共中央纪律检查委员会办公厅关于对〈军队转业干部党纪处分批准权限问题的请示〉的答复》	1999. 11. 03	—	中央纪委	纪律建设	请示性答复	函复式
《关于“不准在领导干部管辖的业务范围内个人从事可能与公共利益发生冲突的经商办企业活动”的解释》	2000. 05. 09	中纪发〔2000〕4号	中央纪委	纪律建设	针对性解释	层级标题式
《中央纪委监察部审理室关于对违纪的人大代表提出罢免建议时如何表述的答复》	2000. 06. 06	中纪审〔2000〕24号	中央纪委监察部	纪律建设	请示性答复	函复式

续表

文件名称	发文时间	发文文号	发文部门	核心问题	类型	格式
《中共中央纪律检查委员会、监察部关于中央纪委第四次全会重申和提出的国有企业领导人员廉洁自律有关规定的解释》	2000. 11. 30	中纪发〔2000〕12 号	中央纪委、监察部	纪律建设	针对性解释	层级标题式
《中央纪委监察部审理室对山东省纪委审理室〈关于对犯有介绍贿赂罪免予刑事处罚的党员的党纪处分如何定性处理的请示〉的答复》	2001. 01. 04	中纪审〔2001〕1 号	中央纪委、监察部	纪律建设	请示性答复	函复式
《中央纪委监察部审理室对江苏省纪委审理室〈关于地方人大常委会组成人员违纪后如何给予行政处分的请示〉的答复》	2001. 02. 05	中纪审〔2001〕7 号	中央纪委、监察部	纪律建设	请示性答复	函复式
《中组部办公厅〈关于党的机关工作者中违纪党员降级、开除公职等行政处分的批准权限、办理程序等问题的答复意见〉》	2001. 03. 06	—	中央组织部办公厅	组织建设	请示性答复	层级标题式
《中共中央纪委关于“对违纪党员领导干部被免职后可否给予其撤销党内职务处分的请示”的答复》	2001. 04. 26	中纪法复〔2001〕1 号	中央纪委	纪律建设	请示性答复	函复式
《中共中央纪委办公厅对四川省纪委办公厅关于惩戒性规定制定权限的请示的答复》	2001. 07. 18	中纪办〔2001〕155 号	中央纪委办公厅	制度建设	请示性答复	层级标题式
《中央纪委关于中共外交部纪律检查委员会〈关于“两办”通知的规定是否适用于驻外人员，驻外人员个人是否可从事当地的股票交易和证券投资活动的请示〉的答复》	2001. 09. 21	中纪法复〔2001〕2 号	中央纪委	纪律建设	请示性答复	层级标题式

续表

文件名称	发文时间	发文文号	发文部门	核心问题	类型	格式
《中共中央纪委办公厅、监察部办公厅对党政干部因引进资金、项目按当地政府政策获取奖金等物质性奖励问题如何处理的答复》	2001.12.19	中纪办〔2001〕220号	中央纪委法规室、监察部办公厅	廉政建设	请示性答复	层级标题式
《中央纪委关于〈关于领导干部收入申报材料可否作为民事诉讼证据使用的请示〉的答复意见》	2002.04.17	中纪法复〔2002〕10号	中央纪委	纪律建设	请示性答复	函复式
《中央纪委关于对〈关于国有企业领导人退休后能否接受香港股份制企业聘任的请示〉的答复》	2002.06.12	中纪办〔2002〕130号	中央纪委	纪律建设	请示性答复	函复式
《中央纪委法规室对〈关于几人商量后由一人署名举报是否属于非组织活动等问题的咨询请示〉的答复》	2002.06.18	中纪法函〔2002〕15号	中央纪委法规室	纪律建设	请示性答复	层级标题式
《中央纪委关于他人给领导干部手机充值问题如何处理的答复》	2003.04.09	中纪法函〔2003〕8号	中央纪委法规室、中央纪委党风廉政建设室	纪律建设	请示性答复	函复式
《中央纪委审理室关于〈关于如何办理给予犯错误的军转干部行政撤职处分问题的请示〉的答复意见》	2004.01.17	中纪审〔2004〕2号	中央纪委	纪律建设	请示性答复	函复式
《中央纪委关于青海省纪委案件审理室〈关于党员领导干部是否能公开出售利用业余时间创作的书法作品的请示〉的答复意见》	2004.02.04	中纪审〔2004〕3号	中央纪委	纪律建设	请示性答复	函复式
《中央纪委关于〈关于如何对青海省西宁市质量技术监督局党组成员、纪检组长侯××同志实施党纪处分批准权限的请示〉的答复》	2004.11.08	中纪审〔2004〕32号	中央纪委	纪律建设	请示性答复	函复式

续表

文件名称	发文时间	发文文号	发文部门	核心问题	类型	格式
《中共中央纪委法规室对关于适用〈中国共产党纪律处分条例〉第30条的处分批准程序问题的请示的答复》	2005.07.01	中纪法函〔2005〕10号	中央纪委法规室	纪律建设	请示性答复（案例指导）	函复式
《中央纪委关于将开除党籍处分改为留党察看处分后留党察看的起始时间如何确定问题的答复》	2005.08.29	中纪审〔2005〕43号	中央纪委	纪律建设	请示性答复	函复式
《关于执行〈关于对涉及农民负担案（事）件实行责任追究的暂行办法〉若干问题的解释》	2005.09.22	中纪发〔2005〕13号	中央纪委、监察部、农业部	制度建设	系统性解释	条款项式
《中共中央纪委法规室对〈关于村委会主任（党员）利用职务之便收受财物行为如何处理的请示〉的答复》	2005.11.03	—	中央纪委	纪律建设	请示性答复	层级标题式
《安全生产领域违纪行为适用〈中国共产党纪律处分条例〉若干问题的解释》	2007.10.08	中纪发〔2007〕17号	中央纪委	纪律建设	适用性解释	层级标题式
《国有企业领导人员违反廉洁自律“七项要求”适用〈中国共产党纪律处分条例〉若干问题的解释》	2008.06.06	中纪发〔2008〕17号	中央纪委	纪律建设	适用性解释	层级标题式
《关于违反信访工作纪律适用〈中国共产党纪律处分条例〉若干问题的解释》	2008.07.04	中纪发〔2008〕23号	中央纪委、国家信访局	纪律建设	适用性解释	层级标题式
《机构编制违纪行为适用〈中国共产党纪律处分条例〉若干问题的解释》	2009.06.17	中纪发〔2009〕15号	中央纪委	纪律建设	适用性解释	层级标题式

续表

文件名称	发文时间	发文文号	发文部门	核心问题	类型	格式
《关于设立“小金库”和使用“小金库”款项违纪行为适用〈中国共产党纪律处分条例〉若干问题的解释》	2009.08.23	中纪发〔2009〕20号	中央纪委	纪律建设	适用性解释	层级标题式
《中央编办对文化部、广电总局、新闻出版总署〈“三定”规定〉中有关动漫、网络游戏和文化市场综合执法的部分条文的解释》	2009.09.07	中央编办发〔2009〕35号	中央编办	制度建设	针对性解释	层级标题式
《中央纪委监察部审理室关于〈关于对离休人员被判处有期徒刑后如何追究其行政纪律责任的请示〉的答复》	2003.03.13	中纪审〔2003〕5号	中央纪委、监察部	纪律建设	请示性答复	函复式
《党员领导干部违反规定插手干预工程建设领域行为适用〈中国共产党纪律处分条例〉若干问题的解释》	2010.05.07	中纪发〔2010〕23号	中央纪委	纪律建设	适用性解释	层级标题式
《用公款出国（境）旅游及相关违纪行为适用〈中国共产党纪律处分条例〉若干问题的解释》	2010.06.09	中纪发〔2010〕27号	中央纪委	纪律建设	适用性解释	层级标题式
《违反〈国有企业领导人员廉洁从业若干规定〉行为适用〈中国共产党纪律处分条例〉的解释》	2012.02.04	中纪发〔2012〕3号	中央纪委	纪律建设	适用性解释	条款项式
《违规发放津贴补贴行为适用〈中国共产党纪律处分条例〉若干问题的解释》	2012.02.04	中纪发〔2012〕4号	中央纪委	纪律建设	适用性解释	层级标题式

续表

文件名称	发文时间	发文文号	发文部门	核心问题	类型	格式
《非法干预查处渎职侵权违法犯罪案件违纪行为适用〈中国共产党纪律处分条例〉若干问题的解释》	2012. 10. 29	中纪发〔2012〕22 号	中央纪委	纪律建设	适用性解释	层级标题式
《执行中组发〔2013〕18号文件有关问题的答复意见》	2013. 12. 04	组厅字〔2013〕50 号	中央组织部办公厅	组织建设	问答式解释	一问一答式
《关于〈党政领导干部选拔任用工作条例〉若干问题的答复意见》	2014. 07. 08	组通字〔2014〕27 号	中央组织部	组织建设	问答式解释	一问一答式

通过上述统计梳理，最直观的问题就是存在大量的非正式的答复意见而规范性的解释却极少。换言之，当前我国党内法规制度解释体系是极为松散的，模糊化、边缘化、混淆化等问题较为严重。

（二）问题及困境成因分析

1. 党内法规制度解释缺少稳定的体系架构

（1）党内法规制度解释的体例形式不规范

如前所述，有关党内法规制度解释的程序性规定较少，从而致使党内法规制度解释“自由裁量权”难以得到有效规制。《中国共产党党内法规制定条例》中仅明确了“党内法规需要进一步明确条款具体含义或者适用问题的，应当进行解释”的重要性和必要性说明，而诸如党内法规制度解释工作的其他程序，如“草拟程序”“审议程序”“修订程序”“表决程序”等却无规定，这意味着不同的党内法规制度解释主体在没有明确的程序规范时很难保证其自身解释的质量。

程序规范的缺失致使党内法规制度解释出现形式体例混杂多样的问题。通过分析部分典型的党内法规解释文件不难发现，缺少规范化的解释程序会致使党内法规制度解释文体形式难以统一，部分党内规范性文件虽具有解释功能但是特点不鲜明、格式不规范。一方面，党内法规制度解释文件名称不统一，包含“解释”“答复”和“答复意见”等多种类型，而且其中文体格式不规范的“答复”多，严格按照《中国共产党党内法规制定条例》行文的规范“解释”

少，函复式、层级标题式、一问一答式以及条款项式等体例混杂；就单一请示问题所做出的解释答复往往以函复公文发出，这些函复公文在一定时期内承担着指导党内法规制度适用、阐释党内法规制度文本的重要功能，然而大量具备解释效力的"答复"和"答复意见"却模糊了其是属于党内法规还是属于党内规范性文件的边界，《中国共产党党内法规和规范性文件备案审查规定》对党内法规制度解释文件乃至相关复函公文的界定不清，因而不备案审查的情况可能存在。另一方面，党内法规制度解释文号多样，就中央纪委所作的党内法规制度解释答复而言，除"中纪法复"等规定形式外，还涉及"中纪发""中纪办""中纪审"以及"中纪法函"等多种类型①。

在法律解释学领域，"某某释"文号是法律解释文件的鲜明特征，符号化是增强"表现力"、提升"引导力"和体现"传播力"的重要手段，缺少鲜明符号化特征的党内法规制度解释文件不仅透露出党内法规制度解释体系建设不完善的现状，而且会影响党内法规制度解释效力的发挥，造成党内法规制度条文具体适用上的困难。

（2）党内法规制度解释的工作重心不稳固

从发文主体来看，党内法规制度解释的发文部门集中于中央纪委、分散于中央组织部，其所针对的问题也大都为纪律建设、组织建设，这一特点与我党加强反腐倡廉斗争、纯洁干部队伍建设的政策倾向相互关联，但这也透露出我国党内法规制度体系以及党内法规制度解释体系框架不完善的现状。

就内部而言，一方面，当前我国党内法规制度体系重纪律建设、组织建设，而思想建设、民主集中制建设等相对薄弱，党内法规制度体系自身建设的不平衡使得惩处贪腐违纪等党内法规制度的解释"独占鳌头"。另一方面，除了存在"党章解释工作严重滞后于其他党内法规解释"等问题外，适用条例的相关解释也多于适用规则、规定、办法、细则等问题的情况，程序性党内法规制度解释的匮乏造成了党内法规制度解释框架横向上的"断层"；而单一案例或单一问题的请示答复，并没形成系统完善的案例指导体系，"以案释规"制度惯性的缺失

① 《中共中央纪律检查委员会关于加强纪检条规解答工作的通知》中规定"凡以中央纪委名义发布的纪检条规的解释、答复，由中央纪委法规室负责承办，经中央纪委领导批准后以中央纪委'中纪法复'文件发出"。然而，中央纪委发布的大量有关纪检条规的解释答复文号却不统一，由此可见党内法规解释工作规范化的缺失。

造成了党内法规制度解释框架纵向上的零散。

此外，除了适用条例的相关解释多于适用规则、规定、办法、细则的问题外，现有的党内法规制度解释文件也较少见到针对党内制度、党内规范性文件的具体解释。换言之，当前的党内法规制度解释大多是党内法规的解释，纵向上不同层级与类型的党内法规制度解释工作呈现“上多下少”的倒金字塔式分布，这是党内法规制度解释框架纵向上的“断层”。

就外部而言，缺少法律法规解释方式方法的合理借鉴、忽视党内法规制度解释工作方案的顶层设计，是阻碍党内法规制度解释体系构建的主要原因。从党内法规制度解释的主要类型来看，“请示性答复”多而“适用性解释”“针对性解释”“系统性解释”“问答式解释”少，且其多采用文理解释、扩充解释、逻辑解释等方法，而“请示性答复”多采用非正式的解释方法予以政策指引，也兼有少量案例指导解释方法的运用。对比法律法规解释的方式方法，党内法规制度解释采用反面解释、限缩解释、历史解释、学理解释、合宪性解释、社会学解释等方法的情形不为多见，解释手段的片面使得党内法规制度解释的形式过于单一，其内容也相对刻板，因而不合理、不完善的解释，操作性低、适用性弱的解释结论则会较多出现。

2. 党内法规制度解释缺少集中的释权归属

（1）党内法规制度解释的权力归属不协调

“由谁解释”是党内法规制度解释的关键问题。通过分析前文所列举的典型党内法规制度中有关解释的具体条款不难发现，商请、会同、联合、自行解释等机制也普遍存在，而“释权归属”不明确、不统一等问题也依旧明显。

而《关于新形势下党内政治生活的若干准则》规定“涉及全党全国性的重大方针政策问题，只有党中央有权作出决定和解释”，两者或有模糊性的冲突。以《中国共产党章程》为例，其作为党的根本法规并未明确解释权，而《中华人民共和国宪法》自身明确了全国人民代表大会常务委员会具有解释权。具体而言，《中国共产党章程》解释权的归属存在以下矛盾：若依《关于新形势下党内政治生活的若干准则》，《中国共产党章程》理应由中国共产党中央委员会全权解释；但是就《中国共产党章程》中不同章节的具体内容来看，党的组织建设、纪律建设等条文由相应的机关予以解释也合理，如《中共中央纪律检查委员会关于对党章第四十条第一款所称的“特殊情况”如何理解的答复》（中纪法复〔1996〕2号，此处《中国共产党章程》为1992年版），即为中央纪委对《中国共产党章程》具体条文的解释。

然而，更为矛盾的是《中国共产党党内法规制定条例》和《中国共产党党内法规解释工作规定》作为“下位法”难以对“根本法”党章的解释权予以规定——致使党章的解释工作极不规范

（2）党内法规制度解释的责任归属不明确

就党内法规制度解释的责任归属问题而言，《中国共产党廉洁自律准则》作为高位阶的党内法规也未明确解释机关，而先其制定的《中国共产党党员领导干部廉洁从政若干准则》则明确由中央纪委负责解释，通过分析也不难发现以下问题：一是部分晚于《中国共产党党内法规制定条例》出台的党内法规依旧没有明确解释主体，这些党内法规未按照《中国共产党党内法规制定条例》第四章“起草”中第二十一条的要求明确解释机关，《中国共产党党内法规制定条例》也存在立规漏洞；二是与《中国共产党章程》解释的权力归属问题相同，准则对“全党政治生活、组织生活和全体党员行为作出基本规定”若是“全党全国性的重大方针政策问题”，则应由党中央解释，还是由规定机关解释的问题不明确。①

其次，大量的党内制度、党内规范性文件自身也未明确解释责任的具体归属，那些涉及党政联合制定的中央和地方的党内制度、党内规范性文件，若没有明确的解释责任归属，即没有明确的主体责任者和具体承办解释的操作责任者，其解释工作是否能够落到实处难有保证。

此外，国家监察委成立后，中央纪委与国家监察委联合发布的部分党内法规制度也未明确解释主体，而两者联合解释的工作机制也易存在重复解释的冗杂、冲突等问题。针对地方党内法规制度的解释工作，有实务工作者提出“个别党委部门自我授权、慷慨授权”等违反了《党内法规解释工作规定》关于党的中央组织之外党组织“谁制定谁解释”的基本原则。

这些有关党内法规制度解释权责归属的问题，亟待决策者予以充分的重视，否则，党内法规制度解释程序与机制设计得再完美，也对实际的问题解决毫无用处。

---

① 这些问题虽在《中国共产党党内法规解释工作规定》中得以部分解决，但是有些问题出在党内法规制度自己身上，仅仅依靠外在的制度规范予以弥补无疑会陷入“钱穆制度陷阱”。

第五章　党内法规制度解释的完善思路

通过前文党内法规制度解释的理论分析、关系梳理以及实证考察，不难发现当前我国党内法规制度解释工作于发展的过程中存在瓶颈、于完善的过程中存在阻碍，诸如根本依据不充分、工作规定不健全、宏观规划不完善、政策指导不切实、体例形式不规范、工作重心不稳固、权力归属不协调和责任归属不明确等问题亟待引起理论研究者与实务工作者的关注。

完善我国党内法规制度解释体系需要植根两个重要的现实背景：第一，党内法规制度体系建设处在上升期，大量重要的党内法规制度即将出台、部分落后的党内法规制度亟待完善、些许过时的党内法规制度有待清理，党内法规制度解释也当与时俱进、兼容并包，党内法规制度解释工作自身也需要强化其“立、改、废”等具体层面；第二，党内法规制度与国家法律法规的衔接与对接日渐密切，法律法规解释渗透于党内法规制度解释的趋势也日益明显，党内法规制度解释体系的完善应当合理借鉴法律法规解释体系构建的有益经验与现实成果，参考法律法规解释在制度保障、政策规划、程序规范、机制设计以及方法完善等方面做法以不断充实自身、发展自身。

结合前文理论与实践等多方面的分析，研究拟从更新党内法规制度解释工作的理念、规范党内法规制度解释工作的程序、优化党内法规制度解释工作的机制以及完善党内法规制度解释工作的方法等四方面提出对策建议，旨在为我国党内法规制度解释制度化、规范化和法治化的发展建设提供完善思路。①（如图5－1）除此之外，构建完善的党内法规解释学科体系也是推动党内法规制度解释理论与实践双重发展的应有之义。

一、更新党内法规制度解释工作的理念

党内法规制度解释工作理念的更新是帮助决策者认清现实问题、化解既有危机的基础与前提。党内法规制度解释的规划者、制定者、执行者以及被管理者均需要对新时期党内法规制度解释的内涵和外延有一个新的认识，这种认识是建立在对党内法规、党内制度、党内规范性文件以及党内法规制度概念界定基础上的法治观念的融入和法治关系的梳理。

（一）法治观念的融入：界定党内法规制度解释的内涵外延

如前所述，党内法规制度解释是一个宽泛的概念合集，其包含了党内法规解释、党内制度解释、党内规范性文件解释等一系列党内规章制度的解释。无论是对决策者还是对研究者而言，界定这些概念的异同分析起着提纲挈领地引领与指导作用。

界定党内法规制度解释的内涵外延需要区分党内法规解释、党内制度解释、党内规范性文件解释的不同现实问题与发展要求，同时应当借鉴国家法律法规解释体系的框架构建思路，建立健全“系统规划、全面统筹、分类完善、个别治理”的新型党内法规制度解释体系，对不同位阶、不同层级、不同类型的党内法规制度解释予以周全的考量，以做到法治治理观念与法治治理方式的有机结合。

① 在大量文献资料不可获取、部分政策文件难以公开的情况下，能够发现既有的问题并作出合理的分析已极为不易。相比文中基本原理、理论分析、关系梳理以及实证考察等部分，对策建议显得相对单薄，但是这并不是研究过程匆忙、草草收尾所致。对于党内法规制度解释这样一个实践性极强的课题而言，研究者无法向党内法规制度解释工作实务部门提出具体的对策，其既不现实也不可能。其次，在理论分析部分，研究并不是单独地运用某一理论分析既有的社会现象，其中还包括完善党内法规制度解释建设发展思路的逻辑推理和过程演绎，已经提出了较为详实的对策和建议。因此，有关完善党内法规制度解释的对策建议，文中仅提出了其制度化、规范化与法治化建设发展在理念更新、程序规范、机制优化和方法完善等方面的一般思路。

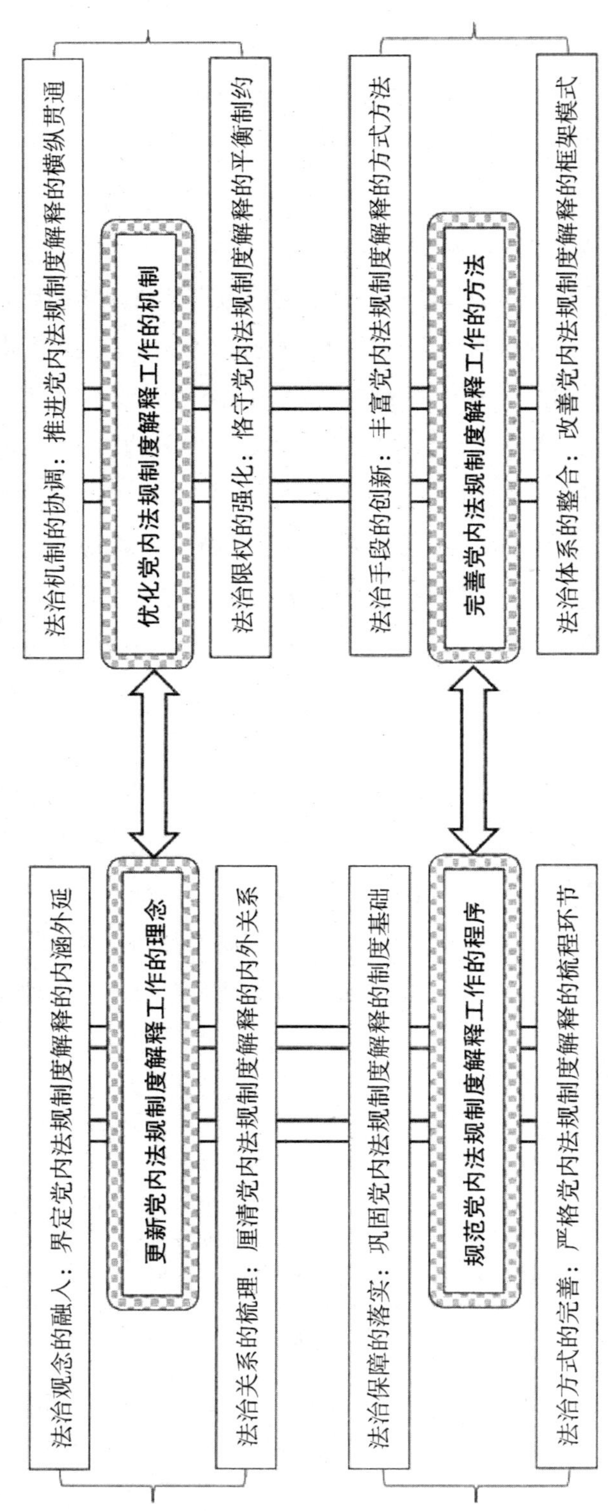

图5－1　新形势下完善我国党内法规制度解释体系的思路设计

一方面，党内法规解释、党内制度解释和党内规范性文件解释所面临的现实问题各不同。当前，《中国共产党党内法规解释工作规定》对党内法规解释程序的规范强于对党内制度、党内规范性文件的要求，这不仅显示在有关党内法规解释的文件多而有关党内制度、党内规范性文件解释的文件少这一个方面，还体现在大量党内制度、党内规范性文件自身并未明确解释责任的归属。当没有外在的政策文件予以规制，这些党内制度、党内规范性文件的解释工作便如“纸上谈兵”般不切实际。而对党内法规而言，最关键的问题则是解释权力的监督、解释程序的规范、解释机制的优化以及解释方法的完善，后文将予以详细论述。

另一方面，决策者需要以联系的视角、发展的眼光、法治的观念看待党内法规制度解释体系的建设。体系的建设如同铺路盖房，需要“砖瓦”的堆砌和“水泥”的填充。对党内法规制度解释而言，“砖瓦”就是解释过程中的每一个主体，“水泥”就是衔接不同主体之间合作沟通的每一个机制。当前的理论研究桎梏在了党内法规制度解释机制的优化问题上，而忽视了党内法规制度解释工作实际上是一个基于公共政策循环系统的包含“政策规划——政策制定——政策执行——政策评估——政策纠偏——政策监督——政策终结”等环节的连贯体系。换言之，党内法规制度解释工作的重点，除了完善解释机制和解释方法等“政策制定”环节的要素设计，还应当注重党内法规制度解释工作的整体规划、执行阻碍、审核评估、修改纠正、责任监督以及党内法规制度解释文件的清理与废止等问题。

（二）法治关系的梳理：厘清党内法规制度解释的内外关系

党内法规制度解释牵一发而动全身，看似处于党的制度建设末端的党内法规解释工作实际上起着“承上启下”的贯通作用。这种“承上启下”的贯通作用的有效发挥，依赖于党内法规制度解释体系与党内法规制度体系、国家法律法规解释体系、党内法治建设体系乃至国家法治建设体系之间关系的合理协调，植根于党内法规制度自身能够得到准确的理解与普遍的认可。

首先，就内部而言，党内法规制度解释关系着党的组织、党员以及群众对党内法规制度条文的认知与理解。现实中，大量针对特殊案例的请示与党的纪律建设、组织建设、作风建设以及反腐倡廉建设密切相关，对这些问题的请示所作出的答复与党的利益、党员干部的利益、党员群众的利益难以分割，有权作出党内法规制度解释的党组织不得不对党内法规解释所引起的利益关系调整和认知结果触动等问题予以重视。因此，无论是采取忠于文义的文理解释方法，还是运用拓展理解的动态解释方法，党内法规制度解释工作均要强化政治引导作用和自身示范作用的发挥。

基于上述观点，党内法规制度解释除了具有阐释党内法规制度内涵、填补党内法规制度漏洞等直观的作用外，还起到了夯实群众支持基础等隐性的作用。这种执政基础的巩固，除了让党员群众能够全面理解与有效认知党内法规制度，还需要畅通非正式解释的反应与运用渠道。一方面，依托党务公开与政务公开信息化、数据化的便利条件，及时将能够予以公开的党内法规制度解释公布于众，以助党员群众对党内法规制度条文与适用案件的理解。另一方面，激发非正式解释主体对党内法规制度的解释意愿，畅通非正式主体解释党内法规制度的渠道，有权进行解释的主体需要全面考量各种非正式解释，如学理解释、民众解读等内容的合理性与合法性，权衡其中的利弊，并善用每一种合理的解释结论，以起到纠纷化解与矛盾调和的作用。

其次，就外部而言，党内法规制度解释需要与国家法律法规及其解释相联系。党内法治建设集中体现在党内法规制度体系的科学化、民主化和法治化发展，党内法规制度与国家法律法规的衔接需要细致、妥当、合法、合理、完善和系统的解释体系予以支撑和保障，如《公职人员政务处分暂行规定》和《国家监察委员会管辖规定（试行）》条款的具体适用问题上，中央纪委和国家监察委具体工作的划分和对接，就需要党内法规制度解释和国家法律法规解释两者共同协调。①

二、规范党内法规制度解释工作的程序

有了规范的程序，党内法规制度解释结论的合法性才能有所保障。党内法

---

① 《公职人员政务处分暂行规定》和《国家监察委员会管辖规定（试行）》均是由中央纪委和国家监察委联合制定的规章制度，其自身性质的定位便值得探讨。《公职人员政务处分暂行规定》指明其由中央纪委和国家监察委负责解释，作为行使国家监察权的国家监察委，其解释的效力同作为党中央的检查监督机关中央纪委作出的解释效力之间的关系，需要我们进步一步探讨。但是不可否认的是，处于不同领域、不同层次、不同地位的国家机关和党的机关，其在法律关系的调整以及法律条文的适用上，均可通过各自的解释予以具体落实。

规制度解释的程序正义体现在两个方面：一是党内法规制度解释有法可依、有章可循，即有明确的党内法规制度解释依据和系统的党内法规制度解释规划；二是党内法规制度解释程序规范、流程严格，即有连贯的党内法规制度解释工作流程和全面的党内法规制度解释监督制约形式。

（一）法治保障的落实：巩固党内法规制度解释的制度基础

作为党内法规制度建设的“根本法”，《中国共产党党内法规制定条例》是党内法规制度解释的根本依据，完善和补充其中有关党内法规制度解释的具体条款，是规范党内法规制度解释工作的治本之策。

首先，针对党内制度、党内规范性文件解释的法规依据与政策规定不足等问题，需要在《中国共产党党内法规制定条例》中补充有关党内制度、党内规范性文件制定及其解释的具体条款，唯此，党内法规制度体系的建设依据才是完整的。参考国家法律法规解释对立法解释、司法解释、行政解释的分类指导，其有《全国人民代表大会常务委员会关于加强法律解释工作的决议》《最高人民法院关于司法解释工作的规定》以及《国务院办公厅关于行政法规解释权限和程序问题的通知》等具体规定，党内法规制度解释则可对党内法规解释、党内制度解释、党内规范性文件解释予以分类规范，除了制定完善《中国共产党党内法规解释工作规定》，也需要出台“党内制度解释工作规定”和“党内规范性文件解释工作规定”等针对性的党内法规。

若根据党内法规制度解释的主体划分，完善诸如中央纪委党内法规解释工作的相关规定也是现实工作的需要。当前，《中共中央纪律检查委员会关于加强纪检条规解答工作的通知》已过时，其无法对新形势下中央纪委与国家监察委联合解释党内法规制度的现实问题予以有效解决，因而亟待修订。其他党内法规制度解释主体也需要有针对性的制度规范，尤其是省、自治区、直辖市等地方党委需要密切结合自身工作实际制定“地方性的党内法规解释工作指导意见”，以更好地明确解释依据、规范解释程序。

其次，在确保党内法规制度解释“有规可依”的基础上，还需进一步在宏观层面上细化党内法规解释工作的程序性规定，适时制定“关于党内法规制度解释工作的指导意见”等类似的党内法规或规范性文件。有关党内法规制度解释的政策规划对分析不同阶段党内法规制度解释所处的国际国内形势、面临的重大现实问题具有重要的意义，其对不同阶段工作任务的划分、工作重点的调整关系着党内法规制度解释的发展方向。因此，党中央需要全面规划党内法规制度解释工作，将其系统地纳入党内法规制度制定五年规划和年度计划中，着眼特定解释问题并提出解决方案、明确阶段解释任务并布置具体分工。

党内法规制度解释除了需要有夯实的制度基础，同时也需要强力的监督制约，这是法治理论的应有之意。因此，有关党内法规制度解释工作的法规依据、具体规定以及政策规划应当设置责任监督与权力制约的条款，这与其自身责任监督机制的强化不谋而合。

（二）法治方式的完善：严格党内法规制度解释的流程环节

党内法规制度解释必须有一套规范严格而且体系贯通的工作程序，这是党内法规制度解释制度化的延伸，更是党内法规制度解释规范化的根本。法治的治理方式强调治理主体的多元化、治理方式的民主化、治理结构的网络化，对党内法规制度解释而言，也应当密织流程环节、扩充参与力量，以确保每个工作过程相互衔接、每个解释结论切实可行。（如图5－2）

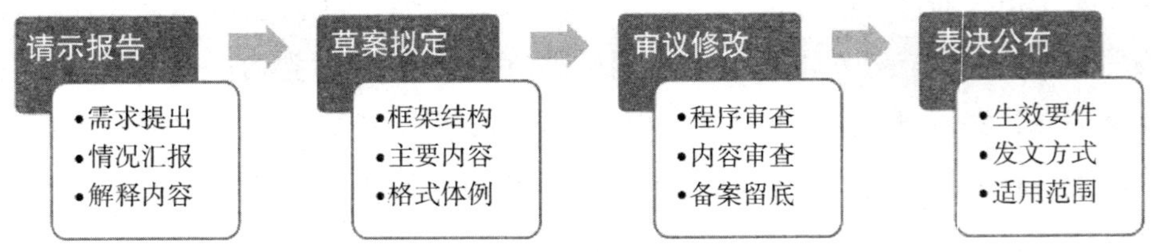

图5－2　我国党内法规制度解释工作的规范化程序设计

首先，《中国共产党党内法规制定条例》应合理地参考《中华人民共和国立法法》中“法律解释”章节中“权力归属”“要求提出”“草案拟定”“审议修改”“表决公布”等规定以细化党内法规解释工作的具体程序，结合党内法规制度体系建设的现状做出适合党内法规制度解释工作的程序性规定，尤其是要明确党内法规制度解释制定的责任主体，对其申请程序、草拟程序、审议程序、表决程序以及生效程序予以规范，以确保党内法规制度解释工作的规范化。

党内法规制度的制定主体，即有权制定不同位阶、不同层次和不同类型的党内法规制度的党组织，需要在制定时便严格根据《中国共产党党内法规制定条例》第二十一条的规定明确解释机关。负责备案审查的中央办公厅法规工作机构等监督主体则需对党内法规制度的解释条款予以重点审查，若发现解释条款缺失、解释规范有错等问题，应予以及时纠正并责令修改。

其次，就具体的党内法规制度解释工作程序而言，需要严把“请示报告”“草案拟定”“审议修改”以及“表决公布”等重要关口。一方面，下级党组织针对特定问题的请示既不能越级也不能越权，在保证时效性的同时需向上级党组织汇报详细的事件情况以助上级党组织作出的解释答复更为针对和具体。另一方面，无论是个别性解释还是系统性解释，党内法规制度解释条文的拟定必须经过审慎地考量。其中，自行解释的责任机关需要严格自我解释的草案拟定程序，授权解释的责任机关需要在自我监督的基础上提交授权者进行内容审查，联合、商请解释的责任机关则需统一对相同党内法规制度条文的理解与适用，避免出现“释出多门”的冲突与矛盾。此外，党内法规制度解释文件的发布方式以其适用范围的宽窄为依据，但是针对个别案件的解释也需要在一定时期内予以汇总整理，并制定成系统的解释文件予以颁布，这对提升党内法规制度答复意见的效力、避免大量解释资源的浪费、防止党内法规制度体系的分散起到了重要的作用，如《关于〈党政领导干部选拔任用工作条例〉若干问题的答复意见》便梳理了45条有关《党政领导干部选拔任用工作条例》适用具体案件的问题。

对党内法规制度解释的“表决公布”程序而言，其不仅关系着党内法规制度解释的效力生成，也关系着党内法规制度解释的符号特征——发文文号。《中共中央纪律检查委员会关于加强纪检条规解答工作的通知》规定“凡以中央纪委名义发布的纪检条规的解释、答复，由中央纪委法规室负责承办，经中央纪委领导批准后以中央纪委‘中纪法复’文件发出”。然而，现实中大量中央纪委作出的解释答复文号极不统一，其他解释文件的符号特征也极不鲜明。因此，需要规范党内法规制度解释的发文方式，采用“XX释”等特征鲜明的党内法规制度解释文号以提升其自身的辨识度。①

① 前文提出了党内法规制度解释体例形式不规范等问题，发文文号错乱便是其中之一。此外，程序规范不足所引起的另一个问题是党内法规制度解释文件的行文格式不统一，如有大量问答式、标题式、函复式的存在，但是答复性函件本身就无须严格按照法律法规的体例予以行文。因此，这类问题是某种意义上的合理存在，其集中地体现了党内法规制度解释的灵活性、多样性等特征。

三、优化党内法规制度解释工作的机制

机制的设计关系着既定的目标能否如期实现。党内法规制度解释工作理念的更新和工作程序的规范，需要完善的机制设计予以落实。换言之，党内法规制度解释机制的优化是解决微观问题的核心所在。着眼党内法规制度解释的全局，“请示报告”“草案拟定”“审议修改”“表决公布”乃至“评估清理”等每个环节均需要相应的机制予以衔接。着眼党内法规制度解释的关键，“解释权归属”的明确以及“解释权监督”的落实，既影响着不同解释主体所作出的解释结论的合法性，也反之对党内法规制度解释程序的规范施加内部与外部的双重压力。

（一）法治机制的协调：推进党内法规制度解释的横纵贯通

着眼党内法规制度体系建设的宏观视阈，“立、改、废、释”四维工作缺一不可。党内法规制度解释是党内法规制度体系的重要组成部分，在产生的顺序上，其是党内法规制度体系建设的“细枝末节”，但是在功能的衔接上，党内法规制度解释却“上承”党内法规制度的创制工作、“下启”党内法规制度的修改工作，而其自身也涉及“立、改、废”等工作内容。因此，党内法规制度解释将党内法规制度“立、改、废、释”四维工作密切地联系在一起，形成一个既闭合又开源、既独立又统一的政策循环体系。基于这种关系，完善党内法规解释机制，必须将党内法规制度解释同“立、改、废”予以同等的重要考量，并做好党内法规制度解释机制与制定机制、修改机制和清理机制之间的横向衔接。

基于微观的视角，应当对党内法规制度解释机制予以微观分解。

首先，就解释程序而言，需要着重完善党内法规制度解释的请示机制、联合机制、备案机制、审查机制以及纠偏机制。第一，健全党内法规制度解释的请示报告与筛选接收机制，这对应党内法规制度解释工作程序中的“请示报告”，即应及时向上请示和汇报需要进行解释的党内法规制度条文及其情况，并且相关责任部门必须及时接收和处理。这一机制对无解释权的基层党组织向上反映党内法规制度在基层贯彻实施过程中的问题极为关键。第二，健全党内法规制度解释草案拟定、审核审议、纠偏纠正机制，这对应党内法规制度解释工作程序中的“草案拟定”与“审议修改”。这一机制设计的关键在于明确责任

机关并安排相应的主体进行审核审议与监督制约，以确保解释过程和解释结论的合理、合法。第三，健全党内法规制度解释的联合机制，即优化跨部门、跨系统、跨领域等多解释主体的党内法规制度的解释方式，确保不同责任主体能够相互配合、相互协调。

其次，就解释内容而言，需要着重完善党内法规制度解释的融合机制、责任机制与清理机制。第一，完善党内法规制度解释的融合机制，即通过便利的整合渠道与畅通的传达途径，整合各种正式解释与非正式解释，以确保最终解释结论全面而具体、民主而科学。其中，较为关键的是建立健全民众解读党内法规制度的表达机制与运用机制，即通过有效整合民间非正式解释的资源，巩固党的群众路线与党的执政基础。第二，完善党内法规制度解释的责任机制，坚持明责、履责、督责、考责、问责五位一体，明确党内法规制度解释工作的责任清单，将其履责情况合理地纳入绩效考核指标体系之中。第三，完善党内法规制度解释的评估清理机制，及时评估党内法规制度解释的内容是否过时、是否与最新出台的党内法规制度相冲突，并将那些过时无效的党内法规制度解释文件及时废止和清理，以确保党内法规解释能够与时俱进、推陈出新。（如图5-3）

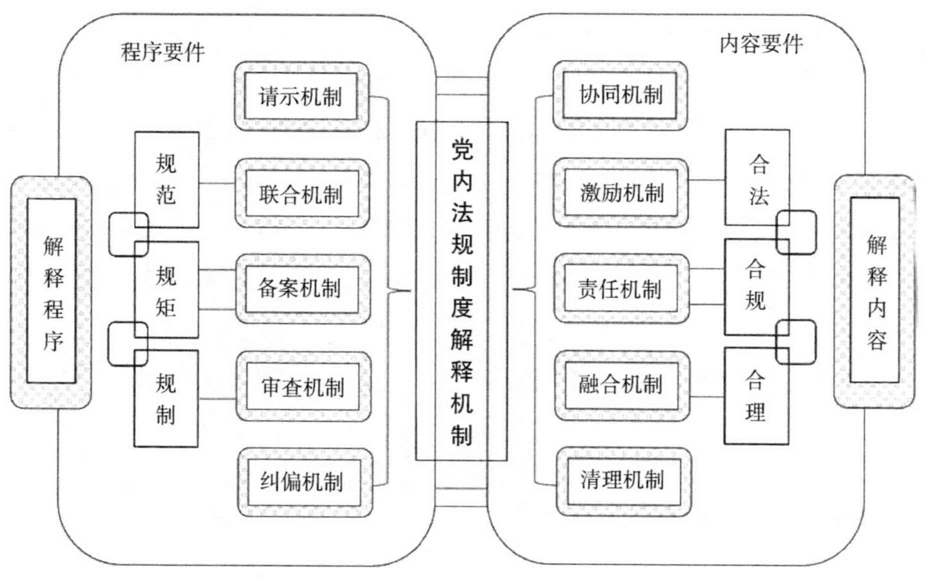

图5-3 党内法规制度解释的微观机制设计

（二）法治限权的强化：恪守党内法规制度解释的平衡制约

如前所述，限权监督是法治建设理论的核心要义。既然需要赋予党内法规制度解释主体解释权，那么就应当对这一权力予以有效的监督。当前，党内法规制度解释的地位不断提升，相关解释主体的工作责任不断增大，伴随着党内法规制度的效力向政府、社会以及其他方面的广泛溢出，党内法规制度解释主体的工作范围也在日益扩张。因此，必须坚持内部监督与外部制约相统一，规范党内法规制度解释权的行使。

首先，要明确党内法规制度解释权的归属，尤其是要明确《中国共产党章程》以及其他尚无规定解释机关的党内法规、党内制度和党内规范性文件“由谁解释”的问题。其次，需要协调不同文件之间有关党内法规制度解释权归属规定的矛盾冲突，确保释权归属的一致性。

建立健全党内法规制度解释工作责任制度，是加强内部监督的治本之策。党内法规制度解释的规划主体、制定主体、执行主体以及监督主体需要有明确的职责划分，而对不同主体监督的重点也应有所侧重。对规划主体而言，党内法规制度解释的规划责任集中在党中央，对规划权的监督应当以自我监督为主，舆论监督为辅。对制定主体而言，党内法规制度解释的制定权较为分散，对其监督要考量具体的授权形式，进而加强对授权过程和授予方式的监督。此外，党内法规制度的制定主体是否有效行使制定职权，其是否缺位（应该予以解释而没有解释）、是否越位（超出其解释范围而强行解释）、是否错位（代替其他主体进行解释）①，都应当予以充分地考量。对执行主体而言，上级党组织作出的党内法规制度解释答复或者印发的解释文件能否贯彻执行关系着党内法规制度解释效果与功能的实现，而对其监督则应当以上下级的垂直监督以及基层民众的舆论监督为主。

此外，非正式的党内法规制度解释也对正式解释形成制约。随着党务工作

① 前文实际上已经论述了党内法规制度解释制定主体的缺位、越位和错位等问题。缺位是指党内法规制度的制定主体没有按照规定进行解释，或者其解释过程极不规范、解释手段极不合法、解释结论极不合理；越位是指党内法规制定主体作出超出自己法定权限的解释，如自行违规授权解释、自行违规授予其他主体解释等；错位是指党内法规制度解释的制定主体有权对党内法规制度作出解释，但是作了不在自己解释范围内的解释，如多主体联合解释的过程中代替另一个主体作出解释。

的透明公开，民间非官方的党内法规制度解释日益丰富多元，部分学者乐于分析党内法规制度条文及其适用具体案件的合法性与合理性，并通过案例分析的专著出版提升社会影响力与认可度，由此对官方的正式解释形成无形的制约。而基层民众对党内法规制度的解读，也影响着官方主体对党内法规制度条文具体适用的解释工作开展，迫使其作出合乎民意、合乎众需的答复。这些分散的制约力量既需要官方主体在恰当的时间提供合适的场所予以合理的发泄，其自身也在党内民主政治建设的过程中得以不断巩固。

总而言之，规制权力是为了权力更好地行使。党内法规制度解释的监督制约需要保证监督力量的独立性，同时加强对监督权自身的监督，并善用自我监督、内部监督、外部监督和舆论监督等多种监督方式。

四、完善党内法规制度解释工作的方法

完善党内法规制度解释工作的方法可从两方面予以理解：首先，与法律解释的既有方法相联系，根据党内法规制度自身的特殊性，丰富党内法规制度解释的方式方法；其次，着眼党内法规制度解释的工作模式，整合中央与地方两级党内法规制度解释工作体系，搭建上下贯通、横纵交融的党内法规制度解释框架。

（一）法治手段的创新：丰富党内法规制度解释的方式方法

解释方法是否完善，关系着党内法规制度的解释结论适用与否。既有的法律法规解释方法是极其有限的，如何在有限的方法中挑选出最适合党内法规制度解释的一种或几种，如何结合党内法规制度自身的特殊性作出解释方法上的创新，也是深化党内法规制度解释工作所不得不重视的问题。

第一，针对党内法规制度条文自身抽象性和概括性较强的特点，相关解释则要立足党内法规制度原意，在文理解释的基础上再予以其他方面的延伸拓展，以保证党内法规制度体系建设的稳固性。

第二，若以国家的成立时间为界，党内规章制度的发展史较国家法律法规的发展史要长，党内法规制度有着深刻的历史渊源。因此，应妥善运用历史解释的方法，对历史事实及其与现实情形的差异进行合理证成，在梳理党内法规制度草案等历史资料的基础上，作出更合乎党内法规制度原意的解释。

第三，当前，党内法规制度体系的建设已初见规模，其相互之间的关系逐

渐梳理明晰，党内法规制度之间的联系也日益密切。因此，对某一党内法规制度的解释势必需要同其他党内法规制度及其解释相联系，并在体系解释的基础上疏通党内法规制度解释之间的关系，确保解释与解释之间协调一致。

第四，妥善运用动态解释的方法，理论联系实际不断地使党内法规制度解释融入新的时代精神、彰显新的执政理念，避免党内法规制度解释与时代脱节、与现实脱钩。但是，动态的解释不是无目的解释，也不是无依据的解释，其对党内法规制度漏洞的填补与不确定概念内涵和外延的阐释依旧要以当下的国情和党情为根本依据。

最后，创新极为重要。党内法规制度解释要在借鉴转化法律法规解释方式方法的基础上突破已有方法的桎梏，大胆地创新党内法规制度合党章解释、案例指导解释等方法。首先，党内法规制度解释要以《中国共产党章程》的精神和内容为根本遵循，有关党员权利和义务调整的解释必须要合乎《中国共产党章程》的规定。其次，加强案例指导解释方法的运用，整合典型案例及其民间解读与官方解释，统一相似或相同请示问题的答复意见，以求对后续的党内法规制度的适用解释予以指导，并对外形成警戒与示范。

总而言之，党内法规制度解释需系统地考量正式解释与非正式解释的综合运用，通过文义解释、体系解释、反面解释、逻辑解释、限缩解释、扩张解释、历史解释以及合宪性解释等方法的交叉运用，确保党内法规制度解释结论合理、合法且准确、适用。

（二）法治体系的整合：改善党内法规制度解释的框架模式

作为国家法治体系有机构成的党内法规制度解释体系，应当构建同全面依法治国与全面从严治党相统一，包含解释主体、解释对象、解释目标、解释方法、解释原则和解释结论等于一体的完整框架。针对这一框架的构建，必须精准界定每一个构成要素的基本内容。①

当前，我国党内法规制度解释体系的构建应当遵循“由分散到整合”的构建思路，按照“从下至上不断充实”和“从上至下有力引领”的建设方向搭建横纵贯通的框架模式。

① 有关党内法规制度解释主体、解释对象、解释目标、解释方法、解释原则和解释结论的内容，前文基本原理部分已经予以论述，此处不再重复。

在党内法规制度解释体系纵向框架的搭建上，需贯通中央与地方①党内法规制度解释的交流与融合。地方党内法规制度解释要以中央党内法规制度解释为依据，及时以制定党内法规制度解释的形式传达中央精神、贯彻中央政策，并做好党内法规制度解释的请示报告与备案审查工作。中央则需加强对地方党内法规制度解释工作的指导，及时汇总、评析、规范地方党内法规制度解释的实践做法，发现其不当之处并指导其有效解决，整合其实践总结的有益成果并予以适度推广。

在党内法规制度解释体系横向框架的搭建上，应探索构建以党章解释为根本，准则与条例解释为支撑，规则、规定、办法与细则解释为基础，制度和规范性文件解释为补充的党内法规制度解释体系。首先，加强对《中国共产党章程》的解释力度，结合《中国共产党党内法规解释工作规定》进一步明确规定其解释主体、解释程序、解释原则与解释方法，确保《中国共产党章程》的内容能够得到全面而且准确的阐释。其次，平衡准则、条例、规则、规定、办法与细则的解释工作重心，统筹尚无明确解释主体的党内法规制度的解释工作，加强对准则、条例、规则等高位阶党内法规的解释，突出规定、办法、细则以及制度、规范性文件等位阶低但是操作性强、实务性强的党内法规制度的解释，避免党内法规制度解释体出现“一头独大”的失衡现象。

五、推动党内法规解释学科体系的构建

自党内法规学上升为一个相对独立的学科后，党内法规解释学也理应成为党内法规学科的重要分支之一。党内法规解释的理论发展不仅有利于党内法规理论体系的完善，其与法律解释理论的融合更推动了自身研究视角的创新以及学科范式的构建。

（一）理论研究的推进：丰富党内法规制度解释的研究视角

如前所述，有关党内法规的理论研究在党的十八大后如雨后春笋。在短短

① 根据《中国共产党党内法规制定条例》，有权制定党内法规制度的地方党组织是省、自治区、直辖市党委。这里的地方指的是与除中央党内法规制度制定主体之外的其他有权制定党内法规制度的主体，如中央纪律检查委员会、中央各部门和省、自治区、直辖市党委等。

的几年时间里，传统法学的捍卫者与党规研究的先行者之间展开了一场激烈的学术交锋，争论的焦点无非是党内法规学能否上升为法学研究的范畴。诚然，这一问题已有定论，但是党内法规研究需着眼哪些现实问题、党内法规研究应采用何种方法等问题依旧需要进行深入的探讨。

前文论述了党内法规解释在实践工作中的重要性，由此并不难推理出加强党内法规解释理论研究的重要价值。宏观来看，学界学者自研究伊始对党内法规历史渊源、科学内涵、结构体系、发展特征、内外关系、建设问题乃至完善路径的宏观梳理①，而后逐渐细化至对党内法规的制定机制、执行效力、备案审查、清理评估以及解释规范等微观领域的具体分析，有关党内法规的理论研究按照自上而下、由大至小、从表到里的路径予以不断演进。显然，这种研究路径与改革开放 40 年来我国党内法规“将全面从严治党贯穿体系建设全过程”“统筹推进依规治党与依法治国”“丰富党内法规内容并增强党内法规体系的协调性”“完善党内法规学习宣传机制”以及“提高党内法规制度执行力”等重大建设实践②相互映照。然而，当既有研究领域的成果已趋饱和，学者们又会回到对党内法规研究范畴这一“元问题”的讨论，并在新一轮的争辩中甄选党内法规研究的新问题、开拓党内法规研究的新方法。

通过文献的梳理不难发现，当前对党内法规的理论研究已十分全面，涵盖党内法规制定、执行、备案、清理、评估以及解释等各个环节，但是不同问题的研究时间与研究深度却不甚相同。横向来看，有关党内法规解释的针对性研究起步较晚，其与党内法规制定、执行、备案、清理以及评估等理论研究的承接性略显不足；纵向而言，相关研究成果也十分单薄，仅停留在解释机制规范、解释条文表述以及解释权力归属等较为浅显的层面。具体到三篇党内法规解释代表性文献的论证，其虽然均对党内法规解释条文以及部分党内法规解释文件的形式与内容予以实证分析，但是碍于部分党内法规及其解释的秘密性而无法对党内法规解释工作进行全面的审视，因而其结论可能是主观、片面的。诚然，也有实务工作者对党内法规解释“条文如何表述、权责如何划分”等实际工作

① 参见操申斌：《改革开放以来“党内法规”研究述评》，《毛泽东邓小平理论研究》2008 年第 5 期。

② 参见蒯正明：《改革开放 40 年来中共党内法规制度建设的历史经验》，《安徽师范大学学报（人文社会科学版）》2018 年第 4 期。

中出现的问题予以分析，并提及《中国共产党党内法规解释工作规定》这一部并未公开的党内法规，① 但是其自身的理论性与学术性却“捉襟见肘”。由此可见，党内法规解释是党内法规理论研究较为薄弱的领域，其仍有很大的探索空间。此外，如前所述，党内法规解释是一个与时俱进的动态过程，动态的解释工作必然对应着灵活的理论研究，这对党内法规理论研究而言是一种持续的创新。

在党内法规解释研究的上升期，与之相关的研究问也需逐渐明确和细化。重庆市委在对《关于党政机关领导班子主要负责人不直接分管人财物等工作的暂行规定》开展实施评估的过程中，“针对评估中发现的主要问题和偏差，进一步研究法律法规和政策，结合实际作出了细化规定，并按照中国共产党党内法规解释工作有关规定，以市委办公厅、市政府办公厅名义发布了《规定》解释”。② 因此，有关党内法规解释乃至党内法规制度解释的研究应当与党内法规制度建设的其他环节相互联系，如研究党内法规解释同党内法规评估之间的承接性、党内法规解释同党内法规清理之间的连贯性等。

（二）学科体系的构建：融合法律解释理论学科范式的思路

借鉴法学理论的研究范式是创新党内法规理论研究的基础。党内法规解释不仅需要借鉴法律解释理论的研究范式，还应当参考其学科内容。一是在方法上，党内法规解释理论研究应当以法律解释为参照③；二是在内容上，党内法规解释学科体系需要以法律解释为模板。

“理解无说明是盲目的，说明无理解是空洞的”④，这是解释学本体论与方法论的辩证关系。法律解释学的研究方法应当坚持本体论与方法论的有机统一，以此培养法学研究的方法意识和法治观念。⑤ 若将此渗透至党内法规解释的研究

---

① 参见王付友：《党内法规制度解释条文如何表述》，《秘书工作》2018 年第 5 期。

② 参见重庆市委办公厅法规处：《用好效果评估 推动制度落实——重庆市委开展党内法规执行效果评估的实践与探索》，《秘书工作》2017 年第 2 期。

③ 参见郭书辰、徐君婷：《简析党内法规解释的构建原则与方法》，《中共乐山市委党校学报》2018 年第 1 期。

④ 参见帕帕多普洛斯、扬尼斯、图施奈等：《十字路口的法律诠释学：朱塞佩·扎卡里亚的翻译问题（2016）》，《卡多佐国际和比较法杂志》2000 年夏季第 2 期。

⑤ 参见解永照、王彬：《论解释学的重心转移与范式转换——兼论解释学对法律解释研究的意义》，《齐鲁学刊》2010 年第 5 期。

范式之中，党内法规解释的方法论意义与本体论价值则更为明显。一方面，党内法规解释本身就是对一种对党内法规文义解读与功能阐释的方法，这集中体现了党内法规解释方法的语言运用特性。另一方面，成文法规的固定性与现实案件的多样性使得依赖语言运用的党内法规解释方法往往难以自足，这就促使解释者对党内法规解释予以价值设定或者功能赋值。换言之，作为政治属性强于法律属性的党内法规解释，更需要同法律解释一样去“关注解释规则背后所负载的政治价值”①。如此一来，党内法规解释才能植根党内生态与党内治理的现实。然而，相似的争论并无休止，方法论与本体论以及历史论与批判论的交锋催生了“实践的解释学”，“以实践为基础并以实践为目的”的认识与理解决定了法律解释理论研究方法的最终归属。② 党内法规解释自然也是实践的解释学，即以在实践中不断认识与理解的方法推动党内法规解释理论与实践的双重发展。

解释理论指导着解释实践，法律解释研究方法的渗透使得党内法规解释的学科内容也产生了变化。当前，法律解释学已然成为一门独立的学科，伴随着立法解释、司法解释与行政解释的领域划分以及民法解释、刑法解释以及行政法解释的分支发展，其学科内容更为细化。当一大批法学家涌入党内法规学的研究领域，势必会将法律解释学体系构建的逻辑逐渐推理至党内法规解释的学科内容之中。同法律解释，建立健全党内法规解释学体系也极为重要：一是为党内法规解释工作提供规则遵循，二是限制党内法规执行者自由裁量权的扩张，三是为党内法规解释者提供因事制宜的解释程序与方法。③ 因此，本文试图以法律解释学为基础构建出党内法规解释学科体系的基本框架。具体而言，党内法规解释学可分为总论和分论：总论部分即为党内法规解释的一般原理，包括概念、特征、功能、主体、对象、目标、方法、原则及结论等；分论部分则为党内法规解释的具体问题，可分为狭义解释理论、价值补充理论与漏洞填补理论。④ 结合党内法规解释学的研究方法，不难描绘出党内法规解释学的学科范式。（如图 5－4）

---

① 参见解永照、王彬：《论解释学的重心转移与范式转换——兼论解释学对法律解释研究的意义》，《齐鲁学刊》2010 年第 5 期。

② 参见李金辉：《解释学理论中的实践解释学转向》，《北方论丛》2008 年第 3 期。

③ 参见王利明：《法律解释学》，中国人民大学出版社 2016 年版，第 16－17 页。

④ 参见王利明：《法律解释学》，中国人民大学出版社 2016 年版，第 17－19 页。

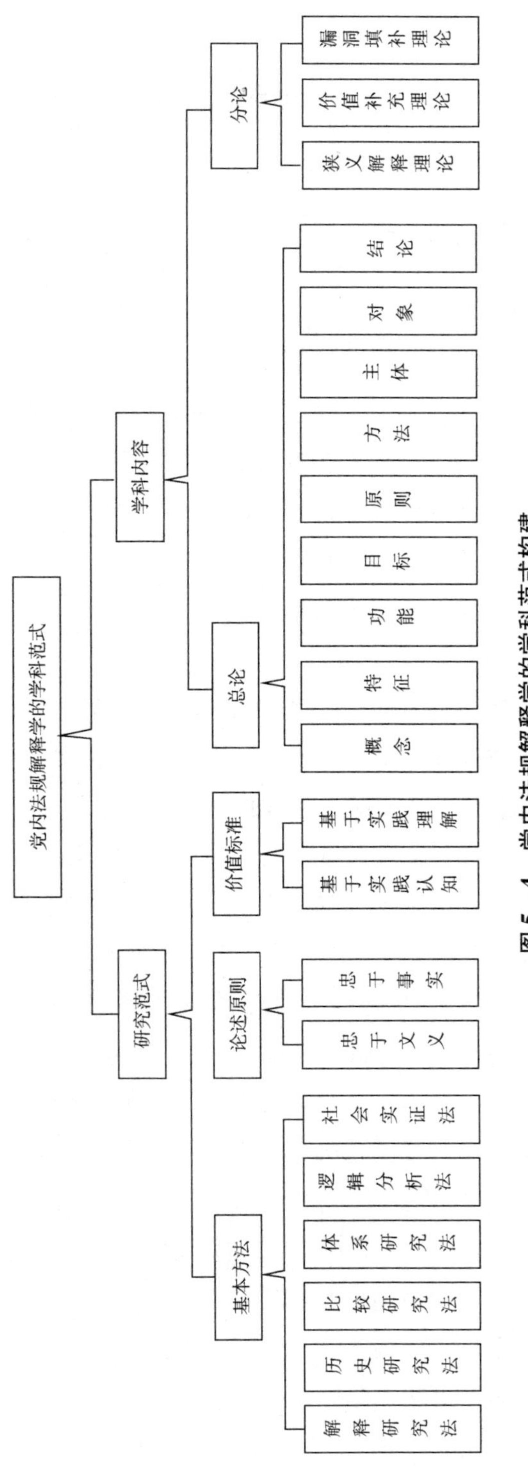

图 5－4 党内法规解释学的学科范式构建

结　论

丰富理论化的解释体系
夯实制度化的解释依据
健全规范化的解释程序
创新法治化的解释理念

如前言中所突出强调的研究意图，当前开展党内法规制度解释的相关研究主要有四个目的：（1）丰富理论化的解释体系，（2）夯实制度化的解释依据，（3）健全规范化的解释程序，（4）创新法治化的解释理念。

诚然，当前乃至今后一段时间，完善我国党内法规制度解释体系对阐释党内法规制度内涵、填补党内法规制度漏洞、贯彻党内法规制度实施、密切党规国法联系、夯实群众支持基础具有十分重要的现实意义。

在学理上，研究的伊始需要准确界定对象的概念。当前，党内法规制度解释的概念必须与党内法规解释、党内制度解释以及党内规范性文件解释相分离。唯此，才能向不同层次、不同位阶、不同类型的党内法规制度解释工作提出针对性的对策建议。理论的创新需要具备极其敏锐的洞察力，法律解释理论、政策分析理论、机制设计理论乃至法治建设理论均为我们审视党内法规制度解释工作的内在机理与外在表现提供了新的视角与新的思路。

党内法规制度解释处在国内与国外日新月异的新形势、新背景下，由此也使得其内外的关系受到了不可避免的调整。党内法规制度解释需要与国家法律法规解释相联系，基于党内治理法治化建设的需求下，党内法规制度与国家法律法规、党内法治体系与国家法治体系之间的耦合与共轭需要我们以发展的眼光予以看待，尤其是要厘清在发展的过程中其相互之间需求与供给关系的变化。

自1993年《中共中央纪律检查委员会关于加强纪检条规解答工作的通知》颁布至2015年《中国共产党党内法规解释工作规定》实施，党内法规制度解释的制度化建设基本实现，规范化与法治化建设也迈出了坚实的一步。随着党建形势的日新月异与党内法规的层见叠出，党内法规制度解释面临着更严峻的考验与更庞大的需求，如何定位党内法规制度解释功能、如何加强党内法规制度解释工作等问题渐被提上议事日程。中央党内法规制定两个五年规划纲要分别提出"做好党内法规解释工作，保证党内法规制定意图和条文含义得到准确理解""解释评估机制建立健全并有效运行"① 以及"坚持立改废释并举"② 的重要指示，如何深入推进党内法规制度解释的规范化与法治化建设等问题再次被提上政策议程。然而学界学者的理论研究却显得青黄不接，除了全国仅有的几个针对性课题以及几篇针对性文献外，其他有关党内法规制度解释的"碎片化"研究乏善可陈，而最为关键的则是当前学界学者的研究严重脱离了党内法规制度解释制度建设的现实基础，无心忽视或刻意回避《中共中央纪律检查委员会关于加强纪检条规解答工作的通知》和《中国共产党党内法规解释工作规定》等与党内法规制度解释密切相关的政策法规以及国家监察体制改革等重要背景，致使研究结论片面化、主观化。

反观党内法规制度解释法治建设的现实，其与党内法规体系法治化的发展也相互脱节。如果党内法规条文的含义、规范的漏洞以及适用的情况都不明确、都没解决，又何谈党内法规的执行、修改与清理，又何谈提升党内法规的执行效力？换言之，作为党内法规制度制定实施"最后一公里"的党内法规制度解释，反之又成了党内法规制度体系法治建设的"元问题"。具体而言，当前我国党内法规制度解释的法治建设存在以下三个明显的不足：一是党内法规制度解释的法规依据和制度保障不充分，相关规定较为笼统概括，部分法规制度过于滞后陈旧，而且缺少同法律解释对立法解释、司法解释与行政解释等更为细化的分类规范；二是党内法规制度解释形式与内容的规范性不足，集中体现在解

① 参见《中央党内法规制定工作五年规划纲要》，《人民日报》2013年11月28日。

② 参见《中共中央印发〈中央党内法规制定工作第二个五年规划（2018－2022年）〉》，新华网2018年2月23日。http：//www.xinhuanet.com/politics/2018－02/23/c_1122443711.htm

释文件名称与发文文号的混杂多样①；三是党内法规制度解释的权责归属不明确，存在解释权归属不成体系、缺乏“适用”的制度视阈以及缺少统一的制度惯性等多方面弊端②。这些问题的存在固然阻碍了党内法规制度解释的法治建设进程，但是这些问题却是开展相关理论研究的契机，其所揭示的问题根源是党内法规制度解释法治建设的关键所在。

理论联系实际不难发现，当前我国的党内法规制度解释存在根本依据不充分、工作规定不健全、宏观规划不完善、政策指导不切实、体例形式不规范、工作重心不稳固、权力归属不协调和责任归属不明确等问题，这些问题亟待理论与实务界对党内法规制度解释工作予以全面的反思。落实到具体对策上，由合理借鉴到自我转化的应用方法、从分散完善到系统整合的构建思路，通过夯实党内法规制度解释政策依据并加强宏观规划、规范党内法规解释工作程序并统一释权归属，是新形势下推动我国党内法规制度解释制度化、规范化与法治化建设进程的可取策略。

---

① 参见孙才华：《论党内法规解释的规范化》，《湖湘论坛》2017 年第 1 期。

② 参见谭波：《论党内法规解释权归属及其法治完善》，《江汉学术》2018 年第 4 期。

讨　论

作为法学研究新范畴的党内法规学①，其在完善自身发展的同时面临三个问题：第一，如何界定其与传统法学研究的边界；第二，如何明晰其自身的研究范畴；第三，如何形成独具特色的党内法规学学科体系②。围绕这些问题，学界不乏一些争论，但是无论如何，统一在国家法治体系之中的党内法规制度与国家法律法规，必然在密切衔接的过程中，既能保持自身的功能特色，又可助推国家治理体系和治理能力现代化的建设进程。

当前，宏观层面上的党内法规研究蔚为大观，学界对党内法规的概念界定、关系梳理等方面的研究已趋饱和，而落脚到党内法规制度解释等微观领域的研究却方兴未艾，这些微观领域的研究既是对宏观研究的具体延展，又是对党内法规制度"立、改、废、释"四维工作的有益指导。

因此，作为党内法规学分支的党内法规制度解释学，随着党内法规学步入

---

① 中国法学会党内法规研究中心主任王伟国在"法学范畴与法理研究"学术研讨会（2018 年 7 月 20 日至 21 日）以及"新时代党内法规建设的理论与实践"学术研讨会暨首届全国党内法规研究机构建设论坛（2018 年 9 月 8 日至 9 日）上共同作"作为法学新范畴的党内法规"的主题报告，其辩证地分析了新兴党内法规学与传统法学之间的关系。将党内法规研究有机纳入法学研究的新范畴之内，为学界学者所广泛认同。

② 2018 年 6 月 25 日，根据中央指示，我国第一本党内法规专门教材《党内法规学》编写工作正式启动，这意味着党政界和学界对党内法规基本问题形成共识，也暗示着独具特色的党内法规学学科体系蓄势待建。若按照传统法学的研究范畴，法律解释学是其不可或缺的一部分，若因循这种思路，党内法规解释学或者党内法规制度解释学，也应当作为党内法规学的有机组成。《党内法规学》教材的编写是否将党内法规解释作为单独的一章予以论述，有待理论与实践的双重考量。

法学研究的显学领域，势必也会探索出独具特色的研究范式。同样，其也面临三个问题：第一，如何梳理其与传统法律解释学研究的关系；第二，如何明晰党内法规制度解释的研究方法与研究路径；第三，如何植根党内法规制度解释的重大现实问题推动党内法规学的学科发展。

参考文献

一、主要外文参考文献

（一）学术著作

［1］ Allan C. Hutchinson. Toward an Informal Account of Legal Interpretation ［M］. Cambridge University Press, 2016.

［2］ Chartier G. Anarchy and Legal Order: Law and Politics for a Stateless Society ［M］. Lawrence & Wishart Ltd. 2013.

［3］ Summers, R. S. Form and function in a legal system – a general study ［M］. Cambridge University Press, 2006.

［4］ Alexander L, Sherwin E. Demystifying legal reasoning ［M］. Cambridge University Press, 2008.

［5］ Stein P G. Legal evolution : the story of an idea ［M］. Cambridge University Press, 1979.

［6］ Edgar Bodenheimer. Jurisprudence: The Philosophy and Method of the Law, Revised Edition ［M］. Harvard University Press, 1967.

［7］ Charles L. Howard. The Organizational Ombudsman: Origins, Roles and Operations – A Legal Guide ［M］. ABA Publishing, 2010.

［8］ M Mariani, AD Bernardo, AL Doria. Il difensore civico: esperienze comparate di tutela dei diritti G. Giappichelli ［M］, G. Giappichelli Editore, 2004.

［9］ 西野雄治．政党と政党政治［M］．日本：国立国会图书馆，2011.

［10］ 稲垣達夫．現代政党論［M］．日本：国立国会图书馆，1949.

(二) 学术论文

[1] Mertz E, Mitchell T W, Macaulay S. New Legal Realism Volume I: Translating Law - and - Society for Today´s Legal Practice [J]. Social Science Electronic Publishing, 2017.

[2] Lim T P. A Call for Candour: Accepting the Necessity of JudicialActivism in Statutory Interpretation [J]. Social Science Electronic Publishing, 2017.

[3] Gluck A R. Justice Scalia' s Unfinished Business in Statutory Interpretation: Where Textualism' s Formalism Gave Up [J]. Social Science Electronic Publishing, 2017.

[4] Grace E. Hart. State Legislative Drafting Manuals and Statutory Interpretation [J]. The Yale Law Journal, 2016 (2): 262 - 563.

[5] Solan L M. Multilingualism and Morality in Statutory Interpretation [J]. Social Science Electronic Publishing, 2017.

[6] Kinkel J J. China´s Legal System: New Developments, New Challenges [J]. Journal of East Asian Studies, 2016, 10 (1): 157 - 160.

[7] Weinreb L L. Legal reason: The use of analogy in legal argument [J]. Acta Entomologica Sinica, 2012, 17 (11): 430 - 436.

[8] Gauja A. State Regulation and the Internal Organisation of Political Parties: The Impact of Party Law in Australia, Canada, New Zealand and the United Kingdom [J]. Neuropsychopharmacology Official Publication of the American College of Neuropsychopharmacology, 2008, 37 (3): 822 - 837.

[9] Fernando Casal Bértoa, Kevin DeeganKrause, Peter Ucen. Limits of regulation: party law and finance in Slovakia 1990 - 2012 [J]. East European Politics, 2014, 30 (3): 351 - 371.

[10] Kevin K. Banda, John Cluverius. Elite polarization, party extremity, and affective polarization [J]. Electoral Studies, 2018, 56.

二、主要中文参考文献

(一) 政策法规

[1] 中共中央办公厅. 中国共产党党内法规解释工作规定 [Z]. 2015 - 07

-06.

[2] 中央纪委. 中共中央纪律检查委员会关于加强纪检条规解答工作的通知 [Z]. 1993-04-22.

[3] 中央中央办公厅. 党内法规制定条例 [Z]. 2013-05-27.

[4] 中央中央办公厅. 中国共产党党内法规和规范性文件备案规定 [Z]. 2013-05-27.

[5] 中共中央. 中央党内法规制定工作五年规划纲要 [Z]. 2013-11-28.

[6] 中共中央. 中央党内法规制定工作第二个五年规划 (2018-2022年) [Z]. 2018-02-24.

[7] 第五届全国人民代表大会常务委员会. 全国人民代表大会常务委员会关于加强法律解释工作的决议 [Z]. 1981-06-10.

[8] 国务院办公厅. 国务院办公厅关于行政法规解释权限和程序问题的通知 [Z]. 1999-05-10.

[9] 中共中央. 中共中央对涉党和国家机构改革的党内法规和相关文件作出清理决定 [Z]. 2018-05-29.

[10] 中共中央办公厅. 中共中央办公厅关于开展党内法规和规范性文件清理工作的意见 [Z]. 2012-06-04.

(二) 学术著作

[1] 李军. 中国共产党党内法规研究 [M]. 天津: 天津人民出版社, 2016.

[2] 国家行政学院政治学部. 中国共产党党内重要法规 (2016年版) [M]. 北京: 人民出版社, 2016.

[3] 王振民. 中国共产党党内法规研究 [M]. 北京: 人民出版社, 2016.

[4] 殷啸虎. 中国共产党党内法规通论 [M]. 北京: 北京大学出版社, 2016.

[5] 李忠. 党内法规建设研究 [M]. 北京: 中国社会科学出版社, 2015.

[6] 孔祥俊. 法律解释与适用方法 [M]. 北京: 中国法制出版社, 2017.

[7] 刘平. 法律解释: 良法善治的新机制 [M]. 上海: 上海人民出版社, 2015.

[8] 王利明. 法律解释学 [M]. 北京: 中国人民大学出版社, 2016.

[9] 祝捷. 中国共产党党内法规制度建设年度报告（2016年）[M]. 北京：人民出版社，2015.

[10] 中国法制出版社. 中国共产党常用党内法规规范性文件汇编（2018年版）. 北京：中国法制出版社，2018.

（三）期刊论文

[1] 谭波. 论党内法规解释权归属及其法治完善 [J]. 江汉学术，2018，37（04）：76-81.

[2] 王付友. 党内法规制度解释条文如何表述 [J]. 秘书工作，2018（05）：33-34.

[3] 郭书辰，徐君婷. 简析党内法规解释的构建原则与方法 [J]. 中共乐山市委党校学报，2018，20（01）：71-76.

[4] 孙才华. 论党内法规解释的规范化 [J]. 湖湘论坛，2017，30（01）：64-68.

[5] 苏绍龙. 论党内法规的制定主体 [J]. 四川师范大学学报（社会科学版），2018，45（05）：65-80.

[6] 唐莹瑞，赵晓强. 试论党内法规制度执行力的形成逻辑——基于实践理性的视角 [J]. 长白学刊，2018（05）：109-114.

[7] 叶正国. 习近平新时代党内法规质量思想研究 [J]. 武汉大学学报（哲学社会科学版），2018，71（05）：13-23.

[8] 杜金根，梁军. 党内法规论域下的地方治理模式迭代研究——基于地方党政领导班子绩效考核的视角 [J]. 学术研究，2018（08）：1-6.

[9] 潘高峰. 党内法规与国家法律衔接协同的几个基本问题 [J]. 南京社会科学，2018（08）：104-108.

[10] 杨云成. 试析习近平关于党内法规制度的重要论述 [J]. 理论导刊，2018（08）：40-46.

[11] 周叶中，邓书琴. 论中国共产党党内法规的价值取向——以党员义务和党员权利为视角 [J]. 中共中央党校学报，2018，22（04）：65-72.

[12] 刘茂林. 宪法体制视角下的党内法规体系化 [J]. 中共中央党校学报，2018，22（04）：73-83.

[13] 杨炼. 党内法规视域下的党领导立法 [J]. 湖湘论坛，2018，31

(04)：94－105.

[14] 李锡炎．加强新时代党内法规文化建设的思考［J］．长白学刊，2018（04）：1－7.

[15] 蒯正明．改革开放40年来中共党内法规制度建设的历史经验［J］．安徽师范大学学报（人文社会科学版），2018，46（04）：9－15.

[16] 周悦丽．以地方为视角的党内法规体系建设研究［J］．北京行政学院学报，2018（04）：46－52.

[17] 王然．改革开放以来党内法规的历史发展体系创新及机制构建［J］．求索，2018（04）：35－44.

[18] 马津卓．中国共产党党内法规发展历程探析［J］．思想理论教育导刊，2018（06）：64－69.

[19] 廉睿，秦勇．中国共产党党内法规的运行逻辑研究——基于系统法学的解构视角［J］．领导科学，2018（14）：4－7.

[20] 石佑启，李杰．论提高党内法规的执行力［J］．学术研究，2018（05）：68－76＋177.

[21] 欧爱民．党内法规的双重特性［J］．湖湘论坛，2018，31（03）：54－64.

[22] 李斌雄．试论加快形成党内法规制度体系［J］．湖湘论坛，2018，31（03）：33－42＋2.

[23] 张晓燕．论党内法规制定主体制度的规范化［J］．湖湘论坛，2018，31（03）：43－53.

[24] 陈光．论党内法规制度体系化视角下的党内立规协调［J］．理论与改革，2018（03）：101－112.

[25] 李萌．以党内法规厚植党内政治文化［J］．红旗文稿，2018（08）：24－26.

[26] 王圭宇，王明瑞．党内法规向国家法律转化之路径探析［J］．学习论坛，2018（04）：80－87.

[27] 向雪宁．德国社会民主党党内法规建设成果及其中国启示［J］．河北法学，2018，36（05）：128－137.

[28] 宋俭．论党内法规体系与国家治理体系［J］．人民论坛·学术前沿，

2018 (06): 56 - 61.

[29] 王伟国．国家治理体系视角下党内法规研究的基础概念辨析 [J]．中国法学，2018 (02): 269 - 285.

[30] 武小川．“党内法规”的概念实用论——兼论法律概念的外部影响 [J]．中共中央党校学报，2018，22 (02): 44 - 52.

[31] 张海涛．如何理解党内法规与国家法律的关系——一个社会系统理论的角度 [J]．中共中央党校学报，2018，22 (02): 53 - 61.

[32] 朱程斌，李龙．新时代的国家监察委：通过党内法规的政治机关法治化路径初探 [J]．广西社会科学，2018 (03): 12 - 18.

[33] 姚尚贤．比较视域下党内法规体系的法治化进路 [J]．江西社会科学，2018，38 (03): 197 - 204.

[34] 童彬．党内法规制定权和程序机制研究——以副省级城市和省会城市党委制定党内法规为例 [J]．探索，2018 (02): 127 - 133.

[35] 张晓燕．新时代党内法规制度建设的顶层设计 [J]．中国党政干部论坛，2018 (03): 65 - 66.

[36] 赵付科，李玲蔚．党的十八大以来党内法规制度建设研究述评 [J]．思想理论教育导刊，2018 (02): 156 - 159.

[37] 伍华军．论党内法规的基本范畴 [J]．法学杂志，2018，39 (02): 55 - 62.

[38] 宋玉波，魏艳．保障党内法规体系建设合宪性应遵循的原则 [J]．西南政法大学学报，2018，20 (01): 9 - 16.

[39] 侯嘉斌．党内法规与国家法律衔接协调的实现机制研究 [J]．社会主义研究，2018 (01): 97 - 103.

[40] 屠凯．论党内法规制度体系的主要部门及其设置标准 [J]．中共中央党校学报，2018，22 (01): 37 - 44.

[41] 欧爱民，李丹．党内法规法定概念之评述与重构 [J]．湘潭大学学报（哲学社会科学版），2018，42 (01): 47 - 52.

[42] 张海涛．政治与法律的耦合结构：党内法规的社会系统论分析 [J]．交大法学，2018 (01): 76 - 88.

[43] 郑海英．全面从严治党视域下党内法规建设路径研究 [J]．人民论

坛·学术前沿，2018（01）：88－91.

［44］朱程斌，李龙. 党内法规地位的法治辨析——从规范的角度分析［J］. 理论月刊，2018（01）：123－129.

［45］杨云成，张希贤. 十八大以来的党内法规制度建设：成绩、特点与启示［J］. 湖湘论坛，2018，31（01）：110－115.

［46］刘峰铭. 党内法规制定中的党员参与问题研究［J］. 理论探索，2018（01）：38－43.

［47］周望. 论党内法规与国家法律的关系［J］. 理论探索，2018（01）：22－31＋55.

［48］周敬青. 新时代加强党内法规制度体系建设的理论逻辑和实践思考［J］. 毛泽东邓小平理论研究，2017（12）：64－69.

［49］季冬晓，孙希江. 党内法规与国家法律协调发展的法学逻辑与实现途径［J］. 科学社会主义，2017（06）：132－138.

［50］段磊. 论党内法规与规范性文件备案的审查基准［J］. 学习与实践，2017（12）：31－36.

［51］王建芹，农云贵. 党内法规清理的反思与法治化重建［J］. 学术探索，2017（12）：22－28.

［52］梁梁. 十八大以来党内法规建设的逻辑理路［J］. 理论视野，2017（12）：55－60.

［53］姬亚平，支菡箴. 论党内法规与国家法律的协调和衔接［J］. 河北法学，2018，36（01）：30－40.

［54］赵付科，孙道壮. 习近平党内法规制度建设思想论析［J］. 马克思主义与现实，2017（06）：169－175.

［55］邓联繁. 中央全会大历史视野下的党内法规制度建设研究［J］. 湖湘论坛，2017，30（06）：60－64.

［56］谢宇. 宪法惯例与自治规范的二元界分——论党内法规在我国法治体系中的定位［J］. 探索与争鸣，2017（11）：72－77.

［57］胡文木. 论党内法规对权力的规制［J］. 浙江学刊，2017（06）：36－41.

［58］王建芹，农云贵. 科学构建党内法规制度体系的三条进路——学习党

的十九大报告关于党内法规建设的论述［J］．中共天津市委党校学报，2017，19（06）：9－15.

［59］廉睿，高鹏怀．祛魅与赋值："党内法规"的证成逻辑及其实践价值解析［J］．理论导刊，2017（11）：4－8.

［60］许耀桐．党内法规制度建设与全面从严治党［J］．人民论坛，2017（29）：20－21.

［61］刘长秋．论党内法规的概念与属性——兼论党内法规为什么不宜上升为国家法［J］．马克思主义研究，2017（10）：134－140.

［62］袁海晗．提高党内法规制度的执行力［J］．红旗文稿，2017（18）：30－32.

［63］谢仁海．论中国共产党党内法规的规范性［J］．学校党建与思想教育，2017（18）：38－41.

［64］张炜达，张腾．延安时期党内法规制度建设及其历史经验［J］．西北大学学报（哲学社会科学版），2017，47（05）：30－35.

［65］马金祥．论党内法规的清理机制问题［J］．新视野，2017（05）：95－101.

［66］周叶中．关于中国共产党党内法规体系化的思考［J］．武汉大学学报（哲学社会科学版），2017，70（05）：5－10.

［67］李萌．党内法规建设要以人民为中心［J］．人民论坛，2017（24）：74－75.

［68］李会勋．党内法规的价值维度研究［J］．华侨大学学报（哲学社会科学版），2017（04）：94－101.

［69］沈孝鹏．党内法规执行不力：多重诱因与治理之策［J］．求实，2017（08）：32－40.

［70］武小川．"党内法规"的约定俗成论——兼论"法规"的语义演变［J］．中共中央党校学报，2017，21（04）：15－27.

［71］侯嘉斌．中国共产党党内法规建设的价值导向：从功能主义到规范主义的嬗变［J］．中共中央党校学报，2017，21（04）：28－36.

［72］．观念·制度·组织 构建和完善中国共产党党内法规体系多元视角学术研讨会征稿启事［J］．中共中央党校学报，2017，21（04）：129.

[73] 王建芹. 党内法规清理标准的科学化构建 [J]. 理论学刊, 2017 (04): 38-46.

[74] 蒯正明. 将党内法规纳入社会主义法治化国家建设中的若干思考 [J]. 中南大学学报 (社会科学版), 2017, 23 (04): 127-133.

[75] 伊士国. 论形成完善的党内法规体系 [J]. 学习与实践, 2017 (07): 5-12.

[76] 管华. 党内法规质量评估标准研究 [J]. 学习与实践, 2017 (07): 13-20.

[77] 李林. 科学定义"党内法规"概念的几个问题 [J]. 东方法学, 2017 (04): 107-112.

[78] 莫纪宏. 党内法规体系建设重在实效 [J]. 东方法学, 2017 (04): 113-121.

[79] 王耀海. 党内法规的制度定位——马克思主义法学探索之四 [J]. 东方法学, 2017 (04): 121-129.

[80] 王然. 习近平党内法规制度建设思想论析 [J]. 社会主义研究, 2017 (03): 26-33.

[81] 陈柏峰. 党内法规的功用和定位 [J]. 国家检察官学院学报, 2017, 25 (03): 105-117+174.

[82] 张晓燕. 关于党内法规制度实施体系建设的思考和建议 [J]. 理论学刊, 2017 (03): 36-43.

[83] 何益忠. 全面抗战时期党内法规建设的历史经验与现实启示 [J]. 理论学刊, 2017 (03): 44-53.

[84] 王建芹. 法治视野下的党内法规体系建设 [J]. 中共浙江省委党校学报, 2017, 33 (03): 34-40.

[85] 汪全胜, 黄兰松. 党内法规的可操作性评估研究 [J]. 中共浙江省委党校学报, 2017, 33 (03): 41-50.

[86] 陈光. 党内法规在社区治理中的作用研究 [J]. 中共浙江省委党校学报, 2017, 33 (03): 51-58.

[87] 包心鉴. 在深化制度治党中完善党内法规制度 [J]. 理论与改革, 2017 (03): 9-17.

[88] 王勇. 再论党内法规与国家法律间的关系 [J]. 理论与改革, 2017 (03): 18-25.

[89] 王欢. 党内法规: 全面从严治党的利器 [J]. 人民论坛, 2017 (13): 32-33.

[90] 王勇. 正确把握国家法律与党内法规之间的关系 [J]. 理论视野, 2017 (04): 40-43.

[91] 张立伟. 党内法规体系的理论建构 [J]. 理论视野, 2017 (04): 43-47.

[92] 金成波. 理解党内法规与国家法律关系的三条进路 [J]. 理论视野, 2017 (04): 48-51.

[93] 徐信贵. 党内法规的规范属性与制定问题研究 [J]. 探索, 2017 (02): 118-123.

[94] 冯浩. 中国共产党党内法规的功能与作用 [J]. 河北法学, 2017, 35 (05): 117-128.

[95] 姜明安. 论党内法规在依法治国中的作用 [J]. 中共中央党校学报, 2017, 21 (02): 73-81.

[96] 刘一纯. 论党内法规合宪性的制度保障 [J]. 学校党建与思想教育, 2017 (06): 4-7+11.

[97] 丁芝华. 怎样准确认识党内法规的性质 [J]. 人民论坛, 2017 (08): 100-101.

[98] 赵耀宏. 延安时期党内法规制度建设的历史经验 [J]. 党建, 2017 (02): 38-39+32.

[99] 赵云龙. 建立健全党内法规 推进全面从严治党 [J]. 党建, 2017 (02): 42-43.

[100] 廉睿, 卫跃宁. 发端于中国本土的"软法"机制——中国共产党"党内法规"的性质透析及其逻辑解构 [J]. 青海社会科学, 2017 (01): 53-59.

[101] 李大勇, 宋润润. 党内法规备案审查的多元化标准 [J]. 理论视野, 2017 (01): 61-66.

[102] 李文. 新版《准则》在党内法规建设史上的重要意义 [J]. 当代中

国史研究，2017，24（01）：15－18.

［103］陈柳裕．党内法规：内涵、外延及与法律之关系——学习贯彻党的十八届六中全会精神的思考［J］．浙江学刊，2017（01）：5－12.

［104］胡肖华，聂辛东．论党内法规二元双维备案审查机制的建构［J］．湘潭大学学报（哲学社会科学版），2017，41（01）：30－36.

［105］孙才华．论党内法规解释的规范化［J］．湖湘论坛，2017，30（01）：64－68.

［106］邵从清．论提高党内法规制度体系执行力［J］．山东社会科学，2016（12）：182－187.

［107］武小川．“党内法规”的权力规限论——兼论“党内法规”软法论的应用局限［J］．中共中央党校学报，2016，20（06）：14－23.

［108］丁亚仙．党内法规体系与法律规范体系的结构关系——中国特色社会主义法治体系的文本要件分析［J］．理论学刊，2016（06）：139－144.

［109］李斌雄．中国共产党党内法规的重大创新——党的十八届六中全会精神理论研读［J］．学习与实践，2016（11）：5－13.

［110］蔡金荣．依法治国方略中的中国共产党党内法规：正名与定位［J］.求实，2016（11）：44－54.

［111］廖怀高．从潜规则视角看党内法规的虚置化及对策［J］．理论与改革，2016（06）：79－83.

［112］刘长秋．关于党内法规的几个重要理论问题［J］．理论学刊，2016（05）：28－33.

［113］秦前红，苏绍龙．党内法规与国家法律衔接和协调的基准与路径——兼论备案审查衔接联动机制［J］．法律科学（西北政法大学学报），2016，34（05）：21－30.

［114］石伟．党内法规中的“刑法”——新修订版《中国共产党纪律处分条例》解读［J］．马克思主义与现实，2016（04）：16－22.

［115］罗许生．国家治理现代化视阈下党内法规与国家法律衔接机制建构［J］．中共福建省委党校学报，2016（06）：64－69.

［116］谢宇．论中国共产党党内法规的法治化［J］．云南社会科学，2016（03）：27－33.

[117] 王春业．论将党内法规纳入国家法律体系［J］．天津师范大学学报（社会科学版），2016（03）：56－61.

[118] 戴焰军．两项党内法规：意义、特征和实质、要求［J］．理论探索，2016（02）：39－43.

[119] 何益忠．土地革命时期中国共产党党内法规建设述论［J］．理论学刊，2016（01）：115－123.

[120] 金成波，张源．试论党内法规体系的完善［J］．科学社会主义，2015（06）：72－77.

[121] 韩强．党内法规与国家法律的协同问题研究［J］．理论学刊，2015（12）：88－94.

[122] 本刊编辑部．国家宗教局党组认真学习两个党内法规［J］．中国宗教，2015（11）：17.

[123] 王文婷．党内法规和财税法规共治下的反腐败问题研究［J］．兰州学刊，2015（10）：137－141.

[124] 莫纪宏．建立和完善党内法规的监督机制［J］．学习与探索，2015（10）：57－61.

[125] 屠凯．党内法规的二重属性：法律与政策［J］．中共浙江省委党校学报，2015，31（05）：52－58.

[126] 刘先春，叶茂泉．构建和培育党内法规制度执行文化的对策研究［J］．中南民族大学学报（人文社会科学版），2015，35（04）：85－89.

[127] 张琳琳．党内法规体系建设的法治路径［J］．学术交流，2015（06）：83－87.

[128] 施新州．中国共产党党内法规体系的内涵、特征与功能论析［J］．中共中央党校学报，2015，19（03）：30－35.

[129] 付子堂．法治体系内的党内法规探析［J］．中共中央党校学报，2015，19（03）：17－23.

[130] 曹秋龙．依法执政背景下的党内法规性质研究［J］．学术探索，2015（05）：6－11.

[131] 田丽．论党内法规与思想政治工作对政党治理的作用［J］．学术探索，2015（05）：12－17.

[132] 蒯正明，任秀娟．新形势下加强党内法规制度建设的路径探析［J］．探索，2015（01）：32-36.

[133] 孙才华，方世荣．论党内法规与国家法律的相互作用［J］．湖北社会科学，2015（01）：5-9.

[134] 杨云成，张希贤．构建党内法规体系的三项任务［J］．理论探索，2015（01）：13-17.

[135] 马立新．论依法改革与完善党内法规审查制度［J］．贵州社会科学，2015（01）：88-91.

[136] 马立新．党内法规与国家法规规章备案审查衔接联动机制探讨［J］．学习与探索，2014（12）：78-81.

[137] 韩强．论提高党内法规建设的科学化水平［J］．求实，2014（07）：23-27.

[138] 韩强，谭建．论党内法规的溯及既往问题［J］．江西社会科学，2014，34（06）：16-20.

[139] 李军．法治视阈下的党内法规［J］．新疆社会科学，2013（06）：105-108.

[140] 张晓燕．求真务实地研究和解决党内法规制度建设的重点、难点问题［J］．中国党政干部论坛，2013（09）：54-56.

[141] 王振民．党内法规制度体系建设的基本理论问题［J］．中国高校社会科学，2013（05）：136-153+159.

[142] 姜明安．论中国共产党党内法规的性质与作用［J］．北京大学学报（哲学社会科学版），2012，49（03）：109-120.

[143] 韩强．论党内法规的时效性问题［J］．探索，2012（02）：23-27.

[144] 操申斌．论党内法规机制的构建与完善［J］．探索，2012（02）：28-32.

[145] 王立峰．依法执政与党内法规建设［J］．中国党政干部论坛，2012（01）：31-33.

[146] 叶笃初．党内法规建设述略——为纪念中国共产党诞生90周年而作［J］．江汉论坛，2011（07）：5-11.

[147] 周叶中．关于中国共产党党内法规建设的思考［J］．法学论坛，

2011, 26 (04): 41 -47.

[148] 张立伟. 法治视野下党内法规与国家法的协调 [J]. 中共中央党校学报, 2011, 15 (03): 87 -90.

[149] 操申斌. 党内法规制度执行力的若干限制因素分析 [J]. 科学社会主义, 2011 (02): 73 -75.

[150] 操申斌. 党内法规制度执行不力的立法探源 [J]. 理论探讨, 2011 (02): 126 -128.

[151] 操申斌. 改革开放以来党内法规制度建设的基本经验 [J]. 求实, 2010 (11): 13 -17.

[152] 许小莲. "党内法规" 法律地位之考证 [J]. 求实, 2010 (07): 17 -19.

[153] 何益忠. 党的创立及国民革命时期党内法规建设述论 [J]. 湖北社会科学, 2010 (06): 22 -26.

[154] 吴新叶. 依法执政应包括党内法规 [J]. 探索与争鸣, 2010 (04): 49 -51.

[155] 操申斌. 党内法规与国家法律协调路径探讨 [J]. 探索, 2010 (02): 32 -35.

[156] 操申斌. 改革开放以来中国共产党党内法规建设的历史考察 [J]. 安徽史学, 2009 (06): 56 -61.

[157] 潘泽林. 贯彻落实科学发展观与加强党内法规制度建设 [J]. 求实, 2009 (10): 16 -19.

[158] 操申斌. 改革开放以来中国共产党党内法规制度建设的几个主要特征 [J]. 党的文献, 2009 (04): 42 -47.

[159] 操申斌. "党内法规" 概念证成与辨析 [J]. 当代世界与社会主义, 2008 (03): 131 -134.

[160] 操申斌. 改革开放以来 "党内法规" 研究述评 [J]. 毛泽东邓小平理论研究, 2008 (05): 76 -80 +85.

[161] 彭京宜. 关于完善党内法规的若干思考 [J]. 理论前沿, 2007 (07): 16 -17.

[162] 廖秀健, 雷浩伟. 完善中国共产党党内法规解释体系 [J]. 长白学

刊，2019（04）：80－86.

［163］廖秀健，雷浩伟．党内法规研究的新范畴与党内法治实现的新路径［J］．上海政法学院学报（法治论丛），2019（04）：108－117.

［164］吕品．关于党内法规解释制度建设的思考［J］．理论视野，2019（04）：70－77.

（四）其他文献

［1］宋功德．全方位推进党内法规制度体系建设［N］．人民日报，2018－09－27（007）．

［2］金成波．党内法规研究的基本理路［N］．学习时报，2018－09－07（007）．

［3］齐凯．打造党内法规制度建设的理论研究高地［N］．中国社会科学报，2018－07－26（008）．

［4］高建民．加强党内法规制度体系建设［N］．中国社会科学报，2018－07－24（008）．

［5］张晶．推进党内法规制度建设科学化的着力点［N］．中国社会科学报，2018－07－02（008）．

［6］冯浩．法治中国建设中的中国共产党党内法规问题研究［D］．吉林大学，2017.

［7］孙振鹏．中国共产党党内法规制度执行力研究［D］．中共中央党校，2017.

［8］赵少凌．党内法规的治理逻辑［D］．中共中央党校，2017.

［9］樊英．党内法规的效力［D］．吉林大学，2017.

［10］殷路路．健全以党章为核心的党内法规体系［A］．《决策与信息》杂志社、北京大学经济管理学院．“决策论坛——决策理论与方法研究学术研讨会”论文集（下）［C］．《决策与信息》杂志社、北京大学经济管理学院：《科技与企业》编辑部，2016：2.

［11］张立伟．党内法规与国家法的有机衔接——从全面从严治党和全面依法治国的辩证统一关系来看［A］．中国法学会董必武法学思想研究会．董必武法学思想研究文集（第十六辑）［C］．中国法学会董必武法学思想研究会：中国法学会董必武法学思想研究会，2016：5.

[12] 沈孝鹏. 提升党内法规执行力的路径探析 [A]. 武汉大学研究生院、武汉大学马克思主义学院、武汉大学马克思主义理论与中国实践协同创新中心、《文化软实力研究》杂志社. "马克思主义与21世纪社会主义"——第二届全国马克思主义理论及相关学科博士生学术论坛论文集（上册）[C]. 武汉大学研究生院、武汉大学马克思主义学院、武汉大学马克思主义理论与中国实践协同创新中心、《文化软实力研究》杂志社：武汉大学马克思主义学院，2016：10.

[13] 周淑真. 党内法规建设与多党合作制度发展 [A]. 中国统一战线理论研究会政党理论北京研究基地. 统战工作条例与多党合作制度建设研究论文集——中国统一战线理论研究会政党理论北京研究基地论文集（第八辑）[C]. 中国统一战线理论研究会政党理论北京研究基地：北京市统一战线理论研究会，2016：3.

[14] 管霞. 全面从严治党视阈下中国共产党党内法规建设研究 [D]. 西南大学，2016.

[15] 苏畅. 党内法规和规范性文件清理工作研究 [D]. 山东大学，2015.

[16] 梁毅. 新时期加强党内法规制度建设的方法思考 [A]. 中国水利政研会第六学组（勘测设计学组）. 中国水文化（2015年专刊）——中国水利政研会第六学组（勘测设计学组）2015年优秀政研成果 [C]. 中国水利政研会第六学组（勘测设计学组）：《中国水文化》杂志社，2015：4.

[17] 徐家林. 完善党内法规 推进国家立法 [A]. 江南大学廉政与治理研究中心、江南大学党的建设研究基地、江南大学马克思主义学院. 太湖廉政论丛（第一辑）[C]. 江南大学廉政与治理研究中心、江南大学党的建设研究基地、江南大学马克思主义学院：江南大学廉政与治理研究中心，2015：8.

[18] 陈锦荣. 中国共产党党内法规制度效能研究 [D]. 中共中央党校，2013.

[19] 路雨微. 中国共产党党内法规制度体系建设研究 [D]. 中共中央党校，2013.

[20] 李军. 中国共产党党内法规研究 [D]. 复旦大学，2010.

附件一：现有主要党内法规制度解释规定汇编（含法律法规解释相关规定）

现有主要党内法规制度解释规定
汇　编

（含法律法规解释相关规定）

一、党内法规解释工作规定

《中国共产党党内法规解释工作规定》

中国共产党党内法规解释工作规定

2015年7月6日，中共中央办公厅印发《中国共产党党内法规解释工作规定》，这是首部针对党内法规解释问题的所作出的较为系统全面的正式规定，标志着我国党内法规解释工作步入正轨。

该文件未全面公开。

二、中央纪委党内法规解释工作规定

《中共中央纪律检查委员会关于加强纪检条规解答工作的通知》

中共中央纪律检查委员会关于加强纪检条规解答工作的通知

为了加强党的纪律检查条规建设，保证纪检条规解释、答复的准确性和规范性，现就纪检条规解答工作的有关问题通知如下：

一、凡以中央纪委名义发布的纪检条规的解释、答复，由中央纪委法规室负责承办，经中央纪委领导批准后以中央纪委“中纪法复”文件发出。

二、需要由中央纪委予以解释、答复的纪检条规的理解及适用问题（不包括对具体案件的定性、处理问题），原则上由省、自治区、直辖市纪委，中央国家机关各部委纪检组（纪委），中央纪委各派驻纪检组，中直机关和中央国家机关纪工委，军委纪委以书面形式向中央纪委提出。对越级向中央纪委请示、询问和纪检干部个人请示的，中央纪委一般不做答复。

三、对于所要请示的问题，有关纪委（纪检组）应当尽可能地搞清情况加以研究，并提出意见；如果涉及其他有关部门业务的，应当先征求有关部门意见，并在请示中说明，以便研究处理。

四、党的纪检机关与行政监察机关合署办公后，凡有关行政监察法规政策解答工作，仍按照《监察部关于加强监察法规政策解答工作的通知》的规定办理。

三、法律解释工作规定

《全国人民代表大会常务委员会关于加强法律解释工作的决议》

全国人民代表大会常务委员会关于加强法律解释工作的决议

（一九八一年六月十日第五届全国人民代表大会常务委员会第十九次会议通过）

第五届全国人民代表大会第二次会议通过几个法律以来，各地、各部门不断提出一些法律部问题要求解释。同时，在实际工作中，由于对某些法律条文的理解不一致，也影响了法律的正确实施。为了健全社会主义法制，必须加强立法和法律解释工作。现对法律解释问题决定如下：

一、凡关于法律、法令条文本身需要进一步明确界限或作补充规定的，由全国人民代表大会常务委员会进行解释或用法令加以规定。

二、凡属于法院审判工作中具体应用法律、法令的问题，由最高人民法院进行解释。凡属于检察院检察工作中具体应用法律、法令的问题，由最高人民检察院进行解释。最高人民法院和最高人民检察院的解释如果有原则性的分歧，报请全国人民代表大会常务委员会解释或决定。

三、不属于审判和检察工作中的其他法律、法令如何具体应用的问题，由国务院及主管部门进行解释。

四、凡属于地方性法规条文本身需要进一步明确界限或作补充规定的，由制定法规的省、自治区、直辖市人民代表大会常务委员会进行解释或作出规定。凡属于地方性法规如何具体应用的问题，由省、自治区、直辖市人民政府主管部门进行解释。

由于林彪、江青反革命集团对社会主义法制的严重破坏和毒害，有些人的法制观念比较薄弱。同时，对法制的宣传教育有还做得很不够，许多人对法津还很不熟悉。全国人民代表大会常务委员会认为，各级国家机关、各人民团体，都应当结合实际情况和问题，并利用典型案例，有计划有针对性地加强社会主义法制的宣传教育工作，使广大干部，群众了解有关的法律规定，逐步普及法律的基本知识，进一步肃清林彪、江青反革命集团破坏社会主义法制的流毒，教育广大干部、群众，特别是各级领导干部和公安、检察、法院等司法工作人员，认真遵守和正确执行法律，依法处理人民内部的各种纠纷，同时要善于运用法律武器，同一切破坏社会主义法制的违法犯罪行为进行斗争。

四、行政法规解释工作规定

《国务院办公厅关于行政法规解释权限和程序问题的通知》

国务院办公厅关于行政法规解释权限和程序问题的通知

国办发〔1999〕43号

各省、自治区、直辖市人民政府，国务院各部委、各直属机构：

近年来，行政法规（包括法律的实施细则、实施条例）和国务院、国务院办公厅有关贯彻实施法律、行政法规问题的规范性文件发布后，地方、部门在实施中提出一些问题要求解释。为了保证法律、行政法规的正确实施，进一步做好行政法规和国务院、国务院办公厅有关贯彻实施法律、行政法规的规范性文件的解释工作，现就有关问题通知如下：

一、凡属于行政法规条文本身需要进一步明确界限或者作补充规定的问题，由国务院作出解释。这些立法性的解释，由国务院法制办公室按照行政法规草案审查程序提出意见，报国务院同意后，根据不同情况，由国务院发布或者由国务院授权有关行政主管部门发布。

二、凡属于行政工作中具体应用行政法规的问题，有关行政主管部门在职权范围内能够解释的，由其负责解释；有关行政主管部门解释有困难或者其他有关部门对其作出的解释有不同意见，要求国务院解释的，由国务院法制办公室承办，作出解释，其中涉及重大问题的，由国务院法制办公室提出意见，报国务院同意后作出解释，答复有关行政主管部门，同时抄送其他有关部门。

三、凡属于国务院、国务院办公厅有关贯彻实施法律、行政法规的规范性文件的解释问题，由国务院法制办公室承办，作出解释，其中涉及重大问题的，由国务院法制办公室提出意见，报国务院同意后作出解释。国务院、国务院办公厅其他文件的解释，仍按现行做法，由国务院办公厅承办。

五、司法解释工作规定

《最高人民法院关于司法解释工作的规定》

最高人民法院关于司法解释工作的规定

法发〔2007〕12号

一、一般规定

第一条　为进一步规范和完善司法解释工作，根据《中华人民共和国人民法院组织法》、《中华人民共和国各级人民代表大会常务委员会监督法》和《全国人民代表大会常务委员会关于加强法律解释工作的决议》等有关规定，制定本规定。

第二条　人民法院在审判工作中具体应用法律的问题，由最高人民法院作出司法解释。

第三条　司法解释应当根据法律和有关立法精神，结合审判工作实际需要制定。

第四条　最高人民法院发布的司法解释，应当经审判委员会讨论通过。

第五条　最高人民法院发布的司法解释，具有法律效力。

第六条　司法解释的形式分为“解释”“规定”“批复”和“决定”四种。

对在审判工作中如何具体应用某一法律或者对某一类案件、某一类问题如何应用法律制定的司法解释，采用“解释”的形式。

根据立法精神对审判工作中需要制定的规范、意见等司法解释，采用“规定”的形式。

对高级人民法院、解放军军事法院就审判工作中具体应用法律问题的请示制定的司法解释，采用“批复”的形式。

修改或者废止司法解释，采用“决定”的形式。

第七条　最高人民法院与最高人民检察院共同制定司法解释的工作，应当按照法律规定和双方协商一致的意见办理。

第八条　司法解释立项、审核、协调等工作由最高人民法院研究室统一负责。

二、立项

第九条　制定司法解释，应当立项。

第十条　最高人民法院制定司法解释的立项来源：

（一）最高人民法院审判委员会提出制定司法解释的要求；

（二）最高人民法院各审判业务部门提出制定司法解释的建议；

（三）各高级人民法院、解放军军事法院提出制定司法解释的建议或者对法律应用问题的请示；

（四）全国人大代表、全国政协委员提出制定司法解释的议案、提案；

（五）有关国家机关、社会团体或者其他组织以及公民提出制定司法解释的建议；

（六）最高人民法院认为需要制定司法解释的其他情形。

基层人民法院和中级人民法院认为需第九条　制定司法解释，应当立项。

要制定司法解释的，应当层报高级人民法院，由高级人民法院审查决定是否向最高人民法院提出制定司法解释的建议或者对法律应用问题进行请示。

第十一条　最高人民法院审判委员会要求制定司法解释的，由研究室直接立项。

对其他制定司法解释的立项来源，由研究室审查是否立项。

第十二条　最高人民法院各审判业务部门拟制定“解释”“规定”类司法解释的，应当于每年年底前提出下一年度的立项建议送研究室。

研究室汇总立项建议，草拟司法解释年度立项计划，经分管院领导审批后提交审判委员会讨论决定。

因特殊情况，需要增加或者调整司法解释立项的，有关部门提出建议，由研究室报分管院领导审批后报常务副院长或者院长决定。

第十三条　最高人民法院各审判业务部门拟对高级人民法院、解放军军事法院的请示制定批复的，应当及时提出立项建议，送研究室审查立项。

第十四条　司法解释立项计划应当包括以下内容：立项来源，立项的必要性，需要解释的主要事项，司法解释起草计划，承办部门以及其他必要事项。

第十五条　司法解释应当按照审判委员会讨论通过的立项计划完成。未能按照立项计划完成的，起草部门应当及时写出书面说明，由研究室报分管院领导审批后提交审判委员会决定是否继续立项。

三、起草与报送

第十六条　司法解释起草工作由最高人民法院各审判业务部门负责。

涉及不同审判业务部门职能范围的综合性司法解释，由最高人民法院研究室负责起草或者组织、协调相关部门起草。

第十七条　起草司法解释，应当深入调查研究，认真总结审判实践经验，广泛征求意见。

涉及人民群众切身利益或者重大疑难问题的司法解释，经分管院领导审批后报常务副院长或者院长决定，可以向社会公开征求意见。

第十八条　司法解释送审稿应当送全国人民代表大会相关专门委员会或者全国人民代表大会常务委员会相关工作部门征求意见。

第十九条　司法解释送审稿在提交审判委员会讨论前，起草部门应当将送审稿及其说明送研究室审核。

司法解释送审稿及其说明包括：立项计划、调研情况报告、征求意见情况、分管副院长对是否送审的审查意见、主要争议问题和相关法律、法规、司法解释以及其他相关材料。

第二十条　研究室主要审核以下内容：

（一）是否符合宪法、法律规定；

（二）是否超出司法解释权限；

（三）是否与相关司法解释重复、冲突

（四）是否按照规定程序进行；

（五）提交的材料是否符合要求；

（六）是否充分、客观反映有关方面的主要意见；

（七）主要争议问题与解决方案是否明确；

（八）其他应当审核的内容。

研究室应当在一个月内提出审核意见。

第二十一条　研究室认为司法解释送审稿需要进一步修改、论证或者协调的，应当会同起草部门进行修改、论证或者协调。

第二十二条　研究室对司法解释送审稿审核形成草案后，由起草部门报分管院领导和常务副院长审批后提交审判委员会讨论。

四、讨论

第二十三条　最高人民法院审判委员会应当在司法解释草案报送之次日起三个月内进行讨论。逾期未讨论的，审判委员会办公室可以报常务副院长批准延长。

第二十四条　司法解释草案经审判委员会讨论通过的，由院长或者常务副院长签发。

司法解释草案经审判委员会讨论原则通过的，由起草部门会同研究室根据审判委员会讨论决定进行修改，报分管副院长审核后，由院长或者常务副院长签发。

审判委员会讨论认为制定司法解释的条件尚不成熟的，可以决定进一步论证、暂缓讨论或撤销立项。

五、发布、施行与备案

第二十五条　司法解释以最高人民法院公告形式发布。

司法解释应当在《最高人民法院公报》和《人民法院报》刊登。

司法解释自公告发布之日起施行，但司法解释另有规定的除外。

第二十六条　司法解释应当自发布之日起三十日内报全国人民代表大会常务委员会备案。

备案报送工作由办公厅负责，其他相关工作由研究室负责。

第二十七条　司法解释施行后，人民法院作为裁判依据的，应当在司法文书中援引。

人民法院同时引用法律和司法解释作为裁判依据的，应当先援引法律，后援引司法解释。

第二十八条　最高人民法院对地方各级人民法院和专门人民法院在审判工作中适用司法解释的情况进行监督。上级人民法院对下级人民法院在审判工作中适用司法解释的情况进行监督。

六、编纂、修改、废止

第二十九条　司法解释的编纂由审判委员会决定，具体工作由研究室负责，各审判业务部门参加。

第三十条　司法解释需要修改、废止的，参照司法解释制定程序的相关规定办理，由审判委员会讨论决定。

第三十一条　本规定自 2007 年 4 月 1 日起施行。1997 年 7 月 1 日发布的《最高人民法院关于司法解释工作的若干规定》同时废止。

《最高人民检察院司法解释工作规定》

最高人民检察院司法解释工作规定

高检发研字〔2015〕13号

第一条　为了加强和规范司法解释工作，统一法律适用标准，维护司法公正，根据《中华人民共和国立法法》《中华人民共和国各级人民代表大会常务委员会监督法》《全国人民代表大会常务委员会关于加强法律解释工作的决议》等法律规定，结合检察工作实际，制定本规定。

第二条　人民检察院在检察工作中具体应用法律的问题，只能由最高人民检察院作出司法解释。

第三条　司法解释应当以法律为依据，不得违背和超越法律规定。

第四条　司法解释工作应当主动接受全国人民代表大会及其常务委员会的监督。

研究制定司法解释过程中，对于法律的规定需要进一步明确具体含义，或者法律制定后出现新的情况，需要明确适用法律依据的，最高人民检察院应当向全国人民代表大会常务委员会提出法律解释的要求或者提出制定、修改有关法律的议案。

第五条　最高人民检察院制定并发布的司法解释具有法律效力。人民检察院在起诉书、抗诉书、检察建议书等法律文书中，需要引用法律和司法解释的，应当先援引法律，后援引司法解释。

第六条　司法解释采用“解释”“规则”“规定”“批复”“决定”等形式，统一编排最高人民检察院司法解释文号。

检察工作中如何具体应用某一法律或者对某一类案件、某一类问题如何应用法律制定的司法解释，采用“解释”“规则”的形式。

对检察工作中需要制定的办案规范、意见等司法解释，采用“规定”的形式。

对省级人民检察院（包括解放军军事检察院、新疆生产建设兵团人民检察院）就检察工作中具体应用法律问题的请示制定的司法解释，采用“批复”的形式。

修改或者废止司法解释，采用“决定”的形式。

第七条　最高人民检察院法律政策研究室具体承办司法解释工作的有关事宜，统一负责司法解释的立项、起草、审核、协调、清理等工作。最高人民检察院其他有关业务部门和地方人民检察院、专门人民检察院应当配合最高人民检察院法律政策研究室共同做好司法解释工作。

第八条　最高人民检察院于每年年初制定本年度司法解释工作计划。

司法解释工作计划由最高人民检察院法律政策研究室负责研究起草，并征求省级人民检察院和最高人民检察院有关业务部门意见。

司法解释工作计划应当提请最高人民检察院检察委员会审议通过。根据检察工作实践需要，经检察委员会或者检察长决定，可以对司法解释工作计划进行补充或者调整。

第九条　制定司法解释按照以下程序进行：

（一）立项；

（二）调查研究并起草司法解释意见稿；

（三）论证并征求有关方面意见，提出司法解释审议稿；

（四）提交分管副检察长审查，报请检察长决定提交检察委员会审议；

（五）检察委员会审议通过

（六）核稿；

（七）签署发布；

（八）报送全国人民代表大会常务委员会备案。

第十条　制定司法解释，应当立项。最高人民检察院制定司法解释的立项来源包括：

（一）最高人民检察院检察委员会关于制定司法解释的决定、要求；

（二）最高人民检察院领导关于制定司法解释的批示；

（三）最高人民检察院法律政策研究室和其他有关业务部门提出制定司法解释的建议；

（四）省级人民检察院向最高人民检察院提出制定司法解释的请示、报告或者建议；

（五）全国人大代表、全国政协委员提出制定司法解释的建议或者提案；

（六）有关机关、社会团体或者其他组织以及公民提出制定司法解释的建议；

（七）最高人民检察院认为需要制定司法解释的其他情形。

第十一条　省级人民检察院报请最高人民检察院制定司法解释的请示、报告或者建议，应当由本院法律政策研究室归口办理，并由本院检察委员会审议决定。在报请最高人民检察院制定司法解释的请示、报告或者建议中，应当载明报请解释的问题、本院检察委员会意见，并附送有关案例和材料。

省级以下人民检察院认为需要制定司法解释的，应当层报省级人民检察院，由省级人民检察院审查决定是否向最高人民检察院提出请示、报告或者建议。

第十二条　最高人民检察院检察委员会关于制定司法解释的决定、要求，由最高人民检察院法律政策研究室直接立项。其他制定司法解释的批示、请示、报告、建议或者提案，由最高人民检察院法律政策研究室研究提出是否立项的意见，经分管副检察长批准并报检察长决定。

决定立项的，应当列入司法解释工作计划。

第十三条　已经立项的司法解释，最高人民检察院法律政策研究室应当在立项后一个月以内研究提出司法解释意见稿。对于省级人民检察院向最高人民检察院提出的具体应用法律问题的请示、报告或者建议，最高人民检察院法律政策研究室应当在立项后十五日以内研究起草司法解释意见稿。

对于重大、疑难、复杂的司法解释项目或者情况特殊的，研究提出司法解释意见稿的时间可以适当延长。

第十四条　经分管副检察长或者检察长决定，可以由最高人民检察院有关业务部门负责相关司法解释的起草工作，研究提出司法解释意见稿。

经分管副检察长批准，最高人民检察院法律政策研究室可以委托地方人民检察院或者有关高等院校、科研机构研究提出司法解释建议稿。

第十五条　司法解释意见稿应当报送全国人民代表大会相关专门委员会或者全国人民代表大会常务委员会相关工作机构征求意见。

司法解释意见稿应当征求有关机关以及地方人民检察院、专门人民检察院、最高人民检察院有关业务部门以及相关专家学者的意见。

涉及广大人民群众切身利益的司法解释，经检察长决定，可以在互联网、报纸等媒体上公开征求社会各界和人民群众的意见。

第十六条　最高人民检察院法律政策研究室或者经批准承办相关司法解释的其他有关业务部门，应当在征求意见后对司法解释意见稿进行修改完善，提出司法解释审议稿并起草说明，由分管副检察长审查后报请检察长决定提交检察委员会审议。对于较为重大的司法解释，在提请检察委员会审议前，可以征求有关检察委员会委员的意见。

第十七条　司法解释审议稿的说明应当包括以下内容：

（一）立项来源和背景；

（二）研究起草和修改过程；

（三）征求有关机关、地方人民检察院、专门人民检察院、最高人民检察院有关业务部门以及专家学者、社会各界意见的情况；

（四）司法解释审议稿的逐条说明，包括各方面意见、争议焦点、承办部门研究意见和理由。

第十八条　最高人民检察院发布的司法解释应当经最高人民检察院检察委员会审议通过。

检察委员会审议认为制定司法解释的条件尚不成熟的，可以决定进一步研究论证或者撤销立项。

第十九条　最高人民检察院检察委员会审议通过的司法解释审议稿，承办部门应当根据检察委员会审议意见进行修改完善，经最高人民检察院法律政策研究室核稿后，报分管副检察长审核，由检察长签发。

第二十条　条最高人民检察院的司法解释以最高人民检察院公告的形式在《最高人民检察院公报》《检察日报》和最高人民检察院门户网站上公开发布。

第二十一条　司法解释以最高人民检察院发布公告的日期为生效时间，但司法解释另有规定的除外。

第二十二条　司法解释应当自公布之日起三十日以内报送全国人民代表大会常务委员会备案。

第二十三条　最高人民检察院应当对地方人民检察院和专门人民检察院执行司法解释和制定规范性文件的情况进行检查、监督。

最高人民检察院法律政策研究室可以组织对有关司法解释的执行情况和施行效果进行评估。评估情况应当报告分管副检察长或者检察长，必要时可以向检察委员会报告。

第二十四条　法律制定、修改、废止后，相关司法解释与法律规定相矛盾的内容自动失效；最高人民检察院对相关司法解释应当及时予以修改或者废止。

制定新的司法解释，以往司法解释不再适用或者部分不再适用的，应当在新的司法解释中予以明确规定。

第二十五条 最高人民检察院应当定期对司法解释进行清理，并对现行有效的司法解释进行汇编。司法解释清理参照司法解释制定程序的相关规定办理。

司法解释清理情况应当及时报送全国人民代表大会常务委员会。

第二十六条 对于同时涉及检察工作和审判工作中具体应用法律的问题，最高人民检察院应当商请最高人民法院联合制定司法解释；对最高人民法院商请最高人民检察院联合制定司法解释的，最高人民检察院应当共同研究、联合制定。

最高人民检察院与最高人民法院联合制定的司法解释需要修改、补充或者废止的，应当与最高人民法院协商。

第二十七条 最高人民检察院的司法解释同最高人民法院的司法解释有原则性分歧的，应当协商解决。通过协商不能解决的，依法报请全国人民代表大会常务委员会解释或者决定。

第二十八条 本规定自2016年1月12日起施行。《最高人民检察院司法解释工作规定》（高检发研字〔2006〕4号）同时废止。

《最高人民法院 最高人民检察院关于地方人民法院、人民检察院不得制定司法解释性质文件的通知》

最高人民法院 最高人民检察院关于地方人民法院、人民检察院不得制定司法解释性质文件的通知

法发〔2012〕2号

各省、自治区、直辖市高级人民法院、人民检察院，解放军军事法院、军事检察院，新疆维吾尔自治区高级人民法院生产建设兵团分院、新疆生产建设兵团人民检察院：

中国特色社会主义法律体系如期形成，在我国社会主义民主法制建设史上具有里程碑意义，标志着依法治国基本方略的贯彻实施进入了一个新阶段。有法必依、执法必严、违法必究问题在法律实施工作中更为突出、更加紧迫。为

了维护国家法制统一，正确实施法律，促进公正司法，按照2011年全国人大常委会工作报告和立法工作计划关于督促和指导最高人民法院、最高人民检察院开展司法解释集中清理工作的总体部署和要求，现就地方人民法院、人民检察院不得制定司法解释性质文件的有关问题通知如下：

一、根据全国人大常委会《关于加强法律解释工作的决议》的有关规定，人民法院在审判工作中具体应用法律的问题，由最高人民法院作出解释；人民检察院在检察工作中具体应用法律的问题，由最高人民检察院作出解释。自本通知下发之日起，地方人民法院、人民检察院一律不得制定在本辖区普遍适用的、涉及具体应用法律问题的“指导意见”“规定”等司法解释性质文件，制定的其他规范性文件不得在法律文书中援引。

二、地方人民法院、人民检察院对于制定的带有司法解释性质的文件，应当自行清理。凡是与法律、法规及司法解释的规定相抵触以及不适应经济社会发展要求的司法解释性质文件，应当予以废止；对于司法实践中迫切需要、符合法律精神又无相应的司法解释规定的，参照本通知第三条的规定办理。

地方人民法院、人民检察院应当自本通知下发之日起，分别对单独制定的司法解释性质文件进行清理；对法、检两家制定或者与其他部门联合制定的，由原牵头部门负责清理并做好沟通协调工作；对不属于地方人民法院、人民检察院牵头制定的，要主动会同相关牵头部门研究处理。

清理工作应当于2012年3月底以前完成，由高级人民法院、省级人民检察院分别向最高人民法院、最高人民检察院报告清理结果。

三、地方人民法院、人民检察院在总结审判工作、检察工作经验过程中，认为需要制定司法解释的，按照《最高人民法院关于司法解释工作的规定》（法发〔2007〕12号）和《最高人民检察院司法解释工作规定》（高检发研字〔2006〕4号）的要求，通过高级人民法院、省级人民检察院向最高人民法院、最高人民检察院提出制定司法解释的建议或者对法律应用问题进行请示。

四、在执行本通知过程中遇到的具体情况和问题，高级人民法院、省级人民检察院应当及时向最高人民法院、最高人民检察院报告。

特此通知。

附件二：现有典型党内法规制度解释文件汇编（含党章相关解释文件）

现有典型党内法规制度解释文件汇　编

（含党章相关解释文件）

一、答复式解释、一问一答式

《中共中央组织部关于〈党政领导干部选拔任用工作条例〉若干问题的答复意见》

中共中央组织部关于《党政领导干部选拔任用工作条例》若干问题的答复意见

组通字〔2014〕27 号

2014 年 7 月 8 日，2005 年印发的关于《党政领导干部选拔任用工作条例》若干问题的答复意见（一）（二）同时废止。

1. 问：根据第四条规定，本条例的适用范围包括市、县党政工作部门科级领导干部的选拔任用，但第八条规定的基本资格有些是针对提任县处级以上领导职务的。提任市、县党政工作部门科级领导干部，应当如何把握资格要求？

答：选拔任用市、县党政工作部门科级领导干部，应当执行本条例规定的原则、标准、条件、程序、方法、纪律要求等，对于任职年限等要求，按照《公务员职务任免与职务升降规定（试行）》执行。

2. 问：第四条规定，选拔任用民族区域自治地方党政领导干部，法律法规和政策另有规定的从其规定。这里的“法律法规和政策”如何把握？

答：主要指中央和国家层面的法律法规和政策。

3. 问：第四条中的“县级以上”，是否包含县级？

答：“县级以上”包含县级。本条例中规定的其他类似情况，如“厅局级以下”“五年以上”等，都包含本级或本数。

4. 问：第四条规定，选拔任用参照公务员法管理的县级以上党委和政府直属事业单位及其内设机构领导成员，选拔任用非中共党员领导干部、非领导职务的干部，参照本条例执行。参照本条例执行，如何理解？其他事业单位，是否参照执行？

答：参照本条例执行，在不同的情况下有不同的含义。选拔任用参照公务员法管理的事业单位及其内设机构领导成员，应当严格执行本条例的各项规定。选拔任用非中共党员领导干部、非领导职务的干部，在坚持党的干部路线方针政策前提下，在贯彻本条例规定的基本原则、基本条件、基本程序和工作纪律的同时，可以从实际情况出发，在具体做法上有所区别，具有一定的灵活性。

为有利于推进事业单位分类改革，条例修订时对事业单位参照执行的范围作了调整。在中央对事业单位领导人员选拔任用作出专门规定前，未列入参照公务员法管理的党委、政府直属事业单位，其领导干部的选拔任用仍可参照本条例执行。

5. 问：第八条第一项规定，提任县处级领导职务的，应当具有五年以上工龄和两年以上基层工作经历。“基层工作经历”的含义是什么？

答：这里的“基层工作经历”是指，在县（市、区、旗）、乡镇（街道）

党政机关，村（社区）党组织或村（居）委会，以及各类企业、事业单位工作过（参照公务员法管理的事业单位不在此列）。军队转业干部在军队团和相当团以下单位工作过，中央、国家机关干部在市（地、州、盟）直属机关工作过，也可视为基层工作经历。

6. 问：第八条第二项规定，提任县处级以上领导职务的，一般应当具有在下一级两个以上职位任职的经历。“两个以上职位”的要求如何理解和把握？

答：“两个以上职位”是指在同一职务层次两个以上的岗位工作过，既包括领导职务，也包括非领导职务。在同一单位连续担任某一职务但分工进行过调整，即主管工作发生了变化或者该职位职能发生了较大变化以及其他类似情况，也可视为在两个职位工作过。干部平级兼任职务且有明确分工的，可视为两个职位的任职经历。凡经组织选派、挂职锻炼时间在半年以上，均可视为一个职位的任职经历。

7. 问：第八条第三项规定，提任县处级以上领导职务，由副职提任正职的，应当在副职岗位工作两年以上，由下级正职提任上级副职的，应当在下级正职岗位工作三年以上。这一规定应如何把握？

答：“副职岗位”“下级正职岗位”的任职时间，包括领导职务和非领导职务的任职时间。在机关任职的时间和在企业、事业单位任相当职务的时间可累计计算（相当职务一般可根据该企业、事业单位领导班子所隶属的干部管理权限，比照对应的党政机关干部职务序列确定）。

需要特别强调的是，本条例规定的提任年限要求，是干部提拔任用必须达到的最低年限要求，而不是达到后就必须提拔。干部不能以达到提任的最低年限为由要求组织提拔任用。这一解释也适用于本条例第八条关于其他基本资格的规定。

8. 问：副部级单位中，干部提职的任职资格年限怎么把握？从副司长（正处级）提任司长（副司级），在副司长岗位上需要任职几年？

答：副部级单位干部提职的任职资格年限，应当以职务而不是职务层次把握。副司长提任司长，应当在副司长岗位上任职两年以上。副省级城市干部提职的任职资格年限也照此掌握。

9. 问：副部级单位的副处长（副处级）提拔担任副司长（正处级），是否属于越级提拔？

答：是。副省级城市干部类似情况的提职也属于越级提拔。

10. 问：第八条第五项规定，培训时间应当达到干部教育培训的有关规定要求。“有关规定要求”是指什么？

答：本条例对培训时间的要求是指中央及中央组织部规定的时间要求。目前应按照《2013—2017 年全国干部教育培训规划》的规定，县处级以上党政领导干部人均年脱产培训不低于 110 学时，五年内应当累计达到 550 学时以上。

11. 问：第三章将“动议”纳入干部选拔任用工作流程并进行了规范。实际操作中应当如何把握？

答：实际操作中要把握好以下几方面：一是党委（党组）或者组织（人事）部门提出启动干部选拔任用工作的意见，具体可以由党委（党组）主要领导同志提出，也可以在经党委（党组）主要领导同志同意后，由分管干部人事工作的领导同志提出，或者由组织（人事）部门研究提出。启动时机要根据工作需要和领导班子建设实际来把握。二是组织（人事）部门汇总各方面的意见建议，结合平时了解掌握的情况进行综合分析研判，就选拔任用的职位、条件、范围、方式、程序等提出初步建议。三是以组织（人事）部门提出的初步建议为基础，酝酿形成工作方案。酝酿的范围，可根据拟选拔的职位和各地各部门的实际情况确定，应当注意听取选拔职位分管领导和所在单位主要领导同志的意见。酝酿可以采取会议形式，也可以由党委（党组）主要领导同志或组织（人事）部门负责人与有关领导进行个别沟通。四是可以根据领导班子建设的实际需要，在工作方案中提出意向性人选。

12. 问：如何理解和把握第十四条中推荐结果“在一年内有效”的规定？

答：应当根据民主推荐的不同情况来把握。（1）对非定向推荐，推荐结果在一年内有效。（2）对具体职位进行的定向推荐，推荐结果在确定该职位考察对象时一年内有效；如果拟任职位变了，一般应当另行组织民主推荐。

13. 问：第十六条规定，领导班子换届，民主推荐由同级党委（党组）主持。实际操作中上级党委组织部门或考察组起什么作用？

答：民主推荐会议一般由同级党委（党组）主持召开，会议议程、参加推荐人员的范围等也由党委（党组）商考察组确定。但民主推荐的具体工作，比如组织填写推荐表、进行个别谈话推荐、对推荐情况进行统计汇总和综合分析，以及向上级党委（党组）汇报等，应由考察组或派出考察组的组织（人事）部门组织实施。

14. 问：民主推荐结果是否应区分不同职务层次人员，分类统计和分析？

答：民主推荐结果是否按照职务层次分类统计分析，可根据推荐单位实际情况确定。

15. 问：第十八条规定的二次会议推荐应当在什么情况下进行？差额推荐的名单和比例如何确定？

答：本条例规定的二次会议推荐不是必经程序。会议推荐和个别谈话推荐人选意见分散、不易集中时，或者领导班子结构需要的人选推荐不出来时，可以由考察组与同级党委（党组）商议，报派出考察组的组织（人事）部门同意后，进行二次会议推荐。根据民主推荐情况、班子结构需要等，由考察组与同级党委（党组）在一定范围内酝酿，研究提出二次会议推荐初步名单，再由党委（党组）研究确定，报派出考察组的组织（人事）部门批准。二次会议推荐人选的数量应当多于拟提拔人数。提交二次会议推荐的名单按姓氏笔画排序。

16. 问：第十九条规定，个别提拔任职的民主推荐既可以按会议推荐、个别谈话推荐的顺序进行，也可以先进行个别谈话推荐再进行会议推荐。实际工作中如何把握？

答：会议推荐和个别谈话推荐，都是民主推荐的必要形式，一般应当同时采用。个别提拔任职的民主推荐按什么顺序进行，应当根据干部管理权限，由派出考察组的组织（人事）部门商所在单位党委（党组）根据实际情况确定。

如果先进行个别谈话推荐，应当注意充分发扬民主，不得事先指定推荐人选。

17. 问：第二十一条规定，个人向党组织推荐领导干部人选，经组织（人事）部门审核符合条件的，纳入民主推荐范围。实际工作中如何把握？

答：无论领导干部，还是一般党员、干部、群众，都有权利向党组织推荐领导干部人选。个人推荐领导干部人选，必须负责地写出推荐材料并署名，推荐材料应当递交组织（人事）部门。所推荐人选符合选拔任用条件的，与其他符合条件的人员同等对待，一并酝酿和纳入民主推荐范围；不符合条件的，不能纳入民主推荐范围。

18. 问：第二十二条规定，党委和政府及其工作部门个别特殊需要的领导成员人选，可以由组织推荐作为考察对象。这里的“个别特殊需要的领导成员人选”是指哪些？

答：主要是指国家安全等特殊部门中不宜进行民主推荐的特殊岗位的领导成员人选。

19. 问：民主推荐参加人员范围确定后，对参加民主推荐的人数有什么具体要求？

答：民主推荐参加人员范围按照本条例有关规定研究确定后，范围内的人员应当尽可能参加。一般情况下，参加民主推荐的人数至少要达到确定范围人数的三分之二。

20. 问：第二十四条规定的“群众公认度”，在实际工作中应当如何把握？

答：对群众公认度的把握，主要看三个方面：一是民主推荐情况，二是近三年各类考察、考核、测评情况，三是日常了解的情况和群众口碑。

21. 问：第二十四条规定，受到组织处理或者党纪政纪处分影响使用的，不得列为考察对象。如何理解和把握？

答：受到组织处理或者党纪政纪处分的干部，影响期或者处分期未满的，不得列为考察对象；影响期或者处分期已满的，还应当根据本人在问责事件中所负责任、事件的社会影响是否已经消除等因素，慎重研究可否列为考察对象。

22. 问：第二十五条规定，领导班子换届，由本级党委书记与副书记和分管组织、纪检等工作的常委根据上级党委组织部门反馈的情况，对考察对象人选进行酝酿。这里的“上级党委组织部门反馈的情况”是指哪些情况？

答：一般是指民主推荐情况，考察组的初步意见和其他需要反馈的情况。

23. 问：第二十五条规定，领导班子换届，对拟新进党政领导班子的人选考察对象，应当在一定范围内进行公示。原党政领导班子副职拟作为正职人选考察对象，是否需要公示？

答：都需要公示。这里所指的“新进党政领导班子”包括两种情况：一是从班子以外进入到班子中的；二是在本班子中提升职务或者平级转任重要职务的，如政府正职拟作为党委正职人选考察对象，常委拟作为副书记人选考察对象的，考察时都应公示。

24. 问：第二十五条第二款规定，个别提拔任职由党委（党组）研究确定考察对象，是指哪一级“党委（党组）”？

答：个别提拔任职的考察对象，应由对拟任职位有干部管理权限的党委（党组）研究确定。

25. 问：第二十五条规定，考察对象一般应当多于拟任职务人数。实际工作中应当如何把握？

答：领导班子换届，必须进行差额考察，即考察对象必须多于拟任职务人数。个别提拔任职，如果意见比较集中，可以进行等额考察；意见不集中的，一般应当进行差额考察。

26. 问：选拔任用处级以上非领导职务，是否需要进行民主推荐和组织考察？是否实行任职前公示制和任职试用期制？

答：选拔任用处级以上非领导职务干部，必须进行民主推荐和组织考察；在党委（党组）讨论决定后、下发任职通知前，应当在一定范围内进行公示。

担任非领导职务，不实行任职试用期制。

27. 问：处级以上非领导职务干部转任同级领导职务时，是否需要进行民主推荐、组织考察？是否需要试用？

答：需要。对于曾担任过领导职务，因工作需要改任同级非领导职务的，再次转任同级领导职务时，可不再实行任职试用期制。

28. 问：第二十八条要求“保证充足的考察时间”，实际工作中如何把握？

答：要求保证充足的考察时间，是为了提高考察工作质量，防止走过场。实际工作中，具体多长时间为充足，应当从有利于深入了解人选情况的需要出发，由各地各部门根据实际确定，但不能采取电话考察、委托考察等方式，更不能先上会后考察。

29. 问：第二十八条要求根据需要进行民意调查、专项调查、延伸考察，实际工作中如何把握？

答：是否开展民意调查、专项调查、延伸考察，由考察组根据考察工作的需要确定。民意调查一般在领导班子换届考察时开展，主要负责同志调整或者班子调整面比较大时也可以开展。需要对涉及考察对象的有关问题作进一步核实时，应当进行专项调查。对交流任职不满 2 年的考察对象，应当到其原任职地方或单位进行延伸考察。

30. 问：人数较少的单位人选意见比较集中时，可否将个别谈话推荐与考察谈话合并进行？

答：个别谈话推荐是了解谈话人对人选的推荐意见，考察谈话是对特定考察对象的德、能、勤、绩、廉等情况进行全面了解，一般应当分别进行。

31. 问：第三十一条规定，对拟提拔的考察对象，应当查阅个人有关事项报告情况，必要时可以进行核实。实际工作中，应当如何把握？

答：对拟提拔考察对象的个人有关事项报告，可以由考察组查阅，也可以根据干部管理权限由有关干部管理部门和干部监督机构查阅。查阅后发现报告的情况与实际情况明显不符合、有涉嫌违规违纪的，或有涉及个人有关事项举报反映等情形的，应当按照领导干部个人有关事项报告抽查核实办法进行核实。未报告过个人有关事项的科级干部列为考察对象后，考察中应由本人对有关事项进行说明。

32. 问：经济责任审计必须在考察环节进行吗？

答：根据有关规定，经济责任审计可以在领导干部任职期间进行任中审计，也可以在领导干部不再担任所任职务时进行离任审计。需要进行经济责任审计的考察对象，已经进行过任中审计的，考察时可不再进行经济责任审计；没有进行任中审计的，考察或干部离任时应当委托审计部门进行经济责任审计。

33. 问：第三十二条规定，考察党政领导职务拟任人选，必须形成书面考察材料，建立考察文书档案。干部考察文书档案包括哪些内容？

答：干部考察文书档案一般包括：（1）考察工作请示、考察工作方案；（2）民主推荐汇总表、民主测评汇总表；（3）重要谈话记录；（4）考察报告、考察材料、干部任免审批表；（5）考察中重要问题的调查情况及结论；（6）听取纪检监察机关及有关部门意见情况；（7）其他相关材料。干部考察文书档案由组织（人事）部门按照干部管理权限负责建立和管理。

34. 问：第三十三条规定考察组应当履行的干部选拔任用风气监督职责是什么？

答：这一职责主要是指，考察组在做好干部考察工作的同时，还应当了解考察对象所在地区或单位选人用人的风气，重点是考察对象和有关人员是否有跑官、拉票、涂改干部档案、说情打招呼等违反组织人事纪律的行为，督促有关严肃组织人事纪律措施的落实，推动营造风清气正的环境，保证考察质量。

35. 问：第三十五条规定，拟破格提拔的人选在讨论决定前，必须报经上级组织（人事）部门同意。实际工作中应当如何把握？

答：突破本条例第八条第一项、第三项规定的基本资格要求的人选，均需报批。

36. 问：第四十一条规定的干部任职前公示期如何计算？

答：干部任职前公示期从发布公示通知的第二天起算，第二天为节假日的，以节假日后的第一个工作日起算；公示期间含节假日的，应予以扣除；公示期截止日为节假日的，同样以节假日后的第一个工作日为公示期截止日。

37. 问：对需报上级备案、同时又需要进行公示的拟任职干部，何时进行公示？

答：一般情况下，按照干部管理权限，在党委（党组）讨论决定后，即可进行公示。其中，属于任前备案的，可不公示具体拟任职务。公示结果不影响任职的，按规定在报经上级组织（人事）部门同意后，或者上级组织（人事）部门在规定的时间内没有提出异议的，方可办理任职手续。

38. 问：市（地、州、盟）、县（市、区、旗）党委、政府领导班子正职拟任人选和推荐人选，经上级党委全委会票决通过后是否还需要进行公示？

答：属于提拔任职或者平级转任重要职务的，应当进行公示；属于其他情况的，根据需要也可以进行公示。全委会票决通过的人选，经公示有影响其任职的问题，应经党委常委会复议，并将复议结果及时通报全委会成员。

39. 问：政府有关部门配备的总工程师、总会计师等，是否实行任职试用期制？

答：政府有关部门配备总工程师、总会计师等专业性较强的领导职务，属于委任的，应当按照《党政领导干部任职试用期暂行规定》精神，实行任职试用期制。属于聘任的，执行聘任制有关规定。

40. 问：任职试用期可否延长或者缩短？干部任职试用期间，可否调整其工作岗位？

答：本条例明确规定，实行任职试用期的干部，试用期为一年。试用期间因工伤、产假等特殊原因离岗超过半年的，可适当延长。试用期一般不能缩短，但试用期间工作出现重大失误或者犯有严重错误，不宜继续试用的，按干部管理权限审批或者备案后，可以提前终止试用期。

根据实行领导干部任职试用期制度的目的和要求，从有利于干部尽快适应领导工作和加强对干部的教育管理考虑，干部任职试用期间，一般不调整其工作岗位。

41. 问：第四十四条第一项规定，由党委（党组）决定任职的，任职时间自党委（党组）决定之日起计算。这里的“决定之日”的含义是什么？对公示期间有反映或者举报，经过较长时间查核清楚不影响任职的，任职时间是否也按此掌握？

答：这里的“决定之日”，是指党委（党组）对干部的任职集体讨论、作出决定的日期，并非是主管领导签发任职通知的日期。由党委（党组）决定任职的干部，如果公示期间有反映或者举报，经查核不影响任职，组织（人事）部门应当向党委（党组）报告查核情况和结论，并就该干部的任职时间问题提出建议。如果查核时间较短，任职时间可以按第四十四条第一项规定计算；如果查核时间超过三个月，任职时间可以从党委（党组）批准组织（人事）部门的报告之日起计算。

42. 问：第五十四条第三项规定，党政机关内设机构处级以上领导干部在同一职位上任职时间较长的，应当进行交流或者轮岗。这里的“任职时间较长”如何把握？

答：实际工作中，可以根据干部交流的有关规定，参照对有任期的党政领导干部的要求，结合具体岗位情况把握。

43. 问：如何把握第五十四条第六项关于同一干部不宜频繁交流的规定？

答：同一干部频繁交流，对保持工作连续性不利，也不利于干部本人的锻炼提高，还可能助长浮躁情绪和投机心理。干部交流后应当保持其任期相对稳定，实行任期制的干部，原则上至少干满一届。特别要注意防止干部为了提职级、补经历、转身份等频繁变动岗位。

44. 问：如何理解第五十五条第三款规定的“本人成长地”？

答：“本人成长地”一般指本人接受中小学教育和最初参加工作时间较长的县（市）。实际工作中，要根据干部的家庭情况和本人经历把握。

45. 问：如何把握第六十条关于干部降职的规定？

答：降职既是实现人岗相适的一种干部任用方式，也是对失责或者违纪干部进行组织处理的一种手段。干部应当降职的情形包括：（1）在年度考核中被确定为不称职的；（2）因工作能力较弱不胜任现职务层次的；（3）因受到组织处理不适宜担任现职务层次的；（4）因其他原因不适宜担任现职务层次的。干部降职，一般降低一个职务层次。其级别超过新任职务层次对应的最高级别的，一般应同时降至新任职务层次对应的最高级别。

二、答复式解释、案例指导式

《中共中央纪委法规室对“关于适用〈中国共产党纪律处分条例〉第30条的处分批准程序问题的请示”的答复》

中共中央纪委法规室对《关于适用〈中国共产党纪律处分条例〉第30条的处分批准程序问题的请示》的答复

中纪法函〔2005〕10号

江西省纪委调研法规室：

由中纪委案件审理室转来的你委案件审理室《关于适用〈中国共产党纪律处分条例〉第30条的处分批准程序问题的请示》（赣纪审函〔2005〕7号）收悉。经研究，现答复如下：

《党纪处分条例》第30条规定：“对于个别可以不开除党籍的，应当对照处分党员批准权限的规定，报请再上一级党组织批准。”其中，所称“再上一级党组织”，是指对照处分党员批准权限规定的党组织的上一级党组织。该条中规定的“党组织”，包括党的纪律检查机关。

请将上述答复意见转告你委案件审理室。

中共中央纪委法规室
2005 年 7 月 1 日

案例：

问：某党员干部 2004 年因过失犯罪被法院判处 2 年有期徒刑，考虑本案特殊情况，经当地纪委常委会研究拟给予其留党察看处分。根据《中国共产党纪律处分条例》第三十条第二款的规定，“应当对照处分党员批准权限的规定，报请再上一级党组织批准”。请问，此处“再上一级党组织”的“再上一级”应如何理解？其中的“党组织”是否包括党的纪律检查机关？

答：《中国共产党纪律处分条例》第三十条第二款规定，“对于个别可以不开除党籍的，应当对照处分党员批准权限的规定，报请再上一级党组织批准。”根据中央纪委法规室对地方有关请示的答复意见，“再上一级党组织”是指对照处分党员批准权限规定的党组织的上一级党组织，其中“党组织”包括党的纪律检查机关。

以上意见供参考。

三、适用性解释、条款项目式

《违反〈国有企业领导人员廉洁从业若干规定〉行为适用〈中国共产党纪律处分条例〉的解释》

关于印发《违反〈国有企业领导人员廉洁从业若干规定〉行为适用〈中国共产党纪律处分条例〉的解释》的通知

中纪发〔2012〕3 号

各省、自治区、直辖市纪委、监察厅（局），中央和国家机关各部委纪检组（纪委）、监察局，中央纪委各派驻纪检组，监察部各派驻监察局、监察专员办公室，各中央金融机构和中央企业纪检组（纪委），中央直属机关纪工委，中央国家机关纪工委，军委纪委：

现将《违反〈国有企业领导人员廉洁从业若干规定〉行为适用〈中国共产党纪律处分条例〉的解释》印发给你们，请认真遵照执行。

中共中央纪委

2012年2月4日

违反《国有企业领导人员廉洁从业若干规定》行为适用《中国共产党纪律处分条例》的解释

第一条 为规范国有企业领导人员廉洁从业行为，保证《国有企业领导人员廉洁从业若干规定》（以下简称《若干规定》）的贯彻实施，正确处理违反《若干规定》的行为，加强国有企业反腐倡廉建设，制定本解释。

第二条 对违反《若干规定》的国有企业领导人员中的共产党员，依照本解释追究责任。

第三条 违反《若干规定》第四条第一项的规定，违反决策原则和程序决定企业生产经营的重大决策、重要人事任免、重大项目安排及大额度资金运作事项的，依照《中国共产党纪律处分条例》第六十一条的规定处理。

第四条 违反《若干规定》第四条第二项的规定，违反规定办理企业改制、兼并、重组、破产、资产评估、产权交易等事项的，区别不同情形分别给予处理：

（一）隐匿、截留、转移、侵吞国有资产的，依照《中国共产党纪律处分条例》第八十三条的规定处理；

（二）将国有资产集体私分给个人的，依照《中国共产党纪律处分条例》第八十四条的规定处理；

（三）利用职务上的便利，索取他人财物，或者收受他人财物，非法处置国有资产权益，为他人谋取利益的，依照《中国共产党纪律处分条例》第八十五条的规定处理；

（四）编造或者提供虚假财务报告的，依照《中国共产党纪律处分条例》第一百二十五条的规定处理；

（五）不履行或者不正确履行职责，造成国有资产流失的，依照《中国共产党纪律处分条例》第一百二十七条的规定处理。

第五条　违反《若干规定》第四条第三项的规定，违反规定投资、融资、担保、拆借资金、委托理财、为他人代开信用证、购销商品和服务、招标投标等的，区别不同情形分别给予处理：

（一）违反规定以企业资产提供担保、为他人代开信用证的，依照《中国共产党纪律处分条例》第一百二十一条的规定处理；

（二）违反规定投资、融资、拆借资金的，或者违反规定将企业资金、证券等金融性资产委托他人管理投资的，依照《中国共产党纪律处分条例》第一百二十六条的规定处理；

（三）违反规定购销商品和服务、招标投标的，依照《中国共产党纪律处分条例》第一百二十四条的规定处理。

第六条　违反《若干规定》第四条第四项的规定，未经批准或者经批准后未办理保全国有资产的法律手续，以个人或者其他名义用企业资产在国（境）外注册公司、投资入股、购买金融产品、购置不动产或者进行其他经营活动的，依照《中国共产党纪律处分条例》第七十七条的规定处理。

第七条　违反《若干规定》第四条第五项的规定，授意、指使、强令财会人员进行违反国家财经纪律、企业财务制度的活动的，《中国共产党纪律处分条例》有条文明确规定的，依照该规定处理；没有条文明确规定的，依照《中国共产党纪律处分条例》第一百二十六条的规定处理。

强令财会人员进行违反国家财经纪律、企业财务制度的活动的，应当从重或者加重处分。

第八条　违反《若干规定》第四条第六项的规定，未经履行国有资产出资人职责的机构和人事主管部门批准，决定本级领导人员的薪酬和住房补贴等福利待遇的，依照《中国共产党纪律处分条例》第八十二条的规定处理。

第九条　违反《若干规定》第四条第七项的规定，未经企业领导班子集体研究决定捐赠、赞助事项，或者虽经企业领导班子集体研究但未经履行国有资产出资人职责的机构批准，决定大额捐赠、赞助事项的，依照《中国共产党纪律处分条例》第六十一条的规定处理。

第十条　违反《若干规定》第五条第一项的规定，个人从事营利性经营活动和有偿中介活动，或者在本企业的同类经营企业、关联企业和与本企业有业务关系的企业投资入股的，区别不同情形分别给予处理：

（一）个人从事营利性经营活动和有偿中介活动的，依照《中国共产党纪律处分条例》第七十七条的规定处理；

（二）在本企业的同类经营企业投资入股或者参与经营的，依照《中国共产党纪律处分条例》第一百零三条的规定处理；

（三）在本企业的关联企业和与本企业有业务关系的企业投资入股或者参与经营的，依照《中国共产党纪律处分条例》第一百一十二条的规定处理。

第十一条　违反《若干规定》第五条第二项的规定，在职或者离职后接受、索取本企业的关联企业、与本企业有业务关系的企业，以及管理和服务对象提供的物质性利益的，区别不同情形分别给予处理：

（一）在职或者离职后接受本企业的关联企业、与本企业有业务关系的企业，以及管理和服务对象提供的物质性利益，未利用职务便利或者影响，为上述企业和对象谋取利益的，依照《中国共产党纪律处分条例》第七十四条的规定处理；

（二）利用职务便利或者影响，为本企业的关联企业、与本企业有业务关系的企业，以及管理和服务对象谋取利益，在职或者离职后接受上述企业和对象提供的物质性利益，或者向上述企业和对象索取物质性利益的，依照《中国共产党纪律处分条例》第八十五条的规定处理。

第十二条　违反《若干规定》第五条第三项的规定，以明显低于市场的价格向请托人购买或者以明显高于市场的价格向请托人出售房屋、汽车等物品，以及以其他交易形式非法收受请托人财物的，依照《中国共产党纪律处分条例》第八十五条的规定处理。

第十三条　违反《若干规定》第五条第四项的规定，委托他人投资证券、期货或者以其他委托理财名义，未实际出资而获取收益，或者虽然实际出资，但获取收益明显高于出资应得收益的，依照《中国共产党纪律处分条例》第八十五条的规定处理。

第十四条　违反《若干规定》第五条第五项的规定，利用企业上市或者上市公司并购、重组、定向增发等过程中的内幕消息、商业秘密以及企业的知识产权、业务渠道等无形资产或者资源为本人或者配偶、子女及其他特定关系人谋取利益的，区别不同情形分别给予处理：

（一）本人或者配偶、子女及其他特定关系人利用企业上市或者上市公司并购、重组、定向增发等过程中的内幕消息进行证券、期货等交易的，依照《中国共产党纪律处分条例》第一百一十一条的规定处理；

（二）本人或者配偶、子女及其他特定关系人利用企业的商业秘密、知识产权、业务渠道等无形资产或者资源进行营利性活动的，依照《中国共产党纪律处分条例》第一百零三条的规定处理；

（三）向他人提供企业上市或者上市公司并购、重组、定向增发等过程中的内幕消息、商业秘密以及企业的知识产权、业务渠道等，本人或者配偶、子女及其他特定关系人索取或者收受他人财物的，依照《中国共产党纪律处分条例》第八十五条的规定处理。

第十五条　违反《若干规定》第五条第六项的规定，未经批准兼任本企业所出资企业或者其他企业、事业单位、社会团体、中介机构的领导职务，或者经批准兼职的，擅自领取薪酬及其他收入的，依照《中国共产党纪律处分条例》第七十七条的规定处理。

第十六条　违反《若干规定》第五条第七项的规定，将企业经济往来中的折扣费、中介费、佣金、礼金以及因企业行为受到有关部门和单位奖励的财物等据为己有或者私分的，依照《中国共产党纪律处分条例》第八十三条的规定处理。

第十七条　违反《若干规定》第六条第一项的规定，本人的配偶、子女及其他特定关系人，在本企业的关联企业、与本企业有业务关系的企业投资入股的，依照《中国共产党纪律处分条例》第一百一十二条的规定处理。

第十八条　违反《若干规定》第六条第二项的规定，将国有资产委托、租赁、承包给配偶、子女及其他特定关系人经营的，依照《中国共产党纪律处分条例》第一百零四条的规定处理。

第十九条　违反《若干规定》第六条第三项的规定，利用职权为配偶、子女及其他特定关系人从事营利性经营活动提供便利条件的，依照《中国共产党纪律处分条例》第一百零四条的规定处理。

第二十条　违反《若干规定》第六条第四项的规定，利用职权相互为对方及其配偶、子女和其他特定关系人从事营利性经营活动提供便利条件的，依照《中国共产党纪律处分条例》第一百零四条的规定处理。

第二十一条　违反《若干规定》第六条第五项的规定，本人的配偶、子女及其他特定关系人投资或者经营的企业与本企业或者有出资关系的企业发生可能侵害公共利益、企业利益的经济业务往来的，依照《中国共产党纪律处分条例》第一百一十二条的规定处理。

第二十二条　违反《若干规定》第六条第六项的规定，按照规定应当实行任职回避和公务回避而没有回避的，依照《中国共产党纪律处分条例》第六十五条的规定处理。

第二十三条　违反《若干规定》第六条第七项的规定，离职或者退休后三年内，在与原任职企业有业务关系的私营企业、外资企业和中介机构担任职务、投资入股，或者在上述企业或者机构从事、代理与原任职企业经营业务相关的经营活动的，依照《中国共产党纪律处分条例》第八十二条的规定处理。

第二十四条　违反《若干规定》第七条第一项的规定，超出报履行国有资产出资人职责的机构备案的预算进行职务消费的，依照《中国共产党纪律处分条例》第七十八条的规定处理。

第二十五条　违反《若干规定》第七条第二项的规定，将履行工作职责以外的费用列入职务消费的，依照《中国共产党纪律处分条例》第一百二十六条的规定处理。

将应由个人承担的费用列入职务消费的，依照《中国共产党纪律处分条例》第八十三条的规定处理。

第二十六条　违反《若干规定》第七条第三项的规定，在特定关系人经营的场所进行职务消费的，依照《中国共产党纪律处分条例》第八十二条的规定处理。

第二十七条　违反《若干规定》第七条第四项的规定，不按照规定公开职务消费情况的，依照《中国共产党纪律处分条例》第一百二十六条的规定处理。

第二十八条　违反《若干规定》第七条第五项的规定，用公款旅游或者变相旅游的，依照《中国共产党纪律处分条例》第七十八条的规定处理。

第二十九条　违反《若干规定》第七条第六项的规定，在企业发生非政策性亏损或者拖欠职工工资期间，购买或者更换小汽车、公务包机、装修办公室、添置高档办公设备等的，依照《中国共产党纪律处分条例》第七十八条的规定处理。

第三十条　违反《若干规定》第七条第七项的规定，使用信用卡、签单等形式进行职务消费，不提供原始凭证和相应的情况说明的，依照《中国共产党纪律处分条例》第一百二十六条的规定处理。

第三十一条　违反《若干规定》第八条第一项的规定，弄虚作假，骗取荣誉、职务、职称、待遇或者其他利益的，依照《中国共产党纪律处分条例》第一百四十九条的规定处理。

第三十二条　违反《若干规定》第八条第二项的规定，大办婚丧喜庆事宜，造成不良影响，或者借机敛财的，依照《中国共产党纪律处分条例》第八十一条的规定处理。

第三十三条　违反《若干规定》第八条第三项的规定，默许、纵容配偶、子女和身边工作人员利用本人的职权和地位从事可能造成不良影响的活动的，依照《中国共产党纪律处分条例》第八十二条的规定处理。

第三十四条　违反《若干规定》第八条第四项的规定，用公款支付与公务无关的娱乐活动费用的，依照《中国共产党纪律处分条例》第八十三条的规定处理。

第三十五条　违反《若干规定》第八条第五项的规定，在有正常办公和居住场所的情况下用公款长期包租宾馆的，依照《中国共产党纪律处分条例》第七十八条的规定处理。

第三十六条　违反《若干规定》第八条第六项的规定，漠视职工正当要求，侵害职工合法权益的，区别不同情形分别给予处理：

（一）漠视职工正当要求，对涉及职工合法权益的问题能解决而不解决的，依照《中国共产党纪律处分条例》第一百三十一条的规定处理；

（二）侵害职工合法权益，《中国共产党纪律处分条例》有条文明确规定的，依照该规定处理；没有条文明确规定的，依照《中国共产党纪律处分条例》第一百四十八条的规定处理。

第三十七条　违反《若干规定》第八条第七项的规定，从事有悖社会公德的活动的，《中国共产党纪律处分条例》有条文明确规定的，依照该规定处理；

没有条文明确规定的，依照《中国共产党纪律处分条例》第一百五十四条的规定处理。

四、针对式解释、层级标题式

《中央编办对文化部、广电总局、新闻出版总署〈“三定”规定〉中有关动漫、网络游戏和文化市场综合执法的部分条文的解释》

中央机构编制委员会办公室关于印发《中央编办对文化部、广电总局、新闻出版总署〈“三定”规定〉中有关动漫、网络游戏和文化市场综合执法的部分条文的解释》的通知

中央编办发〔2009〕35号

各省、自治区、直辖市文化厅（局）、新疆生产建设兵团文化局，各计划单列市文化局，本部各司局，国家文物局：

现将中央编办《关于印发〈中央编办对文化部、广电总局、新闻出版总署“三定”规定中有关动漫、网络游戏和文化市场综合执法的部分条文的解释〉的通知》（中央编办发〔2009〕35号）转发给你们，请遵照执行。

特此通知。

2009年9月14日

关于印发《中央编办对文化部、广电总局、新闻出版总署〈“三定”规定〉中有关动漫、网络游戏和文化市场综合执法的部分条文的解释》的通知

文化部、广电总局、新闻出版总署：

2008年7月，国务院办公厅分别印发了文化部、国家广播电影电视总局、

国家新闻出版总署的《“三定”规定》。《“三定”规定》印发后，三个部门在执行中对有关动漫、网络游戏和文化市场综合执法工作等条文出现了不同的理解。

按照《“三定”规定》由中央编办负责解释的规定，现将经中央领导同志同意的《中央编办对文化部、广电总局、新闻出版总署〈“三定”规定〉中有关动漫、网络游戏和文化市场综合执法的部分条文的解释》送去，请按此解释切实履行各自职责。《“三定”规定》中明确三个部门之间“划出”“划入”的职责，请务必在年底前完成“划出”“划入”工作，并将“划出”“划入”情况向中央编办备案。凡“划出”的，“划出”部门不再对“划出”职责负责；凡“划入”的，“划入”部门要切实负起责任，严格履行职责。三个部门要严格执行《“三定”规定》，各司其职，各负其责，积极配合，相互支持，共同做好工作。

2009 年 9 月 7 日

中央编办对文化部、广电总局、新闻出版总署《“三定”规定》中有关动漫、网络游戏和文化市场综合执法的部分条文的解释

国务院各部门《“三定”规定》中规定：“本规定由中央机构编制委员会办公室负责解释，其调整由中央机构编制委员会办公室按规定程序办理。”按照这一规定，现对文化部、广电总局、新闻出版总署《“三定”规定》中有关动漫、网络游戏和文化市场综合执法的部分条文作出以下解释。

一、动漫管理的有关条文

文化部、广电总局和新闻出版总署《“三定”规定》中规定：“文化部负责动漫和网络游戏相关产业规划、产业基地、项目建设、会展交易和市场监管。国家广播电影电视总局负责对影视动漫和网络视听中的动漫节目进行管理。国家新闻出版总署负责在出版环节对动漫进行管理，对游戏出版物的网上出版发行进行前置审批。”按照上述规定，文化部是动漫的主管部门，对动漫进行统一的宏观管理和日常管理，包括相关产业规划、产业基地、项目建设、会展交易

和市场监管。

《“三定”规定》中规定：“将国家广播电影电视总局动漫（不含影视动漫和网络视听中的动漫节目）管理的职责划入文化部”。按此规定，文化部的统一管理中“不含影视动漫和网络视听中的动漫节目”，“影视动漫和网络视听中的动漫节目”仍由广电总局负责。“影视动漫和网络视听中的动漫节目”是指动漫电影、电视剧，互联网上的动漫电影、电视剧，网络视听中的动漫节目。在文化部对动漫的行业管理下，这三类节目由广电总局负责。

《“三定”规定》还规定“将国家新闻出版总署动漫、网络游戏管理（不含网络游戏的网上出版前置审批），及相关产业规划、产业基地、项目建设、会展交易和市场监管的职责划入文化部”。划入文化部后，新闻出版总署“负责在出版环节对动漫进行管理”，“出版环节”是指动漫的书、报、刊、音像制品等动漫出版物的审批。

二、网络游戏管理的有关条文

文化部、新闻出版总署《“三定”规定》中规定：“文化部负责动漫和网络游戏相关产业规划、产业基地、项目建设、会展交易和市场监管。”“国家新闻出版总署负责在出版环节对动漫进行管理，对游戏出版物的网上出版发行进行前置审批。”《“三定”规定》中还明确“将国家新闻出版总署动漫、网络游戏管理（不含网络游戏的网上出版前置审批），及相关产业规划、产业基地、项目建设、会展交易和市场监管的职责划入文化部。”按照上述规定，文化部是网络游戏的主管部门。

在文化部的统一管理下，新闻出版总署负责“网络游戏的网上出版前置审批”。“网络游戏的网上出版”是指网络游戏的出版物，“前置审批”是指在经工业和信息化部门许可通过互联网向上网用户提供服务之前由新闻出版总署对网络游戏出版物进行审批。一旦上网，完全由文化部管理。对经新闻出版总署前置审批过的网络游戏，文化部应允许上网，不再重复审查，并在管理中严格按新闻出版总署前置审批的内容管理；网络游戏出版物未经新闻出版总署前置审批擅自上网的，由文化部负责指导文化市场执法队伍进行查处，新闻出版总署不直接对上网的网络游戏进行处理。

新闻出版总署《“三定”规定》中科技与数字出版司职责中“负责对出版境外著作权人授权的互联网游戏作品进行审批”中的“出版境外著作权人授权

的互联网游戏作品”，是指境外著作权人授权的在互联网上网的游戏出版物。新闻出版总署负责对这类出版物进行审批，其他进口网络游戏的审批工作由文化部负责。

三、文化市场综合执法的有关条文

文化部《“三定”规定》中规定：文化部负责“指导文化市场综合执法工作”，文化部文化市场司负责“指导文化市场综合执法，推动副省级城市和地市级以下文化、广电、新闻出版等部门执法力量的整合”。具体是指：文化部负责指导文化市场的综合执法工作，负责指导副省级城市和地市级以下的文化、广电、新闻出版等部门执法力量的整合，建立统一的文化市场执法力量。文化市场执法工作由统一的文化市场执法力量承担。

五、答复式解释、信件函复式

《中央纪委关于将开除党籍处分改为留党察看处分后留党察看的起始时间如何确定问题的答复》

中央纪委关于将开除党籍处分改为留党察看处分后留党察看的起始时间如何确定问题的答复

中纪审〔2005〕43号

河北省纪委案件审理室：

你室冀纪审函〔2005〕7号《关于将开除党籍处分变更为留党察看处分后如何确定处分的起始时间的请示》收悉，经征得中央组织部组织局同意，现答复如下：

给予违纪党员开除党籍处分后又改为留党察看处分的，留党察看时间应当从原批准开除党籍的时间算起。如原开除党籍处分的时间已超过确定的留党察看时间，应在改变处分时一并按规定程序恢复其党员权利。

六、党章的解释、层级标题式

《中共中央纪律检查委员会关于对党章第四十条第一款所称的“特殊情况”如何理解的答复》

中共中央纪律检查委员会关于对党章第四十条第一款所称的“特殊情况”如何理解的答复

中纪法复〔1996〕2号

《中国共产党章程》第四十条第一款规定：“在特殊情况下，县级和县级以上各级党的委员会和纪律检查委员会有权直接决定给党员以纪律处分。”几年来，不断有一些地方和部门的党委、纪委和党员个人来信来电询问，这里所说的“特殊情况”应如何理解。根据这些年来纪检工作的实践，经研究，现答复如下：

这里所说的“特殊情况”，是指以下几种情况：

一、确有违纪问题应给予党纪处分的党员，其工作的秘密程度较高，或其违纪问题涉及的秘密程度较高，不宜由基层党组织讨论的；

二、确有违纪问题应给予党纪处分的党员，其所在的基层党组织瘫痪，或该基层党组织领导人同违纪问题有直接牵连的；

三、已查明某党员确有违纪问题应给予党纪处分，而其所在的基层党组织拒不处理或故意拖延不作处理的；

四、确有违纪问题应给予党纪处分的党员，原来所在的基层党组织被撤销或合并，无法由原基层党组织和新单位党组织作出处理的；

五、跨地区、跨单位的集团性违纪案件中确实需要由这些地区、单位共同的上级党组织一并作出处理的；

六、遇到各种紧急情况，需要迅速作出处理的；

七、其他省级或省级以上党组织认为必须直接作出处分决定的情况。

后　记

在《完善中国共产党党内法规解释体系》（载于《长白学刊》2019年第4期）一文中，我们初步地论证了当前党内法规解释体系建设之于党内法规制度体系建设的重要价值，进而提出了三个探索性的问题：第一，建立健全党内法规解释体系有何时代意义；第二，当前党内法规解释体系建设面临哪些困境阻碍；第三，新形势下进一步完善党内法规解释体系需采取何种策略。通过部分典型党内法规解释文件的实证分析，我们简要地提出了当前党内法规解释体系建设的症结所在：一是存在文体格式混杂、体系重心失衡的弊端，二是存在方法借鉴不足、程序规范缺失的阻碍。对此，我们提出了完善党内法规解释体系需"合理借鉴法律解释的方式方法、参考法律解释的工作程序，通过合理的应用转化以及系统的机制整合，推动党内法规解释体系能够得以长效建设发展"等对策建议。然而，该文缺陷亦很明显：一是忽视了《中国共产党党内法规解释工作规定》的制定现实，并未考量其对党内法规解释目的、原则、机制和方法的具体规定；二是照搬了法律解释的一般原则和方式方法，并未系统考虑党内法规解释区别于法律解释的独立性和特殊性。

在《党内法规研究的新范畴与党内法治实现的新路径》（载于《上海政法学院学报（法治论丛）》2019年第4期）一文中，我们宏观地提出了党内法规解释是党内法规研究的新范畴，也是党内法治实现的新路径的观点。这一观点的提出基于三个逻辑推理：一是在实践上，党内法规解释是衔接党内法规规划、制定、执行、修改和清理等各个建设环节的纽带，也是落实党内微观治理任务并提升党内治理效能的制度基础；二是在学理上，党内法规解释理论体系的构建是党内法规理论研究视角的融合创新，党内法规解释学的建设需要借鉴法律解释学的发展经验，以此构建并创新切实妥当的党内法规解释学科范式；三是在功能上，党内法规解释是党内法规体系法治建设的有益延伸，更是限权、公正、民主等党内法治理念的集中体现，党内法规解释的法治建设可有效推动党内治理法治化的整体进程。当前，党内法规解释理论研究极度匮乏，党内法规解释工作实践也存在制度化不力、规范化不足与法治化不够的多重弊端。对此，亟须完善党内法规解释学的体系架构，并在理论创新、制度完善与实施保障等方面探索党内法规解释的法治建设路径。

在《党内法规解释的规范化与法治化论析》（载于《理论导刊》2019 年第 8 期）一文中，我们系统地分析了新形势下推进党内法规解释的规范化与法治化建设对完善我国党内法规制度体系建设的重大现实意义，并论证了党内法规解释规范化与法治化建设的内核：体例形式和权责归属。对此，该文提出需要从完善法规政策和优化机制设计两方面入手，规范党内法规解释工作程序与体例并明确其权责归属与监督，以实现党内法规解释规范化与法治化建设目标。然而，客观地讲，该文依旧未能摆脱既有研究框架的束缚，以部分典型文件为样本的实证分析难免会因为范围局限、容量太小而“失真”。

从尝试摸索到系统深入，循此思路，我们迫切地想开展更为全面的学术研究。党内法规制度解释有机涵盖了党内法规解释，有关党内法规解释的理论研究成果丰富了党内法规制度解释的研究体系，但是长久之策是将党内法规制度解释发展成为党内法规学的分支学科。这一过程想必是极为漫长和艰辛的。在与部分实务部门沟通的过程中，部分站在党内法规制度建设前线的工作人员表示，当前地方党内法规制度建设以备案审查和实施评估为主，解释虽然重要但却不是工作重点。在这种形势下，研究党内法规制度解释会面临理论与实践的双重阻碍。

本着科研诚信的原则，书中主要参考资料已在参考文献部分单独列出。部分援引或参考内容，如理论分析框架等相关概念与图形设计，多是参考 MBA 智库百科、百度百科等网上数据库中的内容，书中虽注明了出处，但是由于缺少作者因而并未列入后文参考文献。此外，书中有关研究方法与思路、研究内容与创新等部分的图表均由作者自主设计，部分图表已在相关著作与论文中公开使用，图表中的文字或稍有改变。依据学术惯例，相关政策文件、法规制度的名称除了首个需用全称表述外，后文的表述均可用规范的简称予以代替，以便简化文本内容，如《中国共产党党内法规制定条例》（以下简称《制定条例》或者《条例》）。然而，由于研究体系庞大、内容繁杂，行文过程中引用了大量的党内法规、党内规范性文件以及国家法律法规，若予以简化，极易造成理解上的困难，所以文中的文件名称均以全称表述。

此外，碍于篇幅和能力，文中也仅选取了部分典型的党内法规制度相关规定以及党内法规制度解释文件予以呈现，并将其中的部分典型文件整合成两个文件汇编：《现有主要党内法规制度解释规定汇编（含法律法规解释相关规定）》和现有典型党内法规制度解释文件汇编（含党章相关解释文件）。其中，由于部分党内法规制度文件涉密而无法公开，因而汇编中仅列出其文件名称和主旨内容，待其解密后再做后续补充。

金无足赤，人无完人。由于时空的限制和党内法规制度解释的特殊性，研究或多或少地会存在一些不够完善、不够全面的地方，而且由于研究者自身能力的限制，书中的观点可能存在不妥甚至错误之处，在此，恳愿各位学者针对本书的内容以及相关研究成果予以批评指正，也诚挚地希望各实务部门的领导以及各党内法规研究机构的专家能够莅临重庆市党内法规研究中心指导工作，共谋党内法规制度研究大业。

中心地址：重庆市渝北区宝圣大道 301 号

中心网站：http：//cqdnfg. swupl. edu. cn/index. htm

中心邮箱：swupl_ dangneifagui@163. com

是为后记。

廖秀健，雷浩伟

2019 年秋跋于西南政法大学博学楼

谢 辞

历时一年有余，经由课题组成员的共同努力与协同奋进，完成了“党内法规制度解释问题研究”课题的调研工作并撰写了翔实的研究报告。后又经过近一年时间的反复锤炼，完成了本书的撰写与修改工作。

在这近两年的时间里，我们查阅了数以千计的有关党内法规制度解释的新闻报道、学术著作、期刊论文、硕博论文以及政策文件等文献资料，参加了10余场与党内法规制度研究相关的大型学术会议，亲自赴重庆市委办公厅等实务部门调研咨询，并时常浏览中央纪委、国家监察委等与党内法规制度解释工作密切相关部门专题网站，时时跟进党内法规制度解释理论研究与实务工作的最新消息、进展、经验和成果，旨在为本书的撰写收集尽量多的原始资料和一手信息。通过不断地梳理、分析和总结研究资料，我们进一步构思了本书的结构与体系，逐渐完善了具体内容。

在收集资料和撰写书稿的过程中，我们受益匪浅。首先，对党内法规制度解释有了系统化的认识，对其核心概念、功能价值、内外关系、现实困境以及路径创新等多个方面的内容都有了较为深入全面的了解和认识。其次，深刻理解了党对自身建设的完善以及全面从严治党的决心，党内法规制度解释只是党内法规制度体系的一个组成部分，党中央对党内法规制度解释的重视，体现出中国共产党决策于民、决策为民的执政追求。

在实证调研和修缮书稿的过程中，我们砥砺前行。首先，由衷地感谢研究团队的每一位成员。本研究是在团队的相互扶持与协同奋斗下，克服了重重困难才得以完成。“党内法规制度解释问题研究”课题组主要研究成员有：付子堂、黄顺康、庄晓华、惠洋、白云等。其次，本书的撰写亦受到重庆市教委科研创新项目“党内法规制度解释规范化研究——基于典型案例与文本的调查分析”课题组成员的大力支持，该课题组主要研究成员有：刘白、张诗晨、李林睿、黄业佳、屈均冠、闫博文、邓涵、龚晨航等最后，书稿的修缮离不开团队成员的支持和帮助，在文稿校对与修改过程中，陈佳、高雨荷两位同志的殷勤付出亦为本书增色不少。在此一并致以诚挚谢意。

在行文时，本书参考引用了大量文献资料和已有研究成果。首先，衷心地感谢那些始终如一地在科研第一线奋斗的学者们，感谢你们的专注以及认真的态度，用你们的研究成果为研究报告的撰写提供了大量的有益参考和借鉴引用。没有你们研究的成果，我们很难开展研究工作以及研究报告的构思和撰写。其次，还要感谢同样在从事着相关研究的同事们，在本研究过程中我们共同探讨，用其专业知识作出对党内法规制度解释的独到见解，这给予了课题组诸多启示与素材。本书在文献梳理和对策创新等部分吸取借鉴了周叶中、李林、操申斌、谭波、孙才华、王付友、王建芹、施新州、李军、吕品以及王立峰等多位专家学者的观点，在此再次提出感谢！最后，也感谢一直在党内法规制度建设一线辛苦工作的政策研究室和法规处的各位工作人员，以及奔波到各单位、各党组织开展党内法规制度解释调研工作的每一位同志，没有你们的辛苦付出，党内法规制度解释工作机制的创新、党内法规制度建设的深入贯彻和落实都很难走下去。

本书的出版事宜受到重庆市党内法规研究中心的鼎力支持，大量的现实素材和文献资料是在中共重庆市委办公厅的帮助下才得以获取或参阅。在此，感谢中共重庆市委常委、秘书长、办公厅主任王赋（重庆市党内法规研究中心顾问），中共重庆市委办公厅副主任龚建海（重庆市党内法规研究中心主任），中共重庆市委办公厅法规室主任邓超（重庆市党内法规研究中心副主任），中共重庆市委法规室副调研员何迪迪（重庆市党内法规研究中心办公室副主任）等各位领导的殷切指导；感谢西南政法大学党委书记樊伟（重庆市党内法规研究中心特邀研究员），西南政法大学党委常委、副校长张北坪（重庆市党内法规研究中心主任），西南政法大学马克思主义学院院长邓斌（重庆市党内法规研究中心副主任）以及朱林方（重庆市党内法规研究中心办公室主任）、高建民（重庆市党内法规研究中心办公室副主任）等各位领导的悉心关怀。

碍于篇幅，其他关心或帮助本书出版的各位领导、专家、同事和同学就不逐一列举，在此一并谢过。

是为谢辞。

廖秀健、雷浩伟

2019 年夏书于西南政法大学敬业楼